가고 싶다, 상트페테르부르크

디테일이 살아 있는 색다른 지식 여행

가고 싶다,
상트페테르부르크

1판 1쇄 펴냄 2017년 4월 20일

지은이 신양란(글), 오형권(사진)
펴낸이 정현순
디자인 한기영

펴낸곳 (주)북핀
등록 제2016-000041호(2016. 6. 3)
주소 서울시 광진구 천호대로 572, 5층 505호
연락처 TEL: 070-4242-0525 / FAX: 02-6969-9737

ISBN 979-11-87616-12-2 13920
값 17,000원

색다른
지식 여행
시리즈 ⑤

글 신양란 | 사진 오형권

가고 싶다,
상트페테르부르크

디테일이 살아 있는 색다른 지식 여행

상트페테르부르크에서 꼭 가봐야 할 장소를 꼼꼼하게
파헤친 색다른 지식 가이드

지혜정원

28년 6개월 동안, 대한민국의 국어 교사로 살았습니다. 국민학교(나는 국민학교 출신입니다) 국어 책에 실렸던 시들을 지금도 외울 수 있을 정도로 국어 과목을 좋아했기 때문에 국어 교사는 내게 너무나도 매력적인 직업이었습니다. 젊은 날을 국어 교사로 보낸 삶에 한 점도 아쉬움이 없습니다. 참 좋은 날들이었습니다. 더구나 교사로서의 마지막 4년 6개월을 대한민국의 수석교사로 살았습니다. 그것은 가슴 벅찰 정도로 과분한 행운이었습니다. 수석교사였기 때문에 만날 수 있었던 인연들에 감사할 따름입니다.

시조시인이기도 한 나는 교단을 떠나며 '새, 둥지를 떠나다'란 사설시조를 발표했습니다. 내가 왜 교단을 떠나는지 나 자신에게 설명하기 위해서 쓴 글입니다. 또한 교단을 떠난 뒤 어떤 마음가짐으로 살아야하는지 나 자신에게 다짐 두기 위해서 쓴 글이기도 합니다.

새, 둥지를 떠나다

싫어서가 아니라 익숙해서 떠납니다.

된 것을 놓지 않고는 새 것을 잡을 수 없어서, 항구에 정박한 채로는 바다를 건널 수 없어서, 놓고 끊고 버리고 일단 떠나기로 합니다. 이 둥지의 평화로움이 그리워질 때 있겠지만, 애틋한 인연 떠올라 흔들리는 날 있겠지만, 놓고 끊고 버린 까닭을 잊지 않겠습니다. 꽃그늘을 버리고 매운바람 속으로 갑니다. 볼품없는 날개로 봉새의 꿈을 꿉니다. 넘어지고 부딪히고 깨지는 시간을 다 견딘 뒤, 어리석은 오늘의 선택을 자랑하겠습니다.

싫어서 떠나는 게 아니라 세상이 궁금해 떠납니다.

그러나 더 중요한 다짐은 아이들 가슴 속에 새겨놓고 왔습니다.
"나는 여러분들이 자랑스럽게 생각할 수 있는 여행 작가가 되겠다. 그러니 여러분들은 내가 자랑스럽게 생각할 수 있는 사람들로 자라 달라."
우리는 눈물 글썽한 눈으로 약속을 주고받았습니다. 내가 괜찮은 여행 작가가 되어야 하는 까닭이 거기에 있습니다. 선생된 사람의 말이 가벼워서는 안 됩니다. 아이들과 한 약속은 무슨 일이 있어도 지켜야 합니다. 나를 눈물로 떠나보내 준 아이들이 자랑스럽게 생각할 수 있는 여행 작가가 반드시 되겠습니다.

『가고 싶다. 상트페테르부르크』는 꽃그늘을 버리고 나와 맨 처음 세상에 내놓는 책입니다. 매혹적인 도시, 그러나 여행정보가 많지 않아 여행자에게 미지의 세계로만 여겨지는 도시에 대해 설명할 수 있어서 기쁩니다. '디테일이 살아 있는 색다른 지식 여행'의 시리즈 콘셉트에 맞게 가급적 자세히 설명하려고 노력하였습니다. 이 책이 여러분의 상트페테르부르크 여행에 많은 도움이 되었으면 좋겠습니다.

이 책을 파주광일중학교 선생님들과 학생들에게 바칩니다. 현재 그 울타리 안에 있는 사람들뿐만 아니라, 그곳을 통해 나와 인연을 맺었던 모든 사람들에게 바칩니다. 그곳에서 인생의 절반 이상을 보내며 늘 과분한 도움을 받았던 한 사람이 진정을 다해 감사의 인사를 드린다고 생각해주시면 좋겠습니다. 특히 2016년에 1학년이었던 80명의 학생들에게 눈물을 찍어 감사의 인사말을 씁니다. 신기할 정도로, 단 한 명의 예외도 없이 정말 사랑스럽고 어여쁜 사람들이었습니다. 그런 사람들을 두고 떠나서 미안했다고, 가슴 가득 사랑하는 마음을 담고 떠날 수 있게 해줘서 고마웠다고 말하려는데 또 눈시울이 젖습니다. 눈물이 흔한 나는 정말 행복한 사람입니다.

저자 신양란

Contents

1장. 에르미타주 Ermitazh

M SPORTIVNAYA

Dobrolyubova pr.

Kronverkskaya nab.

■ Jubilee Sports
Complex

페트로파블롭스크 요사
**St. Peter and
Paul's Fortress**

Birzhevoy bridge

Marble Palace-

nab. Makarova

Mendeleevskaya liniya

로스트랄 등대

■ Old St. Petersburg Stock Exchange

nab. Dvortsovaya

Millionnaya ul.

■
Saint-Petersburg
State University

Kunstkamera

Dvortsovy bridge

에르미타주
(겨울 궁전)
**The Hermitage
(Winter Palace)**

알렉산드르 1세
기념탑

그리스도 복
Cath
the Resu

Konyushennaya ul.

■ The Menshikov
Palace

궁전 광장

■
Research Museum
of the Russian Academy
of Arts

■ Admiralty
building

■ Former General
Staff Building

M ADMIRALTEYSKAYA

*Aleksandrovsky'
sad*

ADMIRALTEYSKIY PR.

Mal. Morskaya ul.

Bol. Morskaya ul.

카잔
Kaza

nab. Angliyskaya

Galernaya ul.

표트르 대제의 여름 궁전
Peterhof

Yakubovicha ul.

Pochtamtskaya ul.

성 이삭 성당
St. Issac's Cathedral

Bolshaya

nab. Reki Moyki

Gorokhovaya ul.

Kazanskaya ul.

nab. Kryukova Kanala

Truda ul.

Konnogvard per.

Prachechny per.

Fonarny per.

Bolshaya

nab. Reki Moyki

Grivtsova per.

nab. kanala Griboyedova

Gorokhovaya ul.

Dekabristov ul.

VOZNESENSKIY PR.

Kazanskaya ul.

nab. Kryukova Kanala

M SADOVAYA

M SENNAYA PLOSH

M SPASSKAYA

포트르 대제의 오두막

순양함 오로라

nab. Robespierre

Shpaternaya ul.

nab. Kutuzova

Zakhanrieveskaya ul.

Shpaternaya ul.

Tchikovskogo ul.

CHERNYSHEVSKOGO PROSP.

Furshtatskaya ul.

성당

Museum

Summer Garden

Field of Mars

nab. Lebyazhyej kanavki

nab. Reki Moyki

Mikhailovsky Garden

Mikhailovsky Castle

Gagarinskaya ul.

Mokhovaya ul.

Pestelya ul.

LITEINY PROSP.

Korolenko ul.

Mayakovskogo ul.

Kirochnaya ul.

CHERNYSHEVSKAYA

Manezhny per.

Ryleeva ul.

Grodnensky per.

Sapyorny per.

Baskov per.

Nekrasova ul.

Radishcheva ul.

Vosstaniya ul.

국립 러시아 박물관
Russian State Museum

Inzhenernva ul.

Italyanskaya ul.

Sadovaya ul.

Karavanaya ul.

LITEINY PROSP.

Chekhova ul.

Kovensky per.

Zhukovskogo ul.

성당
Cathedral

neb. Kanala Griboyedova

NEVSKY PROSPEKT

NEVSKY PROSP. 넵스키 대로

GOSTINYDVOR

넵스키 동상

nab. reki Fontanki

NEVSKY PROSP.

LIGOVSKY PROSP.

넵스키 수도원
Alexander Nevsky
Monastery

Ostrovskogo Pl.

Sadovaya ul.

Lomonosova ul.

Rubinshteina ul.

VLADIMIRSKIY PROSP.

Stremvannaya ul.

ul. Marata

MAYAKOVSKAYA

PLOSHCHAD
VOSSTANIYA

모스크바 기차역
Moscow
Railway Station

Shcherbakov per.

Abraksin per.

nab. reki Fontanki

Lomonosova ul.

DOSTOEVSKAYA

Kolokolnaya ul.

Kuznechny per.

VLADIMIRSKAYA

ZAGORODNY PROSP.

AD

키릴문자의 이해

상트페테르부르크를 여행하는 여행자에게 가장 곤혹스러운 점이라면 아마도 표지판을 읽기 어렵다는 점 아닐까요. 다행히 지하철역의 노선도는 영어 알파벳이 병기되어 있지만, 키릴문자만으로 표기된 표지판도 많아 여행자를 난감하게 만듭니다. 상트페테르부르크로 떠나기 전에 대강이라도 키릴문자의 생김새를 익혀둔다면 도움이 될 듯하여 소개합니다.

라틴 알파벳을 가지고 러시아로 가던 중 배가 흔들리는 바람에 뒤죽박죽이 되어버렸다는 우스갯소리가 있을 정도로 키릴문자는 라틴 알파벳에서 유래되었으나 형태가 크게 달라졌습니다. 생전 처음 보는 글자 때문에 키릴문자가 어렵게 여겨지지만, 사실은 눈에 익은 알파벳이 우리를 더욱 골탕 먹인답니다. 영어식 소릿값音價에 익숙한 우리는 같은 글자가 전혀 엉뚱한 소리를 낼 때 더욱 혼란스럽기 때문입니다.

연습 삼아 다음의 글자표를 참고하여, 지하철역 표지판을 읽어봅시다. 자꾸 보다 보면 조금 익숙해질 것입니다.

А а	Б б	В в	Г г	Д д	Е е	Ё ё
[a]	[b]	[v]	[g]	[d]	[je/ʲe/e/ɛ]	[jo/ʲo/o]
Ж ж	З з	И и	Й й	К к	Л л	М м
[ʒ]	[z]	[i]	[j]	[k]	[l]	[m]
Н н	О о	П п	Р р	С с	Т т	У у
[n]	[o]	[p]	[r]	[s]	[t]	[u]
Ф ф	Х х	Ц ц	Ч ч	Ш ш	Щ щ	Ъ ъ
[f]	[x]	[ts]	[tʃ]	[ʃ]	[ʃtʃ/ʃt]	[-]
Ы ы	Ь ь	Э э	Ю ю	Я я		
[ɨ]	[ʲ]	[ɛ]	[ju/ʲu]	[ja/ʲa]		

러시아어 키릴문자와 대응하는 발음

지하철 표지판

러시아 최초의 나라, 키예프 공국 ❶

현재의 러시아 서부 지역(서쪽으로는 발트 해에 접하고, 남쪽으로는 흑해에 접한 지역)에는 오래전부터 슬라브인들이 정착하여 살고 있었습니다. 이들은 정치적·군사적 체계를 갖추지 못한 채 부족 공동체 수준에 머물러 있었으므로, 스칸디나비아 반도 출신의 노르만인(루스인)들에게 끊임없이 괴롭힘을 당하는 실정이었습니다.

그러던 중 9세기 중엽에 슬라브인들이 자청하여 노르만인을 찾아가 자신들의 지배자가 되어달라고 요청하는 일이 벌어집니다. 이에 러시아 최초의 지배자로 알려진 류리크Rurik, Рюрик가 형제 및 부하들을 이끌고 와 노브고로드 지역에 정착했다고 합니다(862년). 러시아라는 이름은 '루스인의 나라'라는 뜻인데, 류리크 일파가 루스인이었기 때문에 유래된 것입니다.

러시아 초기 역사에 해당하는 이 무렵을 '류리크 왕조'라고 하는 것은 최초의 지배자 이름을 딴 것이며, '키예프 공국Kievan Rus'이라고 하는 것은 2대 지배자인 올레그가 노브고로드에서 키예프Kiev(현재 우크라이나의 수도)로 수도를 옮겼기 때문이랍니다.

류리크의 후계자인 올레그Oleg, Олег는 출생에 대해 전해지는 바가 없으며, 류리크의 친척이었던 것으로 보입니다. 류리크 사망 당시 그의 아들인 이고르가 너무 어렸기 때문에 올레그가 대신 지도자가 된 것입니다.

올레그는 몇 가지 중요한 업적을 남깁니다. 우선 제일 중요한 업적으로, 키예프 천도를 들 수 있습니다. 키예프는 군사적 요충지이자 무역의 교차로였으므로 그들이 키예프를 차지했다는 것은 나라의 번성에 중요한 요인이 되었습니다. 그들의 나라를 '키예프 공국'이라고 부르는 것은 그

류리크

올레그

비잔틴 제국의 수도인 콘스탄티노플 성벽에 방패를 거는 올레그

이고르   올가   콘스탄티노플에 가서 세례를 받는 올가

때문입니다. 그래서인지 그의 별칭이 '현명한 올레그'랍니다.

그는 나라를 안정시키고 국력을 키워 그 당시 강대국이었던 비잔틴 제국과 대등한 관계에서 무역을 하였으며, 나중에는 콘스탄티노플을 침략하기도 했다고 합니다. 물론 대제국의 수도를 함락시키는 데는 실패했지만, 그 당시 키예프 공국의 위상을 짐작할 수 있는 일화입니다.

그런 자신감을 바탕으로 올레그는 노브고로드 공후Новгородский князь라는 명칭을 버리고 스스로를 키예프 대공великий Киевский князь이라고 했습니다.

올레그가 죽은 뒤, 키예프 대공의 자리는 류리크의 아들인 이고르Igor, Игорь에게 돌아갑니다. 나이기 어린 탓에 빼앗겼던 것을 되찾은 것이지요.

이고르는 '탐욕스러운 이고르'란 별칭을 갖고 있는데, 그가 드레블랴닌에 공물을 받으러 갔다가 살해당했기 때문입니다. 전하는 이야기에 따르면, 부하들을 데리고 드레블랴닌에 가서 공물 납부에 관한 협상을 마무리 짓고 돌아오던 그는 중간에 마음이 변해 소수의 호위대만 데리고 드레블랴닌에 다시 갔다가 살해당했다고 합니다. 아마도 더 많은 공물을 요구하다 목숨을 잃은 것으로 보여 그를 탐욕스럽다고 평가하는 것입니다.

이고르가 죽은 뒤 대공의 자리는 그의 부인인 올가에게 전해집니다.

키예프 공국의 네 번째 통치자이자 최초의 여성 군주인 올가Olga of Kiev, княгиня Ольга는 '지혜로운 올가'라는 별칭이 있습니다. 남편을 살해한 드레블랴닌에 지혜로운 복수를 하였기 때문입니다.

그녀는 남편의 죽음의 원인이 된 공물 납부 제도를 정비하였고, 러시아 최초로 기독교 세례를 받았으며, 키예프 공국에 기독교가 정착하는 데 많은 노력을 기울였습니다. 그래서 그녀의 손자인 블라디미르와 함께 러시아 정교회의 성인으로 추앙받고 있습니다.

이고르와 올가의 아들인 스뱌토슬라프Sviatoslav of Kiev, князь Святослав는 키예프 공국의 정복 군주로서, '용맹한 스뱌토슬라프'라는 별칭이 있습니다.

어려서 아버지를 잃은 그는 아버지의 원수를 갚고자 하는 복수심에서 군사 훈련에 몰두하였다고 하는데, 그 덕분에 막강한 군사력을 바탕으로 영토를 크게 넓혔습니다. 그는 적은 수의 병사를 데리고 키예프로 돌아가던 중 페체네그인들에게 살해당하는데, 그들은 스뱌토슬라프의 두개골을 술잔으로 만들어 사용했다고 합니다. 그렇게 하면 그의 용맹함과 지혜를 본받을 수 있다고 믿어서 그랬다는군요.

스뱌토슬라프와 말루샤 사이에서 태어난 아들이자 올가의 막냇손자인 블라디미르 스뱌토슬라비치Vladimir Sviatoslavich, Владимир Святославич는, 그리스 정교회를 받아들여 '루스의 세례자'라고 불리는 인물입니다.

아버지로부터 노브고로드 지방을 물려받은 그는 키예프를 물려받은 이복형 야로폴크를 몰아내고 키예프 대공의 자리를 차지합니다.

키예프 공국의 통치자로서 러시아 정교회 성인으로 추대된 사람은 앞에서 말한 대로 블라디미르와 그의 할머니인 올가뿐입니다. 블라디미르의 그리스 정교회 수용에 관해서는 다시 설명할 예정이므로 생략합니다.

스뱌토슬라프

올가와 블라디미르

올가와 블라디미르의 이콘

야로슬라프

키예프 공국은 블라디미르의 아들 야로슬라프 Yaroslav Vladimirovich, Ярослав Владимирович Мудрый 때 전성기를 맞이합니다. 그는 '야로슬라프 무드르이'라는 별칭을 갖고 있는데, 이는 '지혜로운 야로슬라프'라는 의미입니다. 아마도 그의 치세 때 문예 부흥기를 맞이했

야로슬라프 1세 사후의 키예프 공국 영토(국경선 등은 현재 기준). 표시한 곳이 키예프

기 때문에 그렇게 부르는 것으로 보입니다. 특히 그는 러시아 최초의 법전인 '루스카야 프라우다Russkaya Pravda'를 펴냈는데, 이것은 당시의 관습과 판례 등을 집대성한 것으로 고대 러시아 역사 연구에 귀중한 자료가 되기도 합니다.

야로슬라프 이후로도 키예프 공국은 유지되지만, 자질이 떨어지는 통치자들이 연이어 등장하면서 서서히 몰락의 길을 걸었다고 보는 것이 학자들의 보편적인 견해입니다.

모스크바 공국과 '타타르의 멍에' ❷

자질이 떨어지는 지도자들의 등장으로 키예프 공국은 내부 분열에 시달리게 되고, 점차 쇠퇴하여 영향력을 상실하게 됩니다. 반면 모스크바 공국Grand Principality of Moscow은 드미트리 돈스코이 대공이 쿨리코보 전투Battle of Kulikovo, Куликовская битва에서 타타르에게 승리를 거두면서 러시아의 새로운 구심점으로 떠올랐습니다. 여기서는 모스크바 공국의 등장과, 오랜 세월 동안 러시아 민족을 괴롭혔던 타타르Tatar에 대해 알아보겠습니다.

모스크바 공국은 키예프 러시아의 동북부 지역에서 탄생한 수즈달리 공국을 기원으로 합니다. 수즈달리 공국의 첫 번째 지도자인 유리 돌고루키Yuri Dolgoruky는 주변 지역을 점령하면서 세력을 키웠고, 스테판 쿠츠카라는 사람이 지배하고 있던 쿠츠코보('쿠츠카의 영지'라는 뜻) 마을을 점령한 다음 마을 이름을 모스크바로 바꾸었다고 합니다. '모스크바'란 이름이 역사에 처음 등장하는 순간입니다.

훗날 유리 돌고루키는 키예프 러시아를 점령하여 대공의 자리에 올랐고 그의 아들이 키예프 대공의 지위를 계승했지만, 키예프가 아닌 수즈달리에 머물렀으므로 키예프 공국의 위상은 점차 희미해졌습니다. 이 무렵 모스크바는 독립된 공국이 아니라, 하나의 지역에 불과했습니다.

모스크바 공국은 알렉산드르 넵스키의 막내아들인 다닐Daniil Aleksandrovich이 공후가 되면서 새로운 역사를 맞게 됩니다. 러시아 사람들이 지금도 위대한 영웅으로 생각하는 알렉산드르 넵스키가 죽으면서 다닐에게 모스크바 지역을 물려주었던 것입니다. 13세기 말에 다닐은 모스크바 공국을 건설하고, 주변 지역을 정복하며 세력을 키워갑니다.

모스크바 공국은 비록 작은 나라로 시작하였지만, 지리적으로 많은 이점을 갖고 있었기 때문에 빠른 속도로 성장합니다. 러시아 평원의 중심부에 자리 잡고 있던 모스크바 공국은 여러 강을 끼고 있어 문물 교류에 유리한 점도 있었지만, 그보다 더 중요한 것은 여러 공국에 둘러싸여 있다는 점이었습니다. 의도한 바는 아니었지만 결과적으로 주변 나라들이 자연적인 보호벽이 되어 모스크바를 지켜주는 형국이 되었는데, 예를 들면 북서쪽으로부터 오는 적은 노브고로드 공국이 막아주고, 남동쪽으로부터 오는 적은 랴잔 공국이 막아주는 셈이 되었습니다.

이 무렵 러시아를 위협하던 가장 큰 세력은 남동쪽의 타타르와 북서쪽의 스웨덴이었는데, 다른 공국들이 그들의 침략에 시달리느라 국력을 소모한 것에 비하면 모스크바 공국은 비교적 안전한 상황에서 나라 안 문제에 집중할 수 있었습니다.

고만고만한 여러 공국 중의 하나였던 모스크바 공국이 러시아 역사의 주역으로 등장하게 된 계기는 드미트리 돈스코이가 1380년에 타타르의 일족인 킵차크 칸국(킵차크 한국)Kipchak Khanate을 상대로 거둔 쿨리코보 전투에서의 승리였습니다. 이때까지 타타르를 상대로 승리를 거둔 나라는 없었습니다. 비록 몇 년 뒤 다시 쳐들어온 타타르에게 모스크바가 유린당하기는 했지만, 이때의 승리는 타타르의 불패 신화를 깨뜨리는 중대한 사건이었으며, 모든 러시아 사람들에게 큰 자부심과 희망을 주었던 것입니다.

모스크바 공국은 이때의 승리를 바탕으로 러시아의 여러 공국 가운데 주목할 만한 세력으로 성장할 수 있었습니다.

그렇다면 러시아와 타타르의 관계는 어떤 것일까요. 러시아에서는 1240년부터 1480년까지의 기간을 '타타르의 멍에Tartar Yoke'라고 합니다. 러시아는 그 기간 동안 타타르의 침략과 지배를 받았는데, 그것이 벗어날 수 없는 멍에처럼 고통스러웠다는 의미입니다.

유럽 사람들은 몽골 족을 낮추어 타타르라고 불렀습니다. 이 말은 그리스 신화의 타르타르(지옥)에서 유래된 것으로, 그들이 휩쓸고 지나간 곳은 지옥으로 변한다는 의미이면서 동시에 그들이 지옥에서 온 악마와 같다는 의미를 담고 있었습니다. 그 정도로 유럽인들에게 몽골 족은 두려운 존재였습니다.

러시아는 몽골 족과 접한 지리적 이유로 더 자주, 더 가혹하게 피해를 입었습니다. 몽골 족이 지나간 곳에는 풀도 남지 않을 정도로 철저히 파괴되었으므로, 대량학살로 인한 인명 피해와 약탈·파괴로 인한 재산 손실은 계산이 불가능할 정도였습니다. 노예로 끌려간 포로들은 인간 이하의 삶에 시달렸고, 그렇지 않은 사람들은 가혹한 수탈로 인해 비참한 가난을 벗어날 수 없었습니다.

문화적인 피해도 극심했습니다. 키예프 시대의 찬란한 문화는 파괴되었고, 도시의 파괴는 산업이 발달할 수 있는 여지를 말살했습니다. 그 당시 몽골 족의 침략으로 피해를 입은 나라나 민족이 한둘이 아니지만, 러시아는 그 양상이 더욱 참혹했으므로 러시아 사람들이 그 시기를 '타타르의 멍에'라고 부르며 치를 떠는 것은 충분히 이해할 만한 일입니다.

러시아가 타타르의 멍에를 벗어던지고 독자적인 발전을
모색하게 된 것은 이반 3세Ivan III, Иван III 때의 일입니다.
모스크바 대공 바실리 2세의 차남으로 태어난 그는 첫
번째 부인이 죽은 후 비잔틴 제국 마지막 황제(콘스탄틴
11세)의 조카딸과 재혼합니다. 이를 계기로 그는 자신이
비잔틴 제국의 계승자이며 그리스 정교의 수장임을 주장
하게 되는데, 이것은 당시로써는 권력의 기반을 탄탄하
게 하는 중요한 요인이 되었습니다.

이반 3세

자신감을 얻은 이반 3세는 모스크바를 중심으로 세력을
규합하여 러시아 지역을 차츰 합병한 뒤 드디어 타타르
를 몰아내는 데 성공합니다. 러시아 민족의 숙원이 해결된 것이지요. 또한 그는 안으로 법률과
행정 조직을 정비하고 강력한 전제군주제의 토대를 닦았으며, 크렘린 궁을 짓는 등 많은 업적을
남겨 '위대한 이반'이라고 불리게 됩니다.

바실리 3세

이반 3세와 비잔틴 제국의 공주 소피야 팔
레올로크 사이에서 태어난 바실리 3세Vasily
III, Василий III 는 최초의 차르인 이반 4세의
아버지입니다. 이반 3세의 후계자로 꼽히던
이복형 이반이 죽은 뒤 새로운 후계자로 지
명되었다가 모스크바 대공의 자리에 올랐습
니다. 그는 부친의 정책을 계승하여 영토를
확장하고 중앙 집권적인 정치 체제를 확립
하는 데 힘을 쏟았습니다. 이반 4세가 훗날
강력한 차르로 등장할 수 있는 토대를 바실
리 3세가 닦은 셈입니다.

로마노프 왕조와 러시아 차르국 ③

1613~1917년에 걸쳐 러시아를 지배한 것은 로마노프 왕조Romanov dynasty, Романов입니다. 이 시기에 러시아 차르국과 러시아 제국이 역사에 등장했습니다.

러시아 차르국Tsardom of Russia, Царство Русское은 차르tsar(슬라브계 국가의 군주를 가리키는 말)가 다스린 시기의 나라를 일컫습니다. 시기적으로는 1547~1721년이 거기에 해당하지요.

러시아 역사에서 차르란 말을 공식적으로 사용한 사람은 이반 4세Ivan IV, Иван IV(1547~1584년 재위)입니다. 바실리 3세의 아들로 태어난 그는 1533년에 모스크바 대공국의 대공으로 즉위(3세 때)한 후 숱한 내우외환을 겪었으며, 1547년에 비로소 친정親政에 임하면서 스스로를 차르라고 칭한 것입니다. 이때부터 러시아 차르국이라는 용어를 사용합니다.

이반 4세는 통치 초기에는 부국강병을 위해 의욕적으로 일했지만, 사랑하는 부인 아나스타샤 로마노프Anastasia Romanov, Анастасия Романовна가 죽자 이성을 잃고 난폭한 행동을 일삼았다고 합니다. 그래서 그의 별칭이 '폭군 이반Ivan the Terrible'입니다. 우리나라에서는 '뇌제雷帝(벼락황제)'라고도 하는데, 느닷없이 내려치는 벼락처럼 공포스러운 존재라는 의미입니다.

그의 비이성적인 성격을 알 수 있는 비극적인 일화가 있습니다. 말년에 그는 임신한 며느리의 옷차림이 마음에 안 든다는 이유로 지팡이로 때려 유산시켰고, 황태자였던 아들 이반이 항의하

이반 4세   일리야 레핀, '폭군 이반과 그의 아들 이반'

표도르 1세   보리스 고두노프   표도르 2세

자 그를 때려죽인 것입니다. 피를 흘리며 쓰러진 아들을 보고 뒤늦게 후회했다고 하지만, 죽은 아들을 되살릴 수는 없었습니다. 일리야 레핀Ilya Repin이 그린 '폭군 이반과 그의 아들 이반Ivan the Terrible and His Son Ivan'은 그 사건을 그린 것입니다.

이반 4세가 죽은 뒤 넷째아들인 표도르 1세Fyodor I, Фёдор I(1584~1598년 재위)가 차르로 등극합니다. 지적知的 능력이 떨어지고 허약한 편이라 군주로서는 적합하지 않았지만, 그의 형이자 후계자였던 이반이 어처구니없는 죽임을 당한 후였기 때문에 대안이 없었던 것입니다.
표도르 1세는 이렇다 할 업적을 남기지 못하였고, 후사도 남기지 못하였기 때문에 류리크 왕조는 그의 대에서 끊기게 됩니다.

표도르 1세가 사망한 후 그의 처남인 보리스 고두노프Boris Godunov, Борис Годунов(1598~1605년 재위)가 차르로 선출되어 7년 동안 재위했고, 고두노프가 죽은 후에는 그의 아들인 표도르 2세Fyodor II, Фёдор II(1605년 4월 13일~1605년 6월 1일 재위)가 49일 동안 권좌에 앉았습니다.
표도르 2세 일가가 드미트리(이반 4세의 아들로 어린 나이에 살해당함)를 참칭僭稱하는 세력에 의해 몰살당한 후, 몇 년간 혼란스런 시절이 이어지다가 로마노프 가문의 미하일 로마노프Mikhail Romanov, Михаил Романов(1613~1645년 재위)가 차르에 즉위함으로써 로마노프 왕조가 개창됩니다.
이때부터 로마노프 왕조가 시작되어 1917년까지 이어지는 것입니다. 그러나 아직은 지배자를 차르라고 일컫던 시기이므로 러시아 차르국이라고 하며, 표트르 1세에 의해 러시아 제국이 탄생하기까지는 시간이 더 필요합니다.

미하일 1세(미하일 로마노프)는 이반 4세의 부인이었던 아나스타샤 로마노프의 친정 쪽 인물로, 1613년 2월에 젬스키 소보르zemskii sobor, Земский Собор(전국회의)에서 새로운 차르로 추대되었습니다. 이 과정에서 중요한 역할을 한 이반 수사닌Ivan Susanin, Ива́н Суса́нин의 희생적 영웅담은 러시아 작곡가인 미하일 글린카Mikhail Glinka, Михаи́л Гли́нка에 의해 '차르를 위해 바친 목숨A life for the Tsar'이라는 오페라로 작곡되었습니다. 미하일이 등극할 무렵 폴란드가 러시아 차르의 왕관을 요구하며 침공해 왔는데, 이반 수사닌이 목숨을 버리면서 폴란드군을 물리쳐 그가 무사히 차르가 될 수 있었다는 오페라의 줄거리는 역설적으로 그의 등극 과정이 순탄치 않았다는 사실을 알려줍니다.

17세에 차르의 자리에 오른 그는 경험이 부족하고 병약하여 제대로 정사를 돌보기는 어려웠습니다. 그래서 러시아 정교회의 총대주교(필라레트)였던 그의 아버지 표도르가 '대군주'라는 직함을 가지고 실질적인 통치를 했다고 합니다.

미하일 1세의 뒤를 이어 차르의 자리에 오른 인물은 그의 아들인 알렉세이 1세Alexei I, Алексей I(1645~1676년 재위)였습니다. '가장 온화한 자The most gentle, Тиша́йший'라는 별칭이 붙을 정도로 겸손하고 온화한 성품이면서 한편으로는 결단력과 강건함도 갖추었다고 평가받습니다. 그의 치세

미하일 1세의 대관식   미하일 1세

는 대내적으로 국가 재정 확충을 위한 과도한 착취로 인해 대규모 봉기가 여러 차례 발생하였고, 대외적으로는 스웨덴, 폴란드 등과의 전쟁을 통해 영토를 확장하는 등, 업적과 과오가 엇갈립니다.

알렉세이 1세가 사망한 후, 표도르 3세Fyodor III, Фёдор III(1676~1682년 재위)가 부친의 뒤를 잇습니다. 15세의 어린 나이에 즉위하였고, 6년이란 짧은 기간 동안 재위했기 때문에 자신의 역량을 충분히 발휘하지는 못했지만, 서유럽을 모델로 한 국가 개혁을 추구했던 그는 지혜로운 통치자라는 평을 듣습니다.
20세의 젊은 나이로 사망했기 때문에 비록 결혼하기는 했지만 후사를 두지는 못했습니다. 그래서 그의 사후 정치적 혼란이 일어났는데, 논란 끝에 그의 두 동생인 이반과 표트르가 공동 집권하는 것으로 정리되었습니다.

이반 5세Ivan V, Иван V(1682~1696년 재위)는 표도르 3세의 사후 이복동생인 표트르와 함께 공동 차르로 추대되었습니다. 선왕의 친동생인 이반이 단독 차르가 되지 못하고 10살짜리 이복동생과 함께 공동 통치자가 되었다는 것은, 국정을 감당할 만한 능력이 부족하다고 당시 사람들이 판단했기 때문입니다. 사람들이 우려한 대로 그는 병약한 체질인 데다가 정치적 역량도 부족하여 실질적인 통치 행위는 하지 못한 것으로 알려졌습니다.
러시아 역사에 지워지지 않는 뚜렷한 자취를 남긴 표트르 1세Pyotr I, Пётр I(1682~1721년 차르 재위, 1721~1725년 황제 재위)가 여기에서 등장합니다. 이복형인 표도르 3세의 죽음으로 공통 차르의 자리에 오른 표트르가 바로 훗날 표트르

알렉세이 1세

표도르 3세

이반 5세

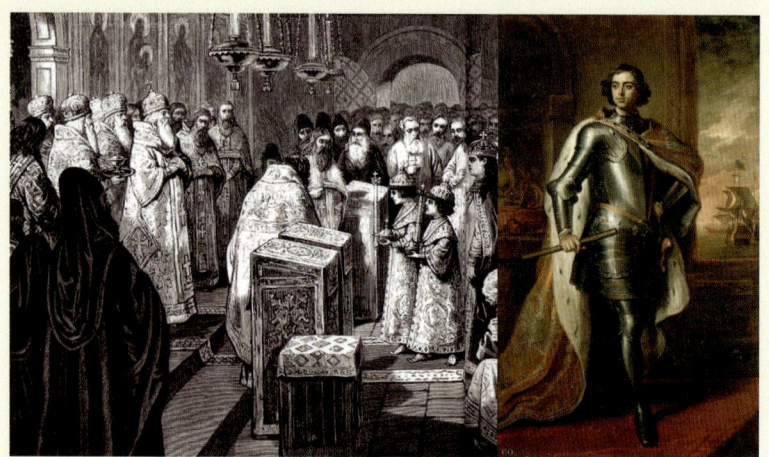

이반 5세와 표트르 1세의 대관식　　　　　　　　　　젊은 시절의 표트르 1세

대제Peter the Great라고 불리는 표트르 1세인 것입니다.

그가 공동 차르가 되었을 때, 실질적인 권력은 섭정인 소피아 공주의 손에 있었습니다. 16세인 이반 5세는 정치에 관심이 없었고, 10세인 표트르 1세는 아직 어려서 정치를 알지 못했기 때문입니다. 표트르와 이복 남매간이었던 소피아 공주는 표트르와 그의 모친인 나탈리아 나리시키나Natalia Naryshkina, Наталья Нарышкина에게 적대적이었던 것으로 알려져 있습니다.

1689년, 성년이 된 18세의 표트르는 소피아 공주와 권력 투쟁을 벌인 끝에 실질적인 최고 통치자가 될 수 있었습니다.

앞에서 표트르의 재위 기간을 차르 재위기와 황제 재위기로 나누어 적었는데, 차르로 등극한 그가 재위 중에 황제를 칭하며 제국을 선포했기 때문입니다. 그래서 그의 재위기는 러시아 차르국과 러시아 제국이 공존합니다.

표트르 대제와 러시아 제국의 황제들에 대해서는 다음 장에서 자세히 알아보겠습니다.

러시아 제국의 황제들 ❹

상트페테르부르크를 여행하다 보면, 자연스럽게 러시아 제국Imperial Russia, Российская империя(제정 러시아)의 황제들 이름을 듣게 됩니다. 표트르 대제의 여름 궁전이나 예카테리나 여제의 여름 궁전과 같이 건물 이름에 그 이름이 등장하기도 하고, 그리스도 부활 성당과 같은 역사적 사건의 현장에서 그 이름이 언급되기도 합니다.

러시아 제국이란 로마노프 왕조의 차르였던 표트르 1세가 황제를 표방한 1721년에 건국되어 2월 혁명에 의해 마지막 황제인 니콜라이 2세가 퇴위한 1917년까지 유지된 군주제 국가를 말합니다. 러시아 제국의 초대 황제인 표트르 1세에 대해서는 페트로파블롭스크 요새를 설명할 때 '위대한 황제, 표트르 대제(309쪽)'라는 제목으로 자세히 다룰 예정이므로 여기에서는 생략합니다.

표트르 대제의 후임 황제는 예카테리나 1세Ekaterina I, Екатерина I(1725~1727년 재위)입니다. 그녀는 표트르 1세의 두 번째 부인이었지요. 자식이 아닌 부인이 황위를 계승하는 경우는 흔치 않은데, 이때에 이런 일이 생기게 된 배경을 알아봅시다.

예카테리나는 미천한 신분의 여인이었습니다. 러시아가 스웨덴과 전쟁을 벌일 때 포로로 붙잡혔다고 하지요. 그녀는 표트르 1세의 측근인 멘시코프Menshikov, Меншиков 집안에 하녀로 보내져 일하던 중, 그곳을 방문한 표트르 1세의 식사 시중을 들다가 눈에 띄었다고 합니다.

그 뒤 황제의 자식을 낳은 그녀는 황후로 책봉되었고, 두 사람 사이에서는 4남 6녀가 태어났습니다. 그러나 대부분의 자식이 어려서 죽고, 안나와 엘리자베타만이 성인이 되었습니다.

Nikolai Ge, '알렉세이를 심문하는 표트르 1세'

그런데 표트르 1세에게는 예카테리나 이전에 결혼한 부인이 있었습니다. 둘 사이에서는 장남 알렉세이Aleksei, Алексей(1690~1718년)가 태어나 공식적인 후계자로 정해진 상태였습니다. 그러나 표트르는 장남과 사이가 별로 좋지 못했고, 급기야 알렉세이는 반역 사건에 연루되어 사형을 선고받기에 이릅니다. 사형이 집행되기 전에 그는 고문 후유증으로 감옥에서 사망했지만, 이 일은 표

표트르 1세의 가족들. 왼쪽부터 시계 방향으로 표트르 1세, 예카테리나 1세, 알렉세이(폐위되어 죽은 황태자), 안나, 엘리자베타(훗날 엘리자베타 여제가 됨), 표트르(알렉세이의 아들로 예카테리나 1세 사후 등극하여 표트르 2세가 됨)

트르 1세에게 후계자 선정 방식을 다시 생각하게 하는 계기가 되었습니다. 즉, 장자 상속제를 폐지하고 황제가 후계자를 지명하는 방식으로 바꾼 것입니다.

문제는 표트르 1세 사후에 벌어집니다. 그가 후계자를 지명하지 않은 채 갑작스럽게 사망했기 때문입니다. 일부에서는 죽은 황태자의 아들인 표트르 알렉세예비치를 지지했지만, 멘시코프를 비롯한 신진 세력들은 예카테리나를 후계자로 정했습니다. 아마도 자신들에게 우호적인 그녀를 통해 정치적 영향력을 키우려는 의도가 아니었나 싶습니다.

예카테리나 1세는 2년이란 짧은 기간 동안 황제의 자리에 있었고, 실질적인 통치는 멘시코프를 포함한 6인이 주축이 된 추밀원에 의해 이루어졌으므로 정치적 공과功過를 말하기는 어렵습니다. 다만, 그녀가 최초의 여제女帝로 등극함으로써 이후 러시아의 역사에 여제들이 등장할 수 있는 전례를 만들었다는 점은 특기할 만한 일이라고 하겠습니다.

예카테리나 여제가 사망한 후, 제위는 알렉세이의 아들인 표트르 2세Pyotr II, Пётр II(1727~1730년 재위)에게 넘어갑니다. 표트르 1세가 죽었을 때 나이가 어리다는 이유로 황위 계승권을 박탈당했던 표트르가 러시아 제국의 세 번째 황제로 등극한 것입니다.

그러나 그는 여전히 어린 아이였고, '열여섯 살이 될 때까지 통치권을 추밀원에 위임하며, 부친 알렉세이의 반역죄 심판에 관여한 사람들에게 보복하지 않겠다.'는 약속을 해야 할 정도로 정치적 기반이 허약했습니다. 그는 자신의 뜻대로 제국을 통치하지도 못했고, 결혼하기 전에 사망함으로써 후사를 남기지도 못했습니다.

황위에 오른 표트르 2세가 3년 만에 후사를 남기지 못한 채 사망하자, 러시아 제국의 황위는 또다시 무주공산이 되어버립니다. 로마노프 왕가의 남계 적통이 끊어졌기 때문입니다. 추밀원은

표트르 2세   안나 이바노브나   이반 6세

이반 5세의 넷째 딸인 안나 이바노브나Anna Ivanovna, Áнна Иоáнновна(1730~1740년 재위)를 황제로 추대합니다. 아버지인 이반 5세가 허약한 군주였기 때문에 그녀 역시 자신들의 뜻대로 휘두를 수 있을 거라고 생각했기 때문일 겁니다. 실제로 추밀원 의원들은 자신들이 황제의 권력을 제한할 수 있다는 조건을 제시했다고 합니다. 그러나 뜻밖에도 안나 이바노브나는 추밀원을 해산하고 원로원을 복구시키는 단호한 모습을 보였습니다.

즉위한 지 10년 만에 세상을 떠난 안나 이바노브나는 죽기 직전에 후임 황제로 이반 안토노비치를 지명합니다. 이반은 안나 여제의 조카(이반 5세의 딸이자 안나의 언니인 예카테리나의 딸)인 안나 레오폴리도브나의 아들이었으니, 황위 계승 순위로 보면 거리가 먼 인물이었습니다. 게다가 황위를 물려받을 당시 이반은 태어난 지 두 달밖에 안 된 갓난아기였습니다.

안나 이바노브나가 젖먹이 아기에게 황위를 물려준 까닭은, 아버지 이반 5세의 후손으로 황위가 계승되기를 바랐기 때문이었습니다. 이반 5세의 이복동생인 표트르 1세의 후손에게 황위가 넘어갈까 염려했던 것이지요.

갓난아기로 즉위한 이반 안토노비치는 이반 6세Ivan VI, Иван VI(1740~1741년 재위)로 불립니다. 러시아 제국의 황제가 된 그는 표트르 1세의 딸인 엘리자베타 페트로브나가 일으킨 혁명에 의해 즉위 1년 만인 1741년에 폐위됩니다. 그때 그의 나이 고작 두 살이었으니, 자신에게 닥친 운명이 무엇인지조차 몰랐을 겁니다. 이후 평생을 감옥에서 보낸 이반 6세는 예카테리나 2세 통치 시기인 1764년에 살해당했다니, 정치의 비정함을 절감할 수 있습니다.

| 엘리자베타 페트로브나 | 표트르 3세 | 예카테리나 2세 |

이반 6세를 폐위시키고 황위에 오른 엘리자베타 페트로브나Elizabeta Petrovna, Елизавета Петровна (1741~1761년 재위)는 표트르 1세와 예카테리나 1세의 딸이었습니다. 사실 혈통으로 따지자면 이반 6세보다는 황위 계승 순위가 먼저였는데, 그녀의 아버지인 표트르 1세가 알렉세이의 반역 사건에 실망한 나머지 황위 계승 원칙을 바꾸는 바람에 이반 6세에게 밀렸던 것입니다.

엘리자베타가 황위에 오른 것은 32세 때의 일로, 이전의 어린 황제들에 비하면 정치적 수완이 있었던 편입니다. 또한 20년 동안 재위했기 때문에 대내외적으로 여러 가지 업적을 남겼습니다. 겨울 궁전Winter Palace(현재 에르미타주 미술관으로 사용되는 건물)이 건설된 것도 엘리자베타의 통치기였습니다.

그러나 그녀는 결혼하지 않아 후사를 남기지 못했으므로 조카(여제의 친언니인 안나 페트로브나의 아들)인 카를 페테르 울리흐를 후계자로 지명했습니다.

엘리자베타 페트로브나의 뒤를 이어 러시아 제국의 황제가 된 표트르 3세Pyotr III, Пётр III(1761~1762년 재위)의 본래 이름은 카를 페테르 울리흐입니다. 이름에서부터 독일 혈통임이 느껴지지요. 카를은 엘리자베타 여제와 친자매간인 안나 페트로브나Anna Petrovna, Áнна Петровна의 아들이었습니다. 표트르 1세와 예카테리나 1세 사이에서 태어난 4남 6녀 중에서 안나와 엘리자베타만 성인이 되었는데, 그중에서 엘리자베타가 황제로 즉위하여 20년을 통치하였고 그다음 황위를 안나의 아들인 카를에게 물려준 것입니다.

독일계 혈통의 카를에게 러시아 제국 황위가 넘어가는 것에 대해 반발이 심했기 때문에, 카를은 러시아식 이름인 표트르 표도로비치로 개명하고 표트르 1세의 외손자임을 강조했다고 합니다.

그는 즉위한 지 186일 만에 부인인 예카테리나 2세에 의해 폐위됩니다. 폐위 이유는 독일 혈통에 따른 거부감 때문이 아니라, 지나치게 독일에 우호적인 그의 태도 때문이었습니다. 그의 무능하고 방탕한 생활 태도와 부인 예카테리나 2세와의 악화된 관계도 원인이 되었지요. 그는 폐위된 지 일주일 만에 사망합니다.

황실 쿠데타를 통해 남편을 폐위시키고 황제의 자리에 오른 여인이 예카테리나 2세Ekaterina II, Екатерина II(1762~1796년 재위)입니다. 러시아 제국 역사상 여제로서는 가장 위대하다는 평가를 받는 여걸입니다.

독일 출신의 소피 프리데리케Sophie Friederike는 러시아 제국의 황위 계승자인 표트르 표도로비치와 1745년에 결혼합니다. 장차 러시아의 황후가 될 소피는 러시아에 대한 이해를 높이고자 다방면에 걸쳐 열심히 공부했고, 이름도 러시아식인 예카테리나 알렉세예브나Екатерина Алексеевна로 바꾸었습니다. 이러한 그녀의 태도는 황실은 물론이거니와 신민들 사이에도 큰 호감을 불러일으켰지요.

그에 비해 표트르 3세는 고국에 대한 그리움 때문이었는지는 몰라도 독일(프로이센)에 지나치게 우호적인 태도를 보여 신민들을 실망시켰습니다. 이적利敵 행위에 가까운 행동을 할 때도 있었지요.

예카테리나 2세는 갈수록 평판이 나빠지는 남편을 대신하여 나라를 다스리기로 결심하고 혁명을 일으킵니다. 이때는 이미 표트르 3세를 지켜줄 세력이 거의 없는 상황이었지요.

그녀는 표트르 1세의 후계자를 자처하면서 의욕적으로 정무를 살펴 많은 업적을 남겼습니다. 행정과 법률 제도를 개선하고, 문학과 예술·학예와 교육 분야에 관심을 기울였으며, 크림 반도와 폴란드의 상당 부분을 차지함으로써 영토를 넓혔습니다.

러시아 제국의 황제들 중에서는 업적 면에서 호평을 받는 군주 중의 하나로, 표트르 대제와 함께 '대제'라고 불리는 군주이기도 합니다.

예카테리나 2세는 자신의 후계자로 아들인 파벨을 제치고 손자인 알렉산드르를 염두에 두었는데, 알렉산드르가 아버지를 생각하여 거절했다는 설이 있습니다. 그래서 예카테리나 2세의 후임 황제는 파벨 1세입니다.

파벨 1세Pavel I, Павел I(1796~1801년 재위)는 공식적으로는 표트르 3세와 예카테리나 2세의 아들로 발표되었지만, 생부가 누구인지에 대해서는 당시에도 의혹이 제기되었습니다. 표트르 3세와 예카테리나 2세의 관계가 원만하지 못했고, 예카테리나 2세에게 애인이 있는 것은 공공연한 비밀이었기 때문입니다.

파벨 1세   알렉산드르 1세

파벨 1세는 어머니 예카테리나 2세가 아버지인 표트르 3세를 살해했다고 생각했기 때문에 어머니에 대한 두려움과 거부감이 있었습니다. 예카테리나 2세 또한 자신을 혐오하는 아들에 대해 떨떠름한 감정을 갖고 있었으므로 황위를 아들 대신 손자에게 물려주려고 했던 것입니다. 그러나 주변의 반대와 손자 알렉산드르의 거부로 할 수 없이 파벨 1세에게 제위를 물려주었지요.

파벨 1세는 어머니에 대한 거부감 때문에 어머니가 총애하던 신하들을 멀리했고, 어머니가 시행했던 정책들을 무효화시켰습니다. 이러한 그의 태도에 불만을 품은 귀족과 군인들에 의해 암살당함으로써 5년 동안의 짧은 재위를 마치게 됩니다.

파벨 1세가 암살당한 후, 제위는 그의 아들인 알렉산드르 파블로비치에게 넘어갑니다. 예카테리나 2세가 애당초 아들 대신 황위 계승자로 꼽았던 바로 그 인물이지요.

파벨 1세의 아들인 알렉산드르 1세Aleksandr I, Александр I(1801년~1825년 재위)는 아버지가 귀족들의 특권을 축소하려다 그들의 반발을 사서 암살당하는 것을 보았기 때문인지 귀족의 특권을 확대하는 정책을 폈습니다. 자유주의에 입각한 개혁 정책을 지지하였고, 농노제 폐지를 관철하지는 못했지만 논의의 물꼬를 튼 것은 그의 업적이라고 볼 수 있습니다.

1812년 나폴레옹이 지휘하는 프랑스군이 모스크바를 공격했을 때 청야작전淸野作戰(들판이나 집안의 곡식들을 적이 활용하지 못하도록 모두 불태워 버리는 것)을 써서 궁지로 몰아넣은 것이 알렉산드르 1세 때의 일입니다. 나폴레옹은 그 일로 인해 몰락의 길을 걷게 되고, 엘바 섬으로 귀양 가는 신세가 되었지요.

니콜라이 1세   알렉산드르 2세   Mihály Zichy, '알렉산드르 2세의 대관식'
(에르미타주 미술관)

알렉산드르 1세가 후사를 두지 못한 상태에서 후계자 지명을 하지 않고 갑작스럽게 사망하자 혼란이 일어납니다. 결국 황위는 알렉산드르 1세의 동생인 니콜라이 1세Nikolai I, Николай I(1825~1855년 재위)에게 돌아갑니다.

그가 즉위할 무렵 러시아는 프랑스와의 전쟁으로 국력이 소모된 상태였고, 즉위식 때는 데카브리스트의 난dekabrist 亂(입헌 군주제와 농노제 폐지를 주장하는 청년 장교들이 일으킨 난)이 일어나 니콜라이 1세를 불안하게 만들었습니다. 그래서인지 그는 혁명 운동을 탄압하고 검열 제도를 엄격히 실시하는 등. 전반적으로 통제 위주의 정치를 펼친 황제로 평가받습니다.

니콜라이 1세 사망 후 황위는 그의 장남인 알렉산드르 2세Aleksandr II, Александр II(1855~1881년 재위)에게 전해집니다. 그는 농노 해방령 등 다양한 방법의 개혁을 시도했으나 1881년 3월 13일, 그리스도 부활 성당 부근에서 암살당한 비운의 황제입니다. 그의 암살 사건에 대해서는 그리스도 부활 성당 편에서 자세히 설명할 예정(188쪽)이므로 생략합니다. 그의 즉위 장면을 그린 작품이 에르미타주 미술관에 있으니 함께 보면 좋을 것입니다.

알렉산드르 3세   니콜라이 2세

갑작스럽게 사망한 알렉산드르 2세의 뒤를 이어 러시아 제국 열세 번째 황제가 되는 것은 알렉산드르 3세Aleksandr III, Александр III(1881~1894년 재위)입니다. 그는 알렉산드르 2세의 아들로, 본래 황태자였던 장남 니콜라이가 22세의 나이로 요절하는 바람에 둘째 아들인 그가 황위를 물려받게 된 것입니다.

아버지 알렉산드르 2세가 폭탄 테러로 암살당하는 비극을 경험한 그는 사람들을 불신하게 되었고, 전제 군주제를 강화하여 자신을 보호하고자 했습니다. 이런 그의 태도는 백성들과의 사이를 벌어지게 하였고, 그의 아들인 니콜라이 2세에게까지 영향을 미쳐 훗날 러시아 혁명의 원인이 된 것으로 평가됩니다.

러시아 제국의 실질적인 마지막 황제는 니콜라이 2세Nikolai II, Николай II(1894~1917년 재위)입니다. 1917년 2월 혁명으로 강제 퇴위당했으며, 1918년에 가족들과 함께 총살당한 비운의 황제이지요. 니콜라이 2세와 그의 가족들에 관한 이야기는 페트로파블롭스크 교회에서 그의 가족묘 이야기를 할 때(327쪽) 자세히 할 예정입니다.

러시아 혁명과 블라디미르 레닌 ❺

상트페테르부르크를 한때 레닌그라드('레닌의 도시'라는 뜻)라고 했습니다. 그 정도로 블라디미르
레닌Vladimir Lenin은 러시아 역사는 물론이거니와 상트페테르부르크의 역사에서도 중요한 위치
를 차지하는 인물입니다. 상트페테르부르크의 핀란드 역 앞 광장에는 그곳을 통해 입국해 러시
아 혁명을 완수한 그를 기리기 위한 동상이 세워져 있습니다.

레닌에 대해 알아보기 전에, 먼저 러시아 혁명의 진행 과정을 알아봅시다.

1905년 1월 9일에 발생한 '피의 일요일 사건Bloody Sunday, Кровавое воскресенье'은 러시아 혁명의
도화선이 되었습니다. 가혹한 노동 조건과 착취, 경제적 어려움에 시달리다 못한 노동자들이 황
제에게 자신들의 어려움을 하소연하기 위해 겨울 궁전 앞 광장으로 모여들었는데, 궁궐 수비대
가 무장하지 않은 시위 군중에게 발포한 것입니다. 이날 하루 동안 상트페테르부르크에서 1,000
여 명이 죽고 3,000여 명이 부상을 당했습니다. 비극적인 이 사건으로 인해 러시아 민중은 황실
과 황제에 대한 신뢰를 버리게 되었고, 이후로 "우리에게 더 이상 황제는 없다."는 구호가 러시
아 전역에 울려 퍼지게 됩니다.

핀란드 역 앞에 세워진   Ivan Vladimiriv, '겨울 궁전 광장에서 시위 군중에게 발포하는 궁궐 수비대'
레닌의 동상

2월 혁명 당시의 시위대

제1차 세계대전 중이던 1917년 2월에는 '2월 혁명February Revolution, Февральская революция'이라고 불리는 사건이 발생합니다.

피의 일요일 사건 이후로도 노동자들의 요구는 수용되지 않았으며, 황실과 민중 사이는 점점 멀어지기만 했습니다. 사태를 더욱 악화시킨 것은 니콜라이 2세의 황후인 알렉산드라가 총애하는 괴승 그리고리 라스푸틴Grigori Rasputin이었습니다. 그는 혈우병을 앓는 황태자 알렉세이 니콜라예비치의 병세를 완화시킨 후, 황제 부처의 절대적인 신임을 받게 됩니다. 그 뒤로 그는 황제에 버금가는 권력을 휘두르면서 많은 문제를 일으켰고, 러시아 민중이 '황실 타도'를 외치게 만드는 결정적 원인이 되었습니다.

결국 성난 민중은 1917년 2월에 총궐기하여 니콜라이 2세를 폐위합니다. '빵을 달라'는 노동자들의 절박한 절규가 점차 정치색을 띠면서 총파업과 '제정帝政 타도' 등으로 과격해지는 동안 황제는 적절하게 대처하지 못하고 우왕좌왕합니다. 그러자 시위대의 숫자는 급격히 늘어나고 군대마저도 황실에 등을 돌렸던 것입니다. 이로써 니콜라이 2세는 러시아 제국의 마지막 황제로 기록되며, 제정 러시아는 막을 내리게 됩니다.

2월 혁명으로 황제를 몰아내고 권력을 장악한 임시정부는 전쟁(당시는 제1차 세계대전 중으로 러시아는 독일과 전쟁 중이었음) 중단을 바라는 민중의 요구를 무시하고 독일과의 전쟁을 계속합니다. 그런 와중에 임시정부가 시도한 독일 공격이 실패로 돌아가자 민중들의 불만이 폭발합니다.

레닌이 주도하는 볼셰비키Bolsheviki('다수파'란 뜻으로 레닌을 중심으로 뭉친 좌익 세력)는 민중의 지지를 등에 업고 1917년 10월에 무장봉기를 일으켜 겨울 궁전 안에 있던 임시정부를 타도하고 권력을 장악합니다. 이것이 10월 혁명October Revolution, Октябрьская революция이며, 볼셰비키가 주도하여 성공한 혁명이라 하여 '볼셰비키 혁명'이라고도 합니다.

그러면 볼셰비키 혁명을 주도한 레닌은 어떤 사람일까요?

본명이 블라디미르 일리치 울리야노프Vladimir Ilich Ulyanov인 그는 10월 혁명을 성공시킨 혁명가이자 사상가입니다. 1887년에 있었던 알렉산드르 3세 암살 미수 사건에 연루된 맏형 알렉산드르가 처형당하자 러시아 황실에 적개심을 품고 혁명에 뜻을 두었던 것으로 알려졌습니다. 1887년 카잔대학에 입학했으나 학생운동으로 퇴학당했고, 마르크스 사상을 연구하면서 사회주의에 심취하게 되었습니다.

체포와 유형流刑을 반복하다가 1900년에 국외로 망명했고, 1905년 피의 일요일 사건 직후 귀국했으나 1907년에 다시 망명하여 주로 스위스에 머물렀습니다. 1917년 2월 혁명 직후 러시아를 곤경에 빠뜨리기 위한 작전의 일환으로 독일은 레닌이 귀국할 수 있도록 교통편을 제공합니다.

이때 레닌은 핀란드 역에 도착하여 환영 나온 수천 명의 인파 앞에서 사회주의 혁명이 승리할 것임을 외쳤습니다.

10월 혁명을 통해 임시정부를 무너뜨리고 프롤레타리아 독재를 표방하는 혁명정권을 수립한 그는 사회주의 국가인 소련 시절에는 누구보다도 중요한 대접을 받는 인물이었습니다. 상트페테르부르크가 레닌그라드로 이름을 바꾼 것이야말로 당시의 그의 위상을 짐작하게 하는 일입니다.

군중 앞에서 연설하는 레닌

그러나 상트페테르부르크가 원래의 이름을 되찾은 것에서 알 수 있다시피, 소비에트 연맹이 붕괴한 현재는 레닌의 위상이 예전과 같을 수 없습니다. 그저 역사 속의 한 인물로 남아 있을 뿐입니다.

* 당시 러시아는 율리우스력Julian calendar을 채택하였는데, 현재 사용하는 그레고리력Gregorian calendar과 비교하면 13일이 늦습니다. 여기에서 채택한 날짜는 율리우스력에 의한 것으로, 현재의 방식으로 따지자면 2월 혁명은 3월에, 10월 혁명은 11월에 발생한 것임을 밝혀둡니다.

상트페테르부르크의 역사 ❻

현재 러시아 제2의 도시인 상트페테르부르크St. Petersburg, Санкт-Петербург는 '유럽을 향해 열린 창'이라고 불립니다. 지리적 위치로 볼 때 유럽과 가장 가까운 러시아 땅에 건설된 도시이기 때문이며, 상트페테르부르크를 통해 유럽과 교류할 수 있었기 때문에 그렇게 부르는 것입니다. 별칭에 걸맞게 이 도시는 서유럽의 선진 문물을 받아들이는 창구 역할을 하며 발전했고, 수준 높은 도시 문화를 꽃피워 '러시아의 심장', '북쪽의 파리'라는 찬사를 듣기도 했습니다. 모스크바가 정치·경제의 중심지라면 상트페테르부르크는 문화·예술의 중심지라고 할 수 있지요.

상트페테르부르크가 들어선 네바 강 주변의 땅은 원래 습지로, 사람들이 살기에 적합하지 않았습니다. 그래서 8~9세기 무렵부터 사람들이 거주하기는 했지만 도시로 발전하지는 못했습니다. 15세기에 러시아의 영토로 편입된 이 땅을 17세기 초반에 스웨덴에 빼앗겼고, 표트르 대제가 스웨덴과의 영토 전쟁에서 승리하여 탈환한 이후 러시아의 영토로 확정되었지요. 그러나 그때까지만 해도 이곳은 쓸모없는 땅이라는 인식이 지배적이었습니다.

하지만 유럽 순방을 통해 서유럽의 문물제도에 매혹된 표트르 대제는 이곳을 유럽과 교류하는 교두보로 삼기로 하고, 1703년부터 신도시 건설 작업에 돌입합니다. 이 말은 상트페테르부르크가 자연적으로 형성된 도시가 아니라 처음부터 황제의 명령에 의해 의도적으로 건설된 계획도시라는 뜻입니다.

유럽을 배우고자 하는 열망에 사로잡혀 있던 표트르 대제로서는 유럽과 가까운 이곳이 최적의 위치였는지 모르지만, 당시 사람들이 보기에는 납득하기 어려운 결정이었습니다. 제일 큰 문제는 강대국이자 러시아와 적대 관계인 스웨덴과 너무 가깝다는 점이었습니다. 언제 빼앗길지 모르는 국경 근처의 땅에 새로운 도시를 세운다는 것은 어리석은 일로 여겨졌던 것입니다. 그 밖에도 지반이 무르고 기후가 습한 곳이라는 약점도 사람들의 반발을 사는 요인이 되었습니다.

그러나 표트르 대제는 사람들의 반발에 굴복하지 않고 자신의 계획을 밀어붙입니다. 먼저 스웨덴의 침략에 대비하여 페트로파블롭스크 요새를 건설하고, 1712년에는 수도를 모스크바에서 이곳으로 이전하였습니다. 이곳을 지키기 위한 표트르 대제의 의지를 엿볼 수 있는 일이자 유럽과의 교류를 중시한 그의 정책을 짐작할 수 있는 일이지요. 상트페테르부르크란 이름은 '성 베드로의 도시St. Petersburg'란 의미로, 예수의 수제자인 베드로의 이름을 딴 것인 동시에 표트르 대제의 이름을 딴 것이기도 합니다.

지반이 무른 습지 위에 도시를 건설한다는 것은 많은 희생을 필요로 하는 일이었습니다. 표트르 대제는 습지를 메울 막대한 양의 돌을 조달하기 위해 네바 강을 드나드는 배와 사람들에게 통행세 명목으로 의무적으로 돌을 가져오도록 했습니다. 그리고 석조 건물의 신축을 금지했는데, 이는 신도시 건설에 모든 역량을 집중하기 위함이었습니다.

도시 건설에는 수많은 인부가 동원되었는데, 가혹한 노동을 견디지 못하고 죽은 사람들이 수를 헤아리기 어려울 정도로 많았습니다. 죽은 인부들의 시신을 습지에 버리도록 했기 때문에 상트페테르부르크는 '뼈 위에 세운 도시'라는 명예롭지 못한 별칭을 얻게 되었습니다.

결과적으로 표트르 대제가 꿈꾼 아름다운 유럽풍 도시가 완성되었고, 100여 개의 섬(건설 초기에 41개이던 것이 101개로 늘어남) 위에 건설되어 실핏줄 같은 운하로 연결되는 이 도시는 '북쪽의 베니스'라는 별칭을 추가로 얻었습니다. 표트르 대제가 유럽을 순방할 당시 머물면서 배 짓는 기술을 배운 암스테르담을 모델로 삼았기 때문에 운하 도시가 된 것으로 보입니다.

Johann Homann, '1720년의 상트페테르부르크'

많은 희생을 치르고 건설된 상트페테르부르크는 18세기 초반부터 러시아 최대의 무역항이 되어 번영을 누리게 되고, 정치적·문화적 중심지로 부상합니다.

러시아 혁명기의 중요 사건(데카브리스트의 난, 피의 일요일 사건, 2월 혁명, 10월 혁명 등)이 일어난 역사적 현장이기도 하며, 제2차 세계대전 때는 1941년 9월부터 29개월(872일) 동안 독일군에 포위당한 상태로 끈질기게 항전한 현장이기도 합니다. 그때 상트페테르부르크 시민 40만 명이 아사餓死했는데, 이를 '레닌그라드 공방전Siege of Leningrad'이라고 합니다. 1944년 1월에 소련군에 의해 해방될 때까지 끝내 항복하지 않고 지켜낸 도시라 하여 스탈린으로부터 '영웅 도시'라는 칭호를 받았습니다. 그때의 일에 큰 자부심을 갖고 있는 러시아 사람들은 "트로이도 함락되었고, 로마도 함락되었지만, 레닌그라드는 함락되지 않았다."고 자랑한다고 합니다.

상트페테르부르크(혹은 페테르부르크)라고 불리던 이 도시는 니콜라이 2세에 의해 '페트로그라드Petrograd'라는 새 이름을 얻었습니다. 러시아의 마지막 황제였던 니콜라이 2세는 상트페테르부르크라는 이름의 '부르크burg'가 독일식이라고 생각하여 거부감을 가졌습니다. 그래서 '도시'를 뜻하는 고대 러시아어 '그라드grad'로 대체한 것입니다. 상트페테르부르크는 페트로그라드가 되었다가 1924년에 러시아 혁명의 상징 인물인 레닌이 죽자 그의 이름을 따서 레닌그라드Leningrad로 다시 이름이 바뀌는데, 구소련이 붕괴되고 난 뒤인 1991년에 시민들의 요구에 의해 다시 원래의 이름인 상트페테르부르크로 바뀌는 우여곡절을 겪게 됩니다.

상트페테르부르크는 표트르 대제가 신도시 건설을 명령한 1703년을 기점으로 역사를 계산하여 2003년 5월 29일에 상트페테르부르크 건설 300주년을 기념하는 성대한 행사를 열었습니다.

참고로, 1990년에는 상트페테르부르크의 역사 지구와 관련 기념물군이 유네스코 세계문화유산으로 지정되었답니다.

1장

에르미타주
The Hermitage
Эрмитаж *Ermitazh*

상트페테르부르크 관광의 중심, 궁전 광장 ①

 상트페테르부르크 여행의 출발점이자 도시의 중심이라 할 수 있는 곳은 궁전 광장Palace Square, Дворцовая площадь 입니다. 겨울 궁전 앞에 위치한 광장이기 때문에 그렇게 부르는데, 네바 강 쪽으로 서 있는 아름다운 건물이 바로 러시아 바로크 양식의 걸작으로 평가되는 겨울 궁전(에르미타주 미술관)입니다. 광장의 중앙에는 알렉산드르 1세 기념탑이 자리 잡고 있고, 광장을 가운데 두고 겨울 궁전 맞은편에는 이탈리아 출신

겨울 궁전

알렉산드르 1세
기념탑

구 참모본부

궁전 광장

Grigory Gagarin, 알렉산드르 1세 기념비 설치 기록화

궁전 광장의 알렉산드르 1세 기념탑

건축가인 카를로 로시Carlo Rossi가 설계한 고전주의 양식 건물인 구 참모본부가 있습니다.

궁전 광장에서는 중앙에 우뚝 서 있는 알렉산드르 1세 기념탑이 제일 먼저 시선을 끕니다. 이것은 1834년에 나폴레옹의 프랑스군과 맞붙은 조국 전쟁에서 러시아가 승리한 것을 기념하여 세운 것으로, 꼭대기에 십자가를 들고 있는 천사상이 설치된 47.5m 높이에 무게가 600톤에 달하는 거대한 칼럼column(원기둥)입니다. 건설 당시의 모습을 기록한 그림을 보면 그 규모가 더욱 생생하게 실감 납니다.

칼럼의 꼭대기에는 십자가를 들고 있는 천사상이 설치되었고, 칼럼의 기단부에는 전승을 기념하는 부조가 네 면에 새겨져 있습니다. 그중 겨울 궁전과 면한 방향의 부조를 잠깐 들여다봅시다.

이 부조의 상단에는 날개를 단 두 명의 여인(천사, 혹은 승리의 여신)

알렉산드르 1세 기념탑 꼭대기 천사상   알렉산드르 1세 기념탑 기단부(겨울 궁전과 면한 방향)

이 'To Alexander I from a grateful Russia'라는 의미의 문장이 적힌 명판을 들고 있고, 하단에는 조국 전쟁과 관련된 네만Neman 강과 비스툴라Vistula 강을 나타내는 강의 신들이 비스듬히 앉아 있습니다. 강의 신들은 대개 물이 흘러나오는 단지에 비스듬히 기대앉은 자세로 표현되기 때문에 알아보기가 쉬운 편입니다. 그리고 나머지 공간은 알렉산드르 넵스키의 헬멧, 노브고로드의 올레그Oleg of Novgorod(러시아의 기원이 되는 키예프 공국을 세운 인물)의 방패, 알렉산드르 1세의 흉갑, 예르마크 티모페예비치Yermak Timofeyevich(서시베리아를 정복한 카자크의 수령으로 러시아의 전설적인 영웅)의 사슬 갑옷 등, 러시아에 영광을 가져다준 영웅들을 상기시키는 조각들로 채워져 있습니다.

　나머지 면에는 각각 지혜와 풍요, 정의와 자비, 평화와 승리를 상징하는 부조들이 새겨져 있습니다. 특히 평화와 승리를 상징하는 부조에는 1812, 1813, 1834라는 글씨(러시아 조국 전쟁이 일어난 해)가 새겨진 방

기단부 부조 나머지 세 면

패를 쥐고 있는 인물이 조각되어 있으며, 고대 로마 군대 상징물과 러시아 갑옷이 함께 표현되어 있습니다.

광장을 반원형으로 둘러싸고 있는 구 참모본부 건물은 중앙 아치 부분이 개선문의 형태를 띠고 있으며, 지붕에는 여섯 마리의 말이 이끄는 마차를 탄 천사(혹은 승리의 여신)가 보입니다. 이와 같은 조형물은 베를린 브란덴부르크 문을 비롯하여 유럽 각국의 전승 기념비에서 자주 보이는 전형적인 양식입니다.

구 참모본부 건물

구 참모본부 지붕의 조형물   브란덴부르크 문 조형물(베를린)

   이곳에서 우리는 제일 먼저 겨울 궁전을 보게 될 것입니다. 러시아 제국의 황실 가족들이 생활하던 궁전이었으며, 현재는 에르미타주 미술관으로 사용되는 건물입니다. 상트페테르부르크 관광의 일번지로서 이 도시에서 단 한 군데만 볼 수 있다면 누구나 겨울 궁전(즉, 에르미타주 미술관)을 선택하지 않을까 합니다.

   본래 에르미타주라는 이름은 예카테리나 여제가 자신의 미술품 컬렉션을 보관하기 위해 겨울 궁전 옆에 지은 작은 건물을 일컫는 말이었습니다. 겨울 궁전에 딸린 부속 건물이었지요. 그런데 현재는 미술관의 본관으로 사용되는 겨울 궁전을 포함해 5개의 건물군을 통칭해 '에르미타주'라고 하니, 주객이 전도된 셈입니다.

시베리아를 정복한 러시아의 영웅, 예르마크 티모페예비치

작자 미상, 예르마크 티모페예비치의 초상

알렉산드르 1세 기념탑을 설명하는 과정에서 잠깐 언급된 예르마크 티모페예비치Yermak Timofeyevich, Ермак Тимофеевич에 대해 더 알아봅시다. 그는 누구이며, 어떤 공로로 러시아 사람들에게 영웅으로 인식되고 있는 것일까요.

이반 4세가 러시아를 통치하던 시기의 일입니다. 이때의 러시아는 현재와 같이 방대한 영토를 가진 나라가 아니라, 모스크바 지역을 중심으로 한 차르국에 불과했습니다. 타타르로부터 오랜 세월에 걸쳐 수탈당한 것은 국력이 약하기 때문이었지요. 그때 볼가 강과 돈 강 유역을 무대로 활동하던 카자크(혹은 코사크) 족이 있었습니다. 유목민의 피가 흐르는 이들은 이리저리 떠돌아다니는 생활을 하다 보니 기동력이 좋았고 용맹했습니다. 이반 4세 당시 이들의 우두머리는 앞서 말한 예르마크 티모페예비치로, 그는 부족장이라고 하지만 실상은 약탈자들의 우두머리에 가까웠습니다.

이반 4세는 이들을 토벌하고자 군대를 파견했고, 예르마크와 그의 수하들은 카마 강 상류로 도망가서 스트로가노프가家의 보호를 받는 신세가 되었지요.

1581년에 스트로가노프는 동방 원정대를 조직하여 우랄 산맥을 넘을 계획을 세웁니다. 우랄 산맥 너머에는 시비르 칸Sibir Khanate이라는 나라가 있었는데, 러시아를 괴롭히는 세력이었으므로 화근을 없애려 한 것입니다.

이때 예르마크 티모페예비치는 원정대의 대장을 맡아 큰 공을 세움으로써, 자신을 보호해준 스트로가노프에게 보답합니다. 예르마크의 활약에 힘입어 러시아는 시비르 칸 국의 수도를 점령하였고, 그것이 계기가 되어 훗날 그 땅을 자신들의 영토로 편입할 수 있었습니다. 시베리아란 이름은 '시비르 칸'에서 나온 것입니다.

이반 4세는 이때의 공을 인정하여 예르마크의 기존 죄를 용서하고, 시비르 공公에 봉했다고 합니다. 그러나 1584년 8월에 시비르 칸 국의 잔당들이 기습 공격을 해 왔을 때 예르마크는 달아나다 이르티시 강에서 익사한 것으로 알려졌습니다.

비록 약탈자들을 이끌던 신분에서 출발했지만, 결과적으로 러시아의 영토를 획기적으로 넓히는 데 큰 공을 세운 그를 러시아 사람들은 영웅으로 기리고 있습니다.

Vasily Surikov, '예르마크의 시베리아 정복'

카자크 족은 그 후로도 용맹한 기병대의 특성을 인정받아 러시아 정부의 지원을 받으며 국경 방어에 투입되었습니다. 제1차 세계대전 때까지도 카자크 민병대는 군사 조직으로 활약했는데, 1917년 러시아 혁명이 일어난 후 러시아 황실을 지지하는 백군白軍 편을 들었다가 1920년에 강제 해산되었습니다.

황실 거주지로서의 겨울 궁전 ②

현재 에르미타주 미술관으로 사용되는 여러 채의 건물 중에서 가장 핵심이 되는 부분은 러시아 제국의 황실 거주지였던 겨울 궁전Winter Palace, Зимний дворец입니다. 건물이 웅장하고 아름다운 것은 둘째 치더라도, 이 건물을 스쳐간 인물이나 사건들의 역사적 의미로 보나 그 안에 품고 있는 방대한 유물의 가치로 보나, 명실공히 상트페테르부르크의 보석이라고 할 수 있는 곳입니다.

기존의 수도였던 모스크바 대신 상트페테르부르크를 새로운 수도로 정한 표트르 대제는 1711년에 새로운 궁전 건축을 명합니다. 그런데 1750년 무렵에 그려진 겨울 궁전 그림을 보면 웅장한 궁전이라기보다

네바 강 쪽에서 바라본 겨울 궁전

는 귀족의 저택 수준입니다. 아마도 검소하고 실용적인 것을 중시한 표트르 대제의 철학이 반영된 것으로 보입니다. 상트페테르부르크 건설 초기에 스스로 지은 오두막집에서 살면서 도시 건설을 독려했다는 표트르 대제의 일화를 생각한다면, 그나마 이 정도 규모의 궁전은 황실의 권위를 위해 선택한 것이 아니었을까 합니다. 러시아 전통 가옥의 형태가 아니라 유럽풍의 외관을 지닌 것은 아마도 서유럽 문화에 대한 그의 동경이 반영된 것으로 보입니다.

작자 미상, '겨울 궁전'(1750)

Angelo Toselli, '상트페테르부르크 풍경'(1820)

조촐한 규모의 겨울 궁전을 현재와 같은 웅장한 건물로 탈바꿈시킨 이는 표트르 대제의 딸인 엘리자베타 페트로브나 여제였습니다. 10년에 걸친 공사 끝에 1,050여 개의 방이 있는 거대한 궁전이 완공되었는데, 규모도 규모거니와 최고급 대리석과 고급 목재, 진귀한 예술품, 금으로 도금된 실내 장식 등이 보는 이를 압도했을 것입니다. 1820년에 그려진 그림을 보면 현재와 거의 다를 바 없는데, 이것이 엘리자베타 여제에 의해 증축된 건물일 것으로 추정됩니다.

작자 미상, '겨울 궁전 화재'

그런데 1837년 12월에 겨울 궁전은 화마에 휩싸입니다. 당시 상황을 기록한 그림을 보면 겨울 궁전이 전소된 것으로 보입니다. 대화재였던 것이지요.

그 뒤 2년에 걸쳐 겨울 궁전 재건이 이루어졌는데, 바르톨로메오 프란체스코 라스트렐리Bartolomeo Francesco Rasstrelli의 원래 설계대로 완벽하게 복원된 것은 요르단 계단뿐이고 나머지 부분은 여러 건축가에게 맡겼기 때문에 다양하게 혼합된 양식이 나타난다고 합니다.

겨울 궁전은 단순히 황실 가족의 거주 공간이었기 때문에 중요한 것이 아니라, 러시아 역사의 격동기에 중요한 사건들의 무대가 된 곳이라 의미가 깊습니다. 러시아 혁명의 발단이 된 1905년 피의 일요일 사건이 발생한 곳이 이곳이고, 1917년 2월 혁명과 10월 혁명의 불길 또한 이곳에서 타오르기 시작했던 것입니다.

미술관으로서의 에르미타주 3

원래 러시아 제국 당시 황실 가족의 겨울철 거주지였던 겨울 궁전은 이후에 증축된 소 에르미타주, 구 에르미타주, 신 에르미타주 등과 함께 현재는 에르미타주 미술관The State Hermitage Museum, Государственный Эрмитаж으로 사용되고 있습니다. 여기서는 미술관으로서의 에르미타주에 초점을 맞추어 설명하겠습니다.

영국의 영국 박물관, 프랑스의 루브르 박물관과 함께 세계 3대 박물관 중 하나로 꼽히는 에르미타주 미술관은 1,050개의 전시실에 약 300만 점의 방대한 소장품을 보유한 것으로 추정됩니다. 워낙 많은 작품을

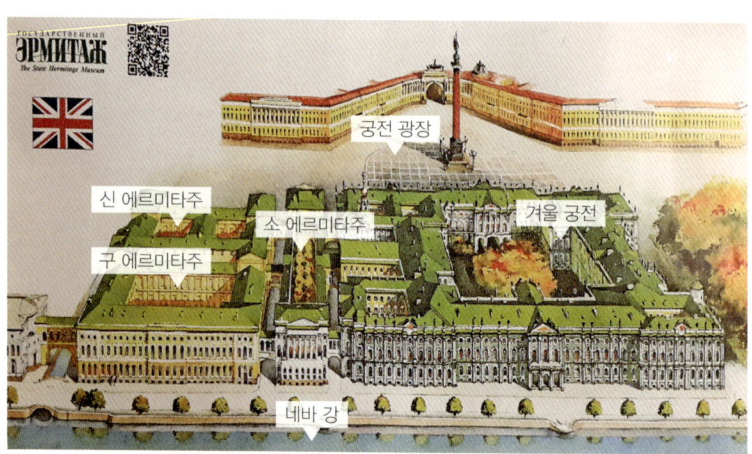

에르미타주 미술관 팸플릿

소장하고 있기 때문에 정확한 숫자는 알기 어렵습니다. 러시아 사람들은 에르미타주 미술관의 소장품 숫자보다도, 영국 박물관이나 루브르 박물관의 소장품들이 제국주의 시대에 약소국에서 약탈해 온 것이 대부분인 데 비해 에르미타주의 작품은 정당한 절차를 거쳐 구입한 것이라는 점에 더 큰 자부심을 갖는다고 합니다.

겨울 궁전은 표트르 대제의 딸이자 6대 황제인 엘리자베타 1세의 명으로 지어졌으며, 미술품을 보관하기 위한 공간을 따로 마련한 것은 예카테리나 2세(예카테리나 여제)로 알려졌습니다. 그녀는 서유럽의 선진 문화에 대한 관심이 많아 예술품 수집에 열을 올렸는데, 그렇게 사들인 미술품들을 보관하기 위해 겨울 궁전 옆에 에르미타주(프랑스말로 '은자 隱者의 집'이란 뜻)라는 별채를 지었습니다. 현재의 미술관 이름은 여기에서 비롯된 것입니다.

예카테리나 2세의 은밀한 미술 감상실이던 에르미타주는 그 뒤로 컬렉션이 점점 늘면서 미술관으로서의 체계를 갖추기 시작했고, 1852년에 드디어 일반에게 공개되기에 이르렀습니다. 그리고 1917년 10월 혁명 후에는 귀족들에게서 몰수한 미술품들이 에르미타주 미술관으로 이전되면서 컬렉션이 더욱 방대해져 현재에 이르게 된 것입니다. 특히 인기를 끄는 레오나르도 다빈치, 라파엘로, 미켈란젤로, 루벤스, 렘브란트, 모네, 드가, 르누아르, 세잔, 피카소, 고갱, 고흐 등의 작품이 전시된 서유럽 전시실 외에도 신화 관련, 성서 관련, 역사 관련 주제의 미술품들이 숫자를 헤아리기 어려울 정도로 많이 전시되어 있으니 관심을 갖고 살펴보기를 권하며, 황실 궁전으로 사용되었던 건물이기 때문에 전시된 미술품이 아니더라도 공간 자체가 예술품으로서 손색이 없으니 그 점도 놓치지 말기 바랍니다.

에르미타주 미술관 평면도

에르미타주 건물 구성

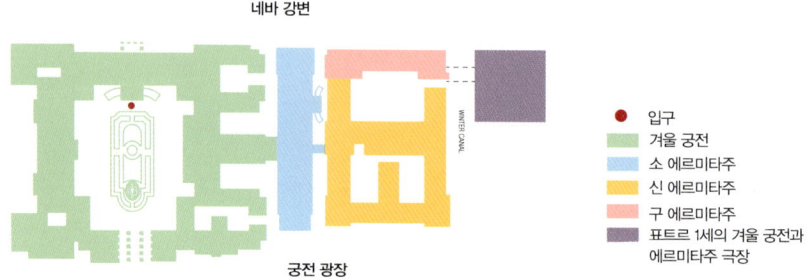

네바 강변

WINTER CANAL

궁전 광장

- ● 입구
- 겨울 궁전
- 소 에르미타주
- 신 에르미타주
- 구 에르미타주
- 표트르 1세의 겨울 궁전과 에르미타주 극장

Ground Floor(1층)

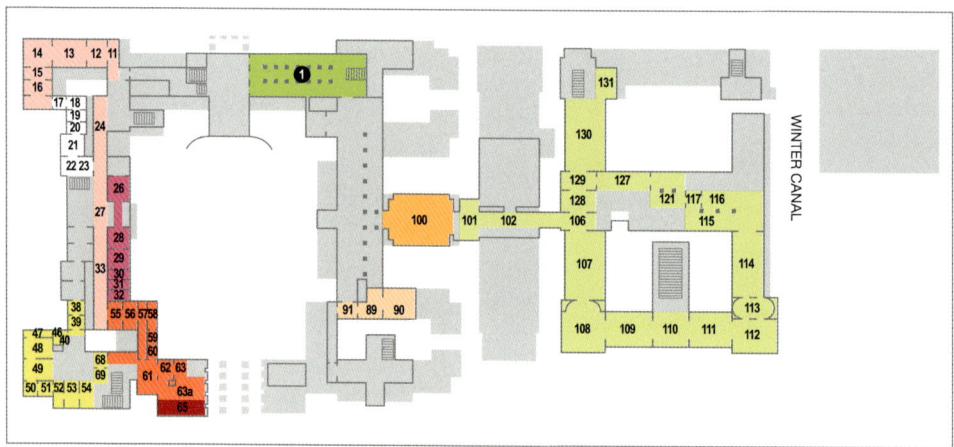

1st Floor(2층)

2nd Floor(3층)

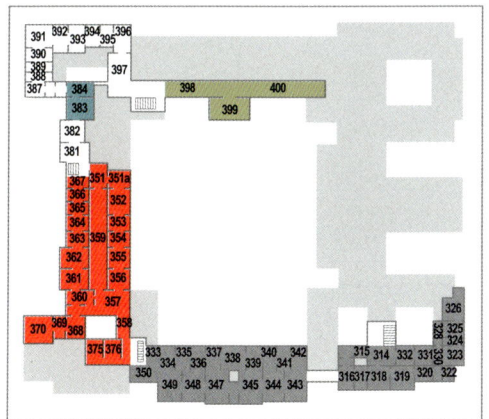

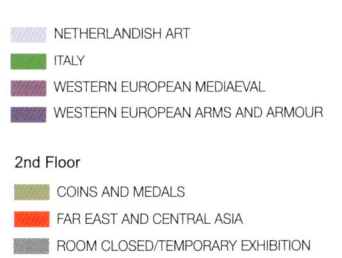

Ground Floor

▨ SIBERIAN ANTIQUITIES

▨ CENTRAL ASIA

▨ GREEK AND ROMAN ANTIQUITIES

▨ CAUCASUS

▨ ANCIENT EGYPT

▨ EURASIAN ANTIQUITIES

▨ ANCIENT NEAR EAST

▨ THE ART OF ARMS AND ARMOUR
IN THE NEAR EAST, 15-19TH CENTURIES

1st Floor

▨ RUSSIAN CULTURE

▨ PALACE INTERIORS

▨ FRANCE: 15-18TH CENTURIES

▨ FRANCE: 19-20TH CENTURIES

▨ SPAIN

▨ GERMANY

▨ BRITAIN

▨ FLANDERS

▨ DUTCH NETHERLANDS ART

▨ NETHERLANDISH ART

▨ ITALY

▨ WESTERN EUROPEAN MEDIAEVAL

▨ WESTERN EUROPEAN ARMS AND ARMOUR

2nd Floor

▨ COINS AND MEDALS

▨ FAR EAST AND CENTRAL ASIA

▨ ROOM CLOSED/TEMPORARY EXHIBITION

소개하고 있는 장소와 작품

❶ 요르단 갤러리

❷ 요르단 계단

⑲③ 폴타바 전투의 승리

⑲④ 표트르 대제의 방

⑲⑦ 밀리터리 갤러리

⑲⑧ 성 조지의 홀

㉖⓪ 메스트라의 결혼

㉔④ 황금 공작 시계

㉕⑤ 토비야 이야기

㉕④ 돌아온 탕자, 다윗과 조나단, 하만이 자신의 운명을
알다, 천사와 함께 있는 성 가족

㉕② 수태고지, 그리스도의 어린 시절

㉓⑨ 성 베드로의 방면

㉓⑧ 아도니스의 죽음

㉓⑥ 아우구스투스 황제 앞에서 자유 학예에 대해 설명하는
마이케나스

㉓⑦ 성 베드로의 순교

㉒⑦ 라파엘로 회랑

㉔⑦ 비너스와 아도니스, 아브라함의 집을 떠나는 하갈

㉔⑧ 성 베드로의 부인, 세팔루스와 프로크리스

㉔⑨ 하갈을 아브라함에게 보내는 사라

㉗① 겨울 궁전 안의 볼쇼이 교회

㉘② 알렉산드르 홀

⑱⑨ 공작석의 방

요르단 계단

　에르미타주 미술관의 본격적인 투어는 대사의 계단Ambassadors' Staircase, 혹은 요르단 계단Jordan Staircase이라고 불리는 계단에 들어서면서부터 시작됩니다. 이 계단을 대사의 계단이라고 하는 까닭은 외교 사절들이 러시아 제국의 황제를 만나기 위해 오르던 계단이기 때문입니다. 이토록 화려한 계단을 걸어 황제에게 가다 보면 저절로 주눅이 들지는 않았을지 모르겠습니다.

　천장화도 예사롭지 않습니다. 그리스 신화 속 주요 신들의 모습이 보이는데, 아마도 올림포스 산을 표현한 듯합니다. 계단 주변에는 그리스 신화 속의 인물을 표현한 조각상들이 놓여 있으므로 눈여겨보면 좋을 것입니다.

　자, 그러면 이제 이 계단을 요르단 계단이라고 부르는 이유를 알아봅

Konstantin Andreyevich
Ukhtomsky, '요르단 계단'　　　요르단 계단　　　　　　　　　　　　　　　　요르단 계단의 천장화

장사꾼의 수호신으로서 돈주머니를 들고 있는 헤르메스

전쟁의 여신으로서 투구를 쓴 채 창을 들고 있는 아테나

저울과 칼을 들고 있는 정의의 여신

풍요의 뿔과 화환을 들고 있는 풍요의 여신

시다. 이 계단은 러시아 제국 시절에 황실 가족들이 1월에 네바 강변에서 이루어지는 세례 의식에 참여하기 위해 이용하던 계단이라서 요르단 계단이라고 불렀다고 합니다. 즉, 요르단이란 이름은 세례 의식과 관련이 있는 것이지요. 그런데 네바 강에서 이루어지는 세례 의식에 참여하는 사람들이 이용한 계단을 왜 '네바 계단'이라고 하지 않고 '요르단 계단'이라고 한 것일까요. 그것은 바로 예수가 세례를 받은 곳이 요르단 강이기 때문입니다.

오래전의 일이라 예수가 세례를 받은 장소가 정확히 어디인지는 알 수 없고, 현재는 이스라엘과 요르단이 서로 예수의 세례 장소가 자기네 땅에 속한다고 주장하고 있어 명쾌한 결론을 내기 어렵지만, 세례자 요한으로부터 요르단 강에서 세례를 받았다는 사실은 『신약성서』에 기록되어 있습니다. 그러니까 기독교인들에게 요르단 강은 세례 의식과 관련하여 의미 있는 장소가 되는 것입니다. 기독교의 일파인 러시아 정교회 신자였던 러시아 제국 황실 사람들에게 세례 장소로 내려가던 계단을 '요르단 계단'이라고 부르는 것은 당연한 일이었을 것입니다.

카리아티드와 아틀라스

요르단 계단의 천장 쪽 벽면에는 마치 조각상처럼 보이는 인물 그림들이 있습니다. 이런 방식을 미술에서는 트롱프뢰유 trompe-l'œil('눈속임 그림'이란 뜻으로, 여기서는 2차원 회화를 3차원 조각처럼 보이게 했다는 의미)라고 합니다.

그런데 그림을 자세히 보니 남자들이 지붕을 떠받치는 형상이군요. 그러고 보니 그림의 아래쪽 벽에는 지붕을 떠받치는 남녀의 조각상이 있습니다. 이런 모습은 박물관 안에서 더 찾아볼 수 있고, 상트페테르부르크 시내의 건물에서도 종종 볼 수 있지요. 이렇게 지붕을 떠받치고 있는 남자를 아틀라스 Atlas(복수의 경우는 아틀란테스)라고 하며, 여자의 경우는 카리아티드 caryatid 라고 합니다.

서양 건축에서 사람의 형상을 한 기둥이 사용된 예는 아테네 아크로폴리스에 있는 에렉테이온 신전이 효시입니다. 그것을 카리아티드라고 부른 데에는 이런 내력이 있답니다.

고대 그리스의 도시국가였던 아테네는 당시의 대제국이었던 페르시아와 전쟁을 치르게 됩니다. 아테네 주변의 도시국가들이 연합군 형태로 참전했지만, 객관적인 전력으로 볼 때 도저히 승산이 없는 싸움을 아테네는 하게 된 것입니다. 그때 그리스 도시국가 중의 하나였던 카리아이 Caryae 는 아테네의 패배를 예상하고 페르시아 제국에 협력합니다. 공연히 아테네 편을 들었다가 함께 망할 필요는 없다고 계산했기 때문이지요.

트롱프뢰유 기법이 활용된 벽면 장식   요르단 계단 주변의 아틀라스와 카리아티드

그러나 뜻밖에도 두 차례에 걸친 페르시아 전쟁에서 아테네가 두 번 다 승리를 거두는 이변이 일어납니다. 아테네는 전쟁이 끝난 뒤 카리아이로 쳐들어가 남자들은 죽이고 여자들은 노예로 삼았다고 합니다.

나중에 아크로폴리스 안에 에렉테이온 신전을 지을 때, 아테네 사람들은 카리아이의 여인들이 지붕을 떠받치는 형상으로 기둥을 만들었습니다. 카리아이 사람들이 영원히 고통을 당한다는 상징적인 의미가 담긴 것이었지요. 그런데 만들고 보니 밋밋한 기둥보다는 훨씬 아름다운 게 아닙니까. 그래서 그 뒤로 건축에서 널리 쓰이게 되었고, 그러한 기둥을 카리아티드라고 부르게 된 것입니다.

지붕을 떠받치는 아틀라스 기둥은 카리아티드의 변형이라고 할 수 있습니다. 그리스 신화에서 천공天空을 떠받치고 있는 아틀라스의 이미지를 가져온 것이지요. 카리아티드보다는 사용된 예가 드물지만, 건축물의 한 요소로 눈여겨 볼 만합니다.

그리스 신화 속의 아틀라스는 티탄 신에 속하는 거인으로 프로메테우스, 에피메테우스와 형제 간입니다. 제우스를 주축으로 한 올림포스 신들과의 전쟁이었던 티타노마키아 때 패배한 뒤 천공을 떠받치는 벌을 받게 되었다고 하지요.

atlas란 단어는 '지도책'을 의미하기도 하는데, 근세에 만들어진 지도책에 천공을 떠받치고 있는 아틀라스가 그려진 것에서 유래한 것입니다. 이래저래 아틀라스는 천공이든 지붕이든 떠받치고 있어야 하는 고달픈 신세인 것입니다.

카리아티드 기둥이 최초로 사용된 에렉테이온 신전(아테네 아크로폴리스)

알렉산드르 코체부, '폴타바 전투의 승리' (193번 방)

Pierre-Denis Martin, '폴타바 전투' (예카테리나 여제의 여름 궁전 소장)

폴타바 전투의 승리

　러시아 역사에서도 그렇고 표트르 대제에게도 그렇고, 폴타바 전투에서의 승리는 중요한 의미를 갖습니다. 국제 질서 속에서의 러시아의 위상이 한 단계 업그레이드되는 계기가 되었기 때문입니다. 그러므로 193번 방에 걸려 있는 알렉산드르 코체부Alexander Evstafyevich Kotzebue의 '폴타바 전투의 승리The Victory at Poltava'는 러시아 사람들에게 단순한 전쟁 기록화의 의미를 뛰어넘는 것입니다. 같은 방에, 러시아 역사에서 중요한 의미를 갖는 장군들의 초상화가 걸려 있는 것도 같은 이유에서일 거라고 생각됩니다.

　예카테리나 여제의 여름 궁전에도 폴타바 전투를 그린 그림이 있습니다. 러시아에게 그만큼 중요한 전투였다는 의미입니다.

　지금이야 러시아와 스웨덴을 놓고 어느 쪽의 국력이 더 강한가를 묻는다면 누구라도 당연히 러시아의 손을 들어주겠지만, 17세기까지는 사정이 달랐습니다.

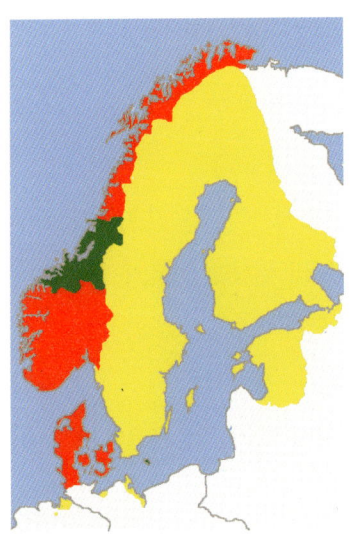

1658년의 스웨덴 영토(노란색 부분)

　폴타바 전투가 있기 전인 1658년의 북유럽 지도를 보면 왼쪽과 같습니다. 노란색 부분이 스웨덴 영토입니다. 현재의 핀란드·노르웨이·러시아 일부가 스웨덴에 속함을 알 수 있습니다. 당시에는 스웨덴이 북유럽의 절대 강자였던 것입니다.

서유럽의 높은 문화 수준을 동경하고 그것을 닮고자 열망했던 표트르 대제에게 스웨덴은 유럽으로 나아가기 위해 반드시 극복해야 할 대상이 었습니다. 그러나 당시 두 나라의 국력으로 보면 쉽지 않은 일이었지요.

러시아 제국에 표트르 대제라는 걸출한 지도자가 나타나 새로운 국가 건설을 부르짖을 때, 스웨덴에는 칼 12세 Karl XII 라는 젊고 군사적 능력이 뛰어난 군주가 있었습니다. 그는 폴란드, 덴마크, 노르웨이, 러시아를 상대로 여러 차례 승리를 거두며 영토를 확장했지요. 러시아로서는 위기를 느끼지 않을 수 없었습니다.

칼 12세는 1707년 모스크바(그 당시 러시아의 수도)를 점령할 계획으로 3만 2천 명의 군사를 이끌고 러시아를 침략합니다. 그러나 물자 부족과 추운 날씨에 막혀 원래의 목적을 달성하지 못하지요. 이때 칼 12세는 다리에 부상을 입어 군대를 지휘하기 어려운 상황이었음에도 불구하고 스웨덴군의 전력을 믿고 폴타바 요새를 공격하라는 명령을 내립니다. 이때가 1709년 6월이었고, 우크라이나 동북부에 위치한 도시인 폴타바는 당시 러시아의 영토였지요.

전투는 치열하게 진행된 끝에 러시아의 승리로 끝납니다. 앞에서 본 그림은 그것을 기록한 것이지요.

이때의 승리를 바탕으로 러시아는 북유럽에서의 주도권을 쥐게 되었고, 스웨덴은 두 번 다시 군사 강국으로서의 위상을 되찾지 못합니다. 폴타바 전투는 두 나라의 운명을 가른 중요한 분수령이었습니다.

그러면 칼 12세는 어떻게 되었을까요. 그는 부상당한 채 오스만 제국의 영토인 몰다비아로 퇴각했다가 그곳에서 5년 동안 고생한 끝에 겨우 고국으로 귀환할 수 있었다고 합니다.

그리고 폴타바 전투에서 러시아군에게 사로잡힌 스웨덴 병사들은 표

칼 12세와 마제파(Ivan Stepanovich Mazepa)가 드네프르 강에서 폴타바를 바라보고 있는 상황을 그린 구스타프 세데르스트룀(Gustaf Cederström)의 그림. 마제파는 우크라이나 독립운동을 지휘한 카자크 족의 두목이다.

트르 대제의 야심적 프로젝트인 상트페테르부르크 건설에 동원되었습니다. 러시아 제국의 새로운 수도인 상트페테르부르크가 스웨덴 포로들에 의해 건설된 셈이니, 역사의 아이러니가 아닐 수 없습니다.

다리에 부상을 당한 칼 12세가 허탈한 표정으로 드네프르 강(폴타바를 흐르는 강) 너머의 폴타바 요새를 바라보는 그림을 보면, 이미 전쟁의 승패가 결정되었음을 짐작할 수 있습니다.

표트르 대제의 방

'표트르 대제의 방Peter the Great Room'은 위대한 황제로 추앙받는 표트르 대제를 기념하기 위해 만든 곳이기 때문에 그런 이름이 붙은 것이며, 이를 증명하기라도 하듯 방 정면에 미네르바Minerva(그리스 신화의 아테나로 지혜와 전쟁의 신)와 함께 있는 표트르 대제를 그린 그림을 설치해 두었습니다. 이곳은 '소옥좌의 방Small Throne Room'이라고도 하는데, 표트르 대제 그림 앞에 작은 옥좌를 놓아두었기 때문입니다. 소옥좌는 1731년에 런던에서 제작된 것으로, '안나 요안노브나Anna Ioannovna의 왕좌'라는 이름이 붙은 국가 문화재입니다. 성 조지의 홀(71쪽)에 놓여 있는 대옥좌와 크기를 비교해 보면 '소옥좌'란 이름을 이해하기 쉬울 것입니다.

이름만 놓고 보면 표트르 대제(1672~1725년)가 사용한 방일 것 같은데, 사실은 그렇지 않습니다. 1833년 오귀스트 드 몽페랑Auguste de Montferrand의 설계에 의해 완성되었고, 1837년 대화재 때 소실되었다가 복구되었으니 표트르 대제의 생존 연대와는 거리가 있습니다.

이 방의 천장과 벽면에는 러시아 황실의 문장인 쌍두 독수리가 가득히 새겨져 있고, 표트르 대제의 위대한 업적 중 하나인 '폴타바 전투의 승리'를 기록한 유화 두 점이 천장 가까운 벽에 그려져 있어 황실의 위엄을 드러내고자 한 당시 사람들의 의도를 짐작할 수 있습니다.

Eduard Hau, '표트르 대제의 방'

'미네르바와 함께 있는 표트르 대제' 그림과 소옥좌

폴타바 전투의 승리를 그린 유화

밀리터리 갤러리

이 방은 알렉산드르 1세가 나폴레옹의 프랑스군을 물리친 사실을 기념하기 위해 19세기 초에 만들었습니다. 이 방의 벽면에는 군인 복장을 한 사람들의 초상화가 가득 걸려 있는데, 모두 여러 차례에 걸친 프랑스와의 전쟁 때 참전했던 장군 및 귀족들이라고 합니다. 332명의 초상화가 있으므로 모든 인물에 대한 소개를 할 수는 없고, 그 가운데 전신상 및 기마상으로 그려진 인물들만 설명하도록 하겠습니다. 나름대로 중요한 의미가 있는 사람들이기 때문입니다.

갤러리 입구 쪽에서 보았을 때 맞은편에 가장 중요한 인물의 기마상이 걸려 있습니다. 나폴레옹과의 전쟁을 승리로 이끈 알렉산드르 1세입니다. 알렉산드르 1세와 그가 거둔 승리에 대해서는 '알렉산드르 홀

Eduard Hau, '밀리터리 갤러리' 밀리터리 갤러리(197번 방)　　Johann Peter Krafft, '알렉산드르 1세 기마상'

(119쪽)'에서 다룰 예정이므로 여기서는 생략합니다.

알렉산드르 1세 기마상 그림의 왼쪽 벽에는 프란츠 2세Franz II의 기마상 그림이 있습니다. 프란츠 2세는 신성로마제국의 마지막 황제이자 오스트리아 제국의 초대 황제였던 사람입니다. 그런데 왜 그의 초상화가 겨울 궁전의 밀리터리 갤러리에 걸려 있는 것일까요?

프랑스 황제가 된 나폴레옹은 1805년 12월 슬로바키아에 있는 아우스테를리츠Austerlitz에서 오스트리아와 러시아 연합군을 상대로 전투를 벌인 끝에 큰 승리를 거둡니다. 이 전투가 바로 '아우스테를리츠 전투Battle of Austerlitz'로 나폴레옹은 이 승리에 무한한 자부심을 가졌습니다. 파리의 에투알 개선문은 그 승리를 길이 기념하기 위해 나폴레옹이 지시하여 세운 것입니다. 이 전투에서 나폴레옹에게 패배한 적장敵將이 프란츠 2세와 알렉산드르 1세였습니다.

Franz Krüger,
'프란츠 2세 기마상'

François Gérard, '1805년 12월 2일 아우스테를리츠의 전투'(베르사유 궁전 소장)

1812년 6월, 나폴레옹은 다시 러시아를 침공합니다. 이 전쟁을 러시아는 '조국 전쟁(조국을 지킨 전쟁)'이라고 하는데, 이때는 러시아가 승리하여 나폴레옹을 몰락시켰고 반대로 러시아는 국제적 위상이 높아지는 성과를 거둡니다. 알렉산드르 1세의 업적으로 기록되는 중요한 사건이지요.

그런데 이 무렵 프란츠 2세의 입장은 모호했습니다. 아우스테를리츠 전투의 패배로 인해 큰 타격을 받은 그는 1810년에 자신의 딸인 마리 루이즈Marie Louise를 나폴레옹과 결혼시키고(나폴레옹은 이때 첫 번째 부인인 조제핀과 이혼한 상태였음), 1812년의 러시아 침략 때는 프랑스와 손잡고 원군援軍을 제공했던 것입니다.

비록 조국 전쟁 때는 프란츠 2세가 러시아를 공격한 셈이 되었지만, 1805년에 연합 작전을 펼쳤던 인연이 있으므로 초상화를 걸어둔 것으로 보입니다.

프로이센의 왕이었던 프리드리히 빌헬름 3세Friedrich Wilhelm III의 기마상 그림은 프란츠 2세의 그림과 마주 보고 있습니다. 제5대 프로이센 국왕(1797~1840년 재위)이며 최후의 브란덴부르크 선제후(1806년까지)였던 그는 프랑스에 적대적인 태도를 보이면서 러시아의 알렉산드르 1세에게는 맹종하는 태도를 보였습니다. 그의 이러한 신중하지 못한 태도는 당시의 위태로운 국제 정세 속에서 프로이센에 악영향을 미쳤지만, 러시아 입장에서는 든든한 우방으로 여겨졌을 겁니다. 그의 초상화가 밀리터리 갤러리에 걸려 있는 것은 그런 까닭으로 보입니다.

콘스탄틴 파블로비치Konstantin Pavlovich는 파벨 1세의 둘째아들로 태어

Franz Krüger, '프리드리히 빌헬름
3세의 기마상'

George Dawe, '콘스탄틴 파블로비치'

George Dawe, '웰링턴 공작의 초상'

낳으며, 알렉산드르 1세의 동생입니다. 나폴레옹과의 전쟁 당시 바씨
그나노Bassignano 전투에서 패전하였지만 용감함을 인정받아 체사레비치
tsesarevich 작위를 받았습니다. 이는 황위 계승권자에게만 주어지는 명예
로운 작위입니다.

그는 나중에 나폴레옹 찬양자가 됨으로써 형인 알렉산드르 1세와의
사이가 멀어지지만, 러시아 사람들에게는 용감한 장군으로 인정받는다
고 합니다.

웰링턴 공작 아서 웰즐리Arthur Wellesley, 1st Duke of Wellington는 다소 의외
의 인물입니다. 그는 영국군 총사령관을 거쳐 총리를 지낸 영국의 군인

이자 정치가로, 러시아와는 별 연관성이 없기 때문입니다. 그러나 그가 나폴레옹의 마지막 전투가 된 워털루 전투에서 승리하여 나폴레옹이 다시는 재기할 수 없도록 만들었다는 점을 고려한다면, 러시아 사람들이 그의 초상화를 밀리터리 갤러리에 둔 이유를 이해할 수 있습니다. 숙적 나폴레옹을 굴복시킨 웰링턴 공작이 러시아로서는 더없이 고마웠을 것이기 때문입니다.

그 밖에 조국 전쟁 승리의 수훈갑이라고 할 수 있는 쿠투조프와 바르클라이 데 톨리의 초상화도 있는데, 이들에 대해서는 카잔 대성당(294쪽)에서 설명할 예정이므로 여기서는 생략합니다.

프랑스의 황제 나폴레옹Napoleon Bonaparte(1804~1815년 재위)은 자신이 생전에 거둔 여러 승리 중에서도 특히 아우스테를리츠에서 거둔 승리를 가장 자랑스러워했다는 이야기를 앞에서 했습니다.

이 전투에서 비록 나폴레옹에게 크게 패했지만, 러시아의 위대한 장군으로 일컬어지는 표트르 바그라티온Pyotr Bagration, Пётр Иванович Багратион(1765~1812년)은 용감하게 군대를 이끌어 명성을 얻었습니다. 그의 초상화가 밀리터리 갤러리에 있습니다.

조지아Georgia(구소련으로부터 독립한 나라로 예전에는 러시아식으로 그루지야라고 했음) 왕

George Dawe, '표트르 바그라티온의 초상'(197번 방)

가의 후손인 표트르 바그라티온은 1782년 러시아군에 입대하여 군인이 되었습니다. 1787~1791년에 벌어진 제2차 러시아-오스만튀르크 전쟁(제1차 러시아-오스만튀르크 전쟁 때 러시아에 빼앗긴 크림 반도를 되찾고자 오스만튀르크가 일으킨 전쟁. 러시아의 승리로 끝남)에 참전하여 활약한 공으로 대위로 승진했습니다.

1790년대 초반인 폴란드 분할 시기에는 그의 군인 경력에서 중요한 의미를 갖는 인물을 만나게 됩니다. 바로 알렉산드르 수보로프Alexandr Vasilyevich Suvorov, Алекса́ндр Васи́льевич Суво́ров(1729~1800년)입니다. 러시아 제국의 마지막 대원수大元帥인 그는 평생 참전한 전투에서 한 번도 패하지 않았다는 기록을 갖고 있으며, "연습은 힘들게, 실전은 쉽게 하라."는 명언을 남겼습니다.

그런 명장의 눈에 띄어 실력을 인정받은 표트르 바그라티온은 소피아기병연대장이 되었고, 1805년 프랑스군과 맞붙은 홀라브룬Hollabrunn 전투에서는 쿠투조프 장군이 이끄는 본진本陣이 무사히 퇴각할 수 있도록 성공적으로 엄호해 러시아군의 병력을 보호했습니다. 이때 표트르 바그라티온은 분명 승리자는 아니었지만 승리한 것 이상의 명성을 얻었습니다.

그 직후 벌어진 아우스테를리츠 전투에서 나폴레옹의 군대에게 크게 패했지만, 아일라우 전투(1807년 2월)에서는 프랑스군에게 심각한 타격을 입혔습니다. 그는 뒤이어 벌어진 프리틀란트 전투(1807년 6월)에도 참전하였으나 러시아군이 프랑스군에 크게 패해 쾨니히스베르크를 빼앗기지요.

1812년 9월 7일, 모스크바 서남쪽에 위치한 보로디노Borodino에서 쿠투조프의 러시아군과 나폴레옹의 프랑스군이 일대 혈전을 벌이게 됩니

Louis Lejeune, '1812년 9월 7일 보로디노의 전투'

다. 프랑스군 58,000명과 러시아군 44,000명이 희생된 이 전투에서 표트르 바그라티온은 치명상을 입고 쓰러졌으며, 닷새 뒤인 9월 12일에 결국 세상을 떠나게 됩니다.

표트르 바그라티온은 이렇듯 국가의 명운이 달린 전투마다 참전하여 군대를 지휘하였습니다. 항상 승리한 것은 아니지만, 그의 활약이 있어 러시아군은 당대의 군사 강국이었던 프랑스의 맞수로서 역사의 한 페이지를 장식할 수 있었습니다.

그런 까닭에 그는 톨스토이의 소설『전쟁과 평화』에 조연으로 등장하게 된 것이며, 제2차 세계대전 때 러시아가 독일을 공격하기 위해 벌인 작전명(바그라티온 작전)에 그의 이름이 들어간 것입니다. 또한 1973년에 러시아의 천문학자가 발견한 소행성은 그의 이름을 따서 '3127 바그라티온'이라고 명명되었습니다. 그의 투철한 애국심과 용맹한 군인 정신을 러시아 사람들이 잊지 않고 있는 것입니다.

성 조지의 홀

카라라Carrara(이탈리아 토스카나 지방에 위치한 대리석 산지)에서 생산된 최고급 흰색 대리석으로 꾸며진 '성 조지의 홀St. George's Hall(게오르기 홀)'은 겨울 궁전에서 매우 중요한 공간입니다. '대옥좌의 방'이란 별칭이 말해주듯이, 황제의 대옥좌大玉座가 놓여 있는 곳이기 때문입니다. 황제가 주관하는 중요한 행사가 열리던 곳이라는 의미이지요. 당연히 다른 방들에 비해 규모도 큰 편입니다.

이 방은 예카테리나 여제의 통치 시기였던 1787~1795년에 조성되었으며, 이탈리아 건축가인 자코모 콰렌지Giacomo Quarenghi가 설계한 것으로 알려져 있습니다.

작자 미상, '성 조지의 홀'

성 조지의 홀에 놓인 대옥좌

옥좌 뒤 벽의 '악룡을 무찌르는 성 조지'   캐노피 위 벽의 '악룡을 무찌르는 성 조지'

그런데 왜 이 방의 이름이 '성 조지의 홀'일까요? 그 이유를 알 수 있는 단서가 옥좌 뒤와 캐노피 위의 벽에 있습니다.

성 조지는 서양의 괴수怪獸 퇴치 설화에 단골로 등장하는 인물입니다. 사람들을 괴롭히는 악룡이 있었는데, 왕의 딸마저 제물로 바쳐야 할 상황에 이르렀을 때 떠돌이 기사인 조지가 나타나 악룡을 무찌르고 공주를 구했다는 줄거리의 설화입니다. 그래서 그는 대부분 말을 탄 채 칼이나 창으로 악룡을 무찌르는 모습으로 그려지며, 기사騎士와 군인의 수호자로 여겨집니다.

그렇다면 겨울 궁전 안의 제일 중요한 공간에 그의 이름을 붙인 까닭은 무엇일까요.

성 조지는 악룡을 퇴치한 영웅인 동시에 기독교의 성인입니다. 신앙심이 깊었던 그는 기독교를 박해하던 로마 제국의 디오클레티아누스 황제 때 체포되어 고문당한 끝에 순교했다고 합니다. 그런 까닭에 기독교 문화권인 잉글랜드와 조지아(그루지야), 러시아 모스크바의 수호성인이었으며, 러시아는 국장國章에 그의 모습을 새겨 넣을 정도로 중요하

국립 러시아 박물관 2번 방 '성 조지의 기적'

게 여겼습니다. 겨울 궁전의 가장 중요한 공간에 그의 이름을 붙인 까 닭도 그와 관련이 있을 것입니다.

　참고로, 국립 러시아 박물관에 성 조지와 관련된 미술 작품이 더 있 으니 비교하며 보면 좋을 것입니다.

메스트라의 결혼

　260번 방에는 '메스트라의 결혼Mestra's Wedding'이라는 제목의 태피스트리가 걸려 있습니다. 작품 속의 신부新婦 이름이 메스트라인 것입니다. 그녀는 누구이며, 누구와 결혼하고 있는 걸까요.

　메스트라는 에리직톤Erysichton의 딸로 헤르메스의 아들인 아우톨리코스Autolycos와 결혼했습니다. 아마도 이 태피스트리 작품은 그들의 결혼을 주제로 한 것 같습니다.

　그리스 신화에 의하면, 메스트라는 자신의 모습을 자유자재로 바꿀수 있는 여인이었습니다. 포세이돈으로부터 그런 능력을 받은 것인데,

메스트라의 결혼(260번 방)

거기에는 이런 사연이 있습니다.

메스트라의 아버지인 에리직톤은 테살리아의 왕(혹은 큰 부자)이었는데, 매우 오만하여 신들에게조차 불경스런 짓을 자행하곤 했습니다. 그가 데메테르의 저주를 받게 된 것도 불경스런 태도 때문이었습니다.

한번은 그가 하인을 시켜 데메테르의 신성한 숲에 있는 나무를 베도록 했습니다. 그 나무는 데메테르가 특별히 아끼는 것이라 모두들 두려워하며 숭배했는데, 감히 그것을 베라고 명령한 것입니다. 아무리 주인의 명령이라고 하지만 도저히 따를 수 없어 사람들이 달아나자 에리직톤은 손수 도끼를 들고 나무를 베어버렸습니다.

이 일은 데메테르의 분노를 불렀습니다. 에리직톤을 혼내주겠다고 마음먹은 데메테르는 리모스Limus(제우스와 불화의 여신 에리스 사이에서 태어난 딸로, 굶주림의 여신. 로마 신화의 파메스)를 그에게 보냈습니다. 그러자 그 순간부터 에리직톤은 아무리 먹어도 참을 수 없는 허기를 느끼게 되었지요. 결국 에리직톤은 먹을 것을 사기 위해 자신의 전 재산을 탕진했습니다. 나중에는 음식을 살 돈이 없어 외동딸인 메스트라를 남에게 파는 지경이 되었지요.

노예로 팔린 메스트라는 바다의 신 포세이돈에게 구해달라고 간절히 기도하였고, 그녀를 불쌍하게 여긴 포세이돈이 그녀에게 마음먹은 대로 몸을 바꿀 수 있는 능력을 주었던 것

돈을 받고 딸을 팔아넘기는 에리직톤

입니다.

팔릴 때마다 변신하여 도망쳐 나오는 메스트라를 에리직톤은 거듭 팔아먹었고, 나중에는 그것으로도 부족해 자신을 먹어치우기 시작했습니다. 결국 스스로에게 다 먹히고 나서야 그에게 내려진 벌이 끝났고, 메스트라도 아버지에 의해 이리저리 팔리는 신세에서 벗어날 수 있었다고 합니다.

그런 불우한 운명의 여인이 결혼하는 모습을 태피스트리에 기록한 까닭은 무엇일까요. 그녀의 남편인 아우톨리코스가 올림포스 12신 중의 하나인 헤르메스의 아들이라서일까요? 아니면, 데메테르 여신의 저주를 받을 정도로 오만방자하고 불경스럽던 아버지이건만 그래도 자식으로서의 도리를 끝까지 다한 효녀였기 때문일까요? 그 이유는 정확히 알 수 없지만, '메스트라의 결혼'이란 제목이 붙어 있기에 그녀에 대해 알아보았습니다.

황금 공작 시계

    에르미타주 미술관에는 황금 공작 시계가 있는데, 특별한 이야깃거리가 있는 것은 아니지만 워낙 명물로 여겨지기 때문에 소개합니다.

    204번 방에 있는 황금 공작 시계는 말 그대로 시계입니다. 영국에서 제작된 것이라고 합니다. 황금으로 된 나무 위에 공작새가 앉아 있고, 옆에는 수탉이 있습니다. 그리고 자세히 보면 올빼미, 잠자리 등도 보입니다. 공작새는 우주를, 올빼미는 밤을, 수탉은 낮을 상징한다고 하는군요.

    이 시계가 명물로 대접받는 것은 정해진 시간이 되면 움직이기 때문입니다. 원래는 4시간마다 깃을 펴고 시간을 알려주었다는데, 현재는

황금 공작 시계(204번 방)

황금 공작 시계 뒤의 모니터

목요일과 특별한 행사가 있을 때만 작동한다고 합니다. 일부러 시간을 맞추지 않는 한, 공작이 화려한 날개를 펴고 수탉이 홰를 치는 장관은 보기 어려운 셈이지요. 그런 아쉬움을 달래주기 위해서인지 박물관 측에서는 시계 뒤에 커다란 모니터를 설치해 두고, 녹화된 동영상을 보여주고 있습니다.

이 시계는 18세기 말에 러시아의 장군이었던 그레고리 알렉산드로비치 포템킨Grigori Alexandrovich Potemkin(1739~1791년)이 런던에서 구입하여 예카테리나 2세에게 선물한 것입니다. 포템킨이 죽기 전 약 17년 동안 예카테리나 2세의 사실상 남편 노릇을 한 것은 공공연한 비밀이었지요. 그는 오스만 제국과의 전쟁에서 승리를 거두고 크림 반도를 차지했으며, 흑해 해군을 창설하여 러시아의 해군력을 강화한 인물입니다.

예카테리나 2세는 그레고리 포템킨을 단순히 인간적인 매력 때문이 아니라, 정치적 동반자로서 그의 역할이 필요해서 가까이했는지도 모를 일입니다.

그의 초상화가 러시아 제국의 장군들 초상화가 걸려 있는 197번 방에 있으니 함께 감상하길 권해드립니다. 그는 예카테리나 2세의 애인이기 이전에 훌륭한 장군이었습니다.

참고로, 황금 공작 시계가 있는 방의 바닥에는 포세이돈이 다스리는 세계를 표현한 모자이크 그림이 있습니다. 바티칸 박물관 '원형의 방' 바닥에 있는 모자이크 그림을 똑같이 베낀 것인데, 비교하며 보는 것도 좋을 듯하여 소개합니다.

그레고리 알렉산드로비치 포템킨(197번 방)

에르미타주 미술관 모자이크 그림

바티칸 박물관 모자이크 그림

대천사 라파엘과 토비야

에르미타주 미술관 255번 방에 '토비야 이야기 Story of Tobias'란 제목의 그림이 있습니다. 붉은색 옷을 입은 토비야란 인물이 어떤 천사와 이야기를 나누고 있는 장면을 그린 것입니다. 토비야는 과연 어떤 사람이며, 토비야 옆의 천사는 또 누구일까요. 그 문제를 한번 알아봅시다.

기독교에서 대천사라고 부르는 천사는 가브리엘 Gabriel 과 미카엘 Michael, 그리고 라파엘 Raphael 입니다. 프란체스코 보티치니 Francesco Botticini 의 '세 천사와 토비야'란 그림을 보면서 그들의 존재를 생각해 봅시다.

이 그림의 맨 왼쪽에 있는 인물이 대천사 미카엘입니다. 천사 중에서 전사戰士의 이미지가 강한 캐릭터지요. 악천사들이 모반을 일으켰을 때 제압한 것이 바로 미카엘이라고 합니다. 그래서 그는 대개 칼을 든 모습으로 나타나며, 천상군대天上軍隊의 우두머리로 여겨집니다. 아담과 이브를 에덴동산에서 추방할 때도 그는 단호한 태도로 하느님의 뜻을 전했다고 합니다.

가브리엘은 수태고지를 설명할 때 등장합니다. 마리아에게 성령으로 잉태하게 될 것이라고 알려준 것이 가브리엘이며, 세례자 요한의 아버지인 사가랴에게 나타나 그의 부인인 엘리사벳이 늦둥이 아들을 낳을 것이라고 알려준 것도 가브리엘이었습니다. 세 천사 중에서는 유일하게 여성으로 여겨지며, 백합을 든 모습일 때가 많습니다. 그러니 이 그림에서는 맨 오른쪽에 있는 이가 가브리엘이지요.

● Carl Borromäus Andreas Ruthart, '토비야 이야기'
  (255번 방)
● 프란체스코 보티치니, '세 천사와 토비야'

그렇다면 가운데에 있는 인물이 라파엘일 것입니다. 그런데 라파엘은 종종 토비야Tobias란 이름의 소년(혹은 젊은이)과 함께 그려집니다. 이 그림처럼 말입니다. 왜 그럴까요.

라파엘은 미카엘이나 가브리엘에 비해서는 덜 알려진 편입니다. 그는 '인간들의 고통을 치유하는 상냥한 마음을 지닌 천사'로 묘사됩니다. 그가 '치유의 천사', '맹인들의 수호천사'로 여겨지는 데에는 이유가 있는데, 토비야와 관련된 일화 속에 답이 들어 있습니다.

옛날 유대인 중에 토비트Tobit라는 사람이 있었습니다. 그가 하루는 죽은 이를 매장한 후 몸이 더러워 집에 들어가지 않고 뜰에서 잤는데, 날아가던 새의 똥이 눈에 들어가는 바람에 그만 실명하고 말았습니다. 그는 자신의 신세를 한탄하며 차라리 죽고 싶다고 신에게 기도를 드렸지요.

한편, 같은 무렵에 메디아 땅에서는 사라Sarah라는 여인이 자신의 운명을 원망하고 있었습니다. 그녀는 일곱 번이나 결혼했는데, 매번 신랑이 첫날밤에 죽었으므로 사람들로부터 악마가 씌었다는 욕을 듣는 신세가 되었던 것입니다. 실제로 아스모데오Asmodeus라는 악마가 사라를 사랑한 나머지, 그녀가 결혼하기만 하면 신랑을 죽인 것이라고 합니다.

하느님은 두 사람의 애절한 사연을 듣고는 라파엘을 보내어 문제를 해결하도록 했습니다.

어느 날, 토비트는 메디아의 아는 사람에게 빌려준 돈을 받아오도록 아들 토비야를 보냅니다. 메디아까지 가는 길을 몰랐던 토비야는 길동무를 수소문했는데, 아자리아Azarias라는 젊은이가 나타나 동행해 주겠다고 합니다. 사실 그는 대천사 라파엘이었지요.

아무튼 토비야는 동행이 생겨서 좋다고 여기고 아자리아와 함께 메디아로 떠났습니다. 가는 도중 토비야가 티그리스 강에서 발을 씻는데, 커다란 물고기가 그의 발을 무는 일이 생겼습니다. 아자리아는 토비야에게 그 물고기의 쓸개와 심장, 간을 꺼내 잘 보관하라고 일렀습니다.

"물고기의 심장과 간을 악령에 홀려 있는 사람 앞에서 태워 연기를 내면 악령이 그 사람에게서 도망갈 겁니다. 쓸개즙은 앞을 못 보는 눈에 효과가 있으므로 그것을 바른 후 숨을 불어넣으면 치유됩니다."

이 설명을 들은 토비야는 아자리아가 시키는 대로 했어요.

마침내 메디아에 도착한 토비야는 아자리아로부터 뜻밖의 권유를 받습니다. 사라와 결혼하라는 것이었지요. 그러나 그녀에 대한 소문을 들은 토비야는 두려워하며 거절합니다. 그러자 아자리아는 티그리스 강에서 얻은 물고기의 심장과 간을 태우면 악령이 접근하지 못할 테니 걱정하지 말라고 하며 다시 결혼을 권유합니다.

토비야는 아자리아의 말을 믿고 사라의 집을 찾아가 청혼합니다. 사라의 가족들은 기뻐하며 결혼을 허락했고, 첫날밤에 토비야는 아자리아가 알려준 대로 물고기의 심장과 간을 태워 악령을 물리쳤습니다. 그러자 사라의 아버지는 기뻐하며 재산의 반을 내주었다고 합니다.

토비야는 아버지가 빌려준 돈도 회수하고, 새 아내와 함께 장인으로부터 받은 많은 재산을 가지고 고향으로 돌아갔습니다. 그리고 물고기의 쓸개즙을 아버지의 눈에 바르고 숨을 불어넣어 앞을 볼 수 있게 했습니다.

그 일로 말미암아 라파엘은 '치유의 천사', '맹인들의 수호성인'이 되었다는 것인데, 에르미타주 미술관에 소장된 작품은 토비야를 찾아가 메디아까지 동행하겠다고 제안하는 라파엘을 그린 것으로 보입니다.

렘브란트, '돌아온 탕자'(254번 방)

렘브란트의 '돌아온 탕자'

『신약성서』의 〈누가복음〉에 나오는 탕자蕩子(방탕한 아들)의 비유는 너무 유명해서 더 보탤 내용이 없을 정도입니다. 그러나 254번 방에 있는 렘브란트Rembrandt van Rijn의 그림 '돌아온 탕자The Return of the Prodigal Son'가 에르미타주 미술관을 대표하는 작품으로 여겨질 정도이니 언급하지 않을 수 없습니다.

옛날 어느 마을에 두 아들을 둔 사람이 있었습니다. 작은아들은 어차피 장자가 아니라서 아버지의 가업을 물려받지 못할 테니 미리 재산을 나누어달라고 요구합니다. 아버지는 작은아들의 요구대로 그 몫의 재산을 나누어줍니다.

재산을 받은 아들은 멀리 떠나 흥청망청 낭비한 결과 빈털터리가 되었습니다. 나중에는 배가 고파 돼지들이 먹는 음식을 훔쳐 먹을 정도였지요.

아들은 죽음보다 못한 생활을 견디다 못해 아버지에게 돌아가기로 합니다. 가서 용서를 빌고 종으로라도 삼아달라고 간청할 생각이었지요.

작은아들이 돌아온다는 소식을 들은 아버지는 잔치를 벌이면서 기쁘게 맞이합니다. 그러자 큰아들이 아버지의 그런 처사에 불만을 품고 항의하지요.

"아버지, 저는 그동안 열심히 일해서 아버지의 재산을 늘렸습니다. 그러나 아버지는 제게 재산을 미리 나누어주기는커녕, 변변한 칭찬의 말조차 해주지 않으셨습니다. 그런데 아우는 아버지의 재산을 받아가 탕진했는데도 이처럼 환대하시니 불공평합니다."

그러자 아버지는 "너는 늘 내 곁에 있고, 또 내 것은 곧 네 것이다. 그러나 네 아우는 죽었다가 살아온 것이니 어찌 기쁘지 않겠느냐?"라며 타일렀다고 합니다.

이 이야기는 예수가 사람들에게 '죄지은 사람이라도 진심으로 뉘우치면 용서받을 수 있다.'는 메시지를 전달하기 위해 비유적으로 지어낸 것으로 보입니다.

이제 렘브란트의 그림을 세밀하게 들여다봅시다.

재산을 탕진하고 돌아온 동생을 아무 조건 없이 받아들이는 아버지를 불만스러워하는 큰아들의 모습이 오른쪽에 보입니다. 주변 사람들도 아버지의 행동을 납득하기 어려워하는 표정입니다. 그리고 돌아온 탕자는 그의 발만 보아도 그동안 얼마나 고생을 했는지 짐작할 수 있습니다.

그리고 아들을 감싸 안은 아버지의 손을 보면 왼손은 남자의 손이고, 오른손은 여자의 손입니다. 이는 화가가 아버지의 강함과 어머니의 부드러움을 동시에 표현하려고 일부러 다르게 그린 것이라고

불만을 품은 큰아들

모성애를 상징하는 오른손

고생했음을 알 수 있는 발

'돌아온 탕자'. 큰 그림은 84쪽 참조

합니다. 돌아온 탕자를 무조건 용서하는 아버지의 모습에 따뜻한 모성
애를 담고자 한 것으로 보입니다.

'돌아온 탕자'라는 주제는 렘브란트뿐만이 아니라 다른 화가들도 그
렸는데, 몇 작품을 함께 감상해보겠습니다.

❶ 굶주림을 이기지 못하고 돼지의 여물통을 기웃거리는 탕자
❷ 돌아온 작은아들을 기꺼이 맞아들이는 아버지의 모습
❸ 아들의 잘못을 묻지 않고 무조건 따뜻하게 감싸는 아버지의 모습
❹ 죽은 아들이 살아 돌아왔다며 큰 잔치를 벌이는 장면

Bartolomé Esteban Murillo 作(프라도 미술관) ❶

Bartolomé Esteban Murillo 作
(내셔널 갤러리) ❷

Pompeo Batoni 作(빈 미술사 박물관) ❸

Jacopo Bassano 作(프라도 미술관) ❹

다윗과 조나단

사울Saul은 초대 이스라엘의 왕이었습니다. 그가 왕위에 있을 때, 이스라엘은 이웃 나라인 블레셋 때문에 큰 어려움을 겪었습니다. 블레셋에는 골리앗이란 거인 장수가 있어 이스라엘 백성을 끊임없이 괴롭혔기 때문입니다.

누구도 없앨 엄두를 내지 못하던 골리앗을 무찌른 것은 소년 다윗이었습니다. 그는 어린 소년의 몸으로 시냇가에서 주운 차돌멩이로 골리앗을 쓰러뜨리고 이스라엘을 구했습니다.

나라의 큰 근심덩어리가 해결되자 사울 왕은 처음에는 다윗을 기특하게 여겨 환대했지만, 사람들이 이구동성으로 다윗을 칭송하자 질투심과 두려움을 느낍니다. 혹시라도 자신의 왕위를 다윗에게 빼앗길까봐 걱정이 되었던 것입니다.

다윗은 사울 왕의 박해를 피해 왕궁을 떠나고, 다윗이 떠난 것을 안 블레셋이 다시 이스라엘을 공격했을 때 궁지에 몰린 사울은 자살합니다.

조나단은 바로 사울 왕의 아들입니다. 다윗이 골리앗을 죽였을 때 조나단은 다윗과 영원한 친구가 되어 생사를 함께 하기로 약속했다고 합니다. 그런데 아버지인 사울이 다윗을 해치려 하자 조나단은 다윗을 찾아가 피하라고 일러줍니다. 헤어질 때 다윗과 조나단은 부둥켜안고 함께 울었는데, 다윗이 더 울었다고 합니다. 렘브란트가 그린 그림 '다윗과 조나단David and Jonathan'은 바로 그 순간을 포착한 것입니다. 터번을 쓴 것이 조나단이며, 그의 품에 안겨 서럽게 우는 것이 다윗입니다. 다윗이 허리에 찬 보검은 아마도 왕자인 조나단이 이별의 선물로 준 것이

렘브란트, '다윗과 조나단'(254번 방)

아닐까 합니다.

진정으로 서로를 아꼈던 이들은 다시 만나지 못합니다. 다윗이 떠난 뒤 블레셋이 쳐들어왔을 때 조나단은 목숨을 잃기 때문입니다.

다윗이 골리앗의 목을 벤 뒤 우정을 다짐한 두 사람을 보면 조나단이 약간 손위임을 짐작할 수 있습니다. 그럼에도 불구하고 신분과 나이를 초월하여 친구가 되고자 했는데, 운명은 그 둘의 사이를 갈라놓습니다. 다윗은 조나단의 아버지인 사울

Cima da Conegliano, '다윗과 조나단'(내셔널 갤러리)

왕의 뒤를 이어 이스라엘의 2대 왕이 됩니다. 태평한 시대였다면 조나단의 차지가 되었을 왕위였지요.

254번 방에 걸려 있는 렘브란트의 '다윗과 조나단'을 구입한 사람은 표트르 대제였는데, 당시 러시아에서는 성서의 내용을 그림으로 그릴 때 매우 정형화된 양식이 있었습니다. 러시아 정교회의 이콘을 떠올리면 이해하기 쉬울 것입니다. 그런데 렘브란트의 이 그림을 본 러시아 화가들은 기존의 화풍에서 벗어난 새로운 그림에 눈을 뜨게 되었다고 합니다.

모든 분야에서 선진 유럽 문물을 도입하고자 했던 표트르 대제의 목적이 거기에 있었지요.

하만이 자신의 운명을 알다

옛날 페르시아 제국에 아하수에르Ahasuerus라는 이름의 왕이 있었습니다. 이것은 『구약성서』에 기록된 이름이고, 역사서에서는 크세르크세스 1세Xerxes I라고 하는 위대한 정복자입니다.

그에게는 아름다운 왕비 와스디Vashti가 있었는데, 하루는 궁중 연회에서 그녀의 미모를 손님들에게 자랑하고 싶어서 불렀습니다. 왕비는 많은 사람들 앞에 나서는 게 부담스러웠던지 왕의 부름을 거부하였습니다. 그러자 왕은 자신의 명을 거부한 왕비를 괘씸하게 여겨 폐위합니다.

새로 왕비가 된 여인이 바로 에스더Esther입니다. 유대 민족인 그녀가 페르시아 제국에서 살게 된 까닭은 '바빌론 유수Babylonian Captivity(BC 6세기에 유대 민족이 포로가 되어 바빌론으로 끌려간 사건)' 때문이었습니다. 유대 민족이 끌려가 살던 바빌론이 페르시아 제국에 정복당하면서 유대 민족은 이제 페르시아 제국의 포로 신세가 된 것입니다.

왕은 새 왕비를 구하기 위해 제국 안의 아리따운 여인들을 모두 모아 놓고 간택 절차를 거치는데, 이때 에스더가 왕의 눈에 들어 새로운 왕비가 되었습니다.

에스더는 어려서 부모를 잃고 숙부인 모르드개Mordecai의 양녀가 되어 자랐습니다. 모르드개는 궁중 수비대로 일하면서 아하수에르 왕 암살 사건을 미리 알아내 왕의 목숨을 구한 적이 있어 왕의 신임을 받고 있었지요.

당시 하만Haman이란 고위 관리가 있었는데, 그가 왕궁을 드나들 때마다 모든 사람들이 그에게 고개를 숙여 예를 표했습니다. 그러나 하느님을 섬기는 유대 민족이었던 모르드개는 그런 행위가 우상 숭배와 같다고 여겨 고개 숙이기를 거부했습니다. 이 일로 앙심을 품은 하만은 왕에게 유대 민족을 몰살시킬 수 있는 방법을 제안하여 허락을 받아냅니다. 왕은 하만의 계획을 구체적으로 알지 못하였으며, 다만 나라에 위협이 되는 사람들을 제거하는 동시에 그들로부터 압수한 재물로 왕의 창고를 가득 채울 수 있다는 말에 허락했다고 합니다.

유대 민족의 목숨이 바람 앞의 등불처럼 위태롭게 되었을 때, 에스더가 나섭니다. 왕의 총애를 받고 있던 에스더는 절박한 심정으로 왕에게 유대 민족에게 닥친 재앙을 설명하며 그들을 살려달라고 호소합니다.

렘브란트, '에스더에게 애원하는 하만 (Haman suppliant Esther)'

모든 것이 하만의 모략 때문임을 알게 된 왕은 분노합니다. 일이 자신의 뜻대로 되지 않고 도리어 자신이 위험에 빠지게 되자, 하만은 에스더 앞에 무릎을 꿇고 살려달라고 애원합니다. 그러나 에스더의 마음을 돌리지는 못합니다. 렘브란트는 그 장면도 그림으로 남겼습니다.

왕은 하만을 죽이라는 명령을 내립니다. 254번 방의 렘브란트 작품 '하만이 자신의 운명을 알다Haman Recognizes his Fate'라는 제목의 그림 오른쪽에 터번 쓴 남자가 아하수에르 왕(터번 위에 왕관이 있음)이고, 뒤편의 나이 든 남자는 모르드개로 보입니다. 하만(붉은 옷을 입은 남자)은 자신 앞에 닥친 불행을 예감하고 절망에 빠진 표정입니다. 하만이 자신의 계략이 실패로 끝난 다음 자신에게 닥칠 운명을 알게 된 순간을 포착한 것이 아닐까 합니다.

렘브란트, '하만이 자신의 운명을 알다'(254번 방)

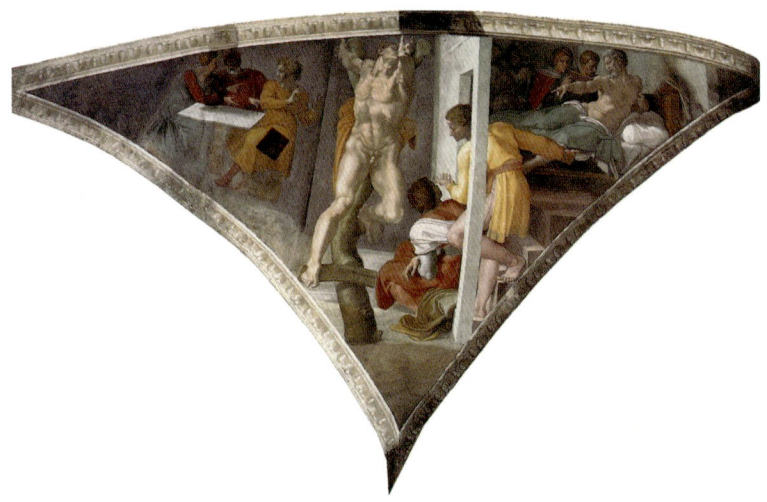

미켈란젤로, '하만을 벌하다(Punishment of Haman)'(시스티나 예배당 천장화)

　그러면 왕의 분노를 산 하만은 어떻게 되었을까요. 그의 최후를 우리는 바티칸의 시스티나 예배당 천장화에서 확인할 수 있습니다. 미켈란젤로는 '하만을 벌하다'라는 주제로 그림을 그렸는데, 벌거벗은 하만이 나무 기둥에 묶여 몸부림치고 있습니다. 그가 모르드개를 죽이려고 미리 준비한 나무 기둥이었습니다. 오른쪽 화면에 비스듬히 앉은 채 손가락으로 하만을 가리키는 인물이 아하수에르 왕으로 보입니다.

　유대 민족을 몰살 위기에서 구한 에스더는 영웅으로 성서에 기록되었으며, 그녀의 삶을 기록한 것이 〈에스더기〉입니다.

목수의 아들 예수

성서에 의하면, 마리아는 성령으로 잉태했다고 합니다. 대천사 가브리엘이 마리아를 찾아와 그 사실을 알려주는 그림을 보면 대부분 비둘기가 함께 그려져 있습니다. 기독교에서 비둘기는 성령을 상징하지요. 에르미타주 미술관 252번 방에 있는 수태고지Annunciation 그림을 먼저 살펴봅시다. 비둘기를 주목해서 보세요.

이처럼 성령으로 잉태하여 예수를 낳았으니, 마리아의 남편인 요셉과 그녀의 아들인 예수 사이에는 혈연관계가 존재하지 않는 셈입니다. 그렇지만 하느님은 요셉을 예수의 양육자로 지정하였고, 요셉은 그 뜻을 충실히 좇아 예수의 아버지로서 역할을 다합니다.

그렇다면 예수의 직업은 무엇일까요. 예수는 공생애(세례자 요한으로부터 세례를 받은 때부터 최후의 만찬 후 로마 병사에게 체

Pieter Lastman, '수태고지'(252번 방)

포된 무렵까지의 약 3년 간) 이전에는 무슨 일을 했을까요. 그에 대해 구체적으로 알기는 어렵지만, '목수였던 아버지 요셉을 도와 목수 일을 했다.'는 것이 대체적인 정설입니다. 그래서 그를 부르는 다른 이름이 '나사렛에서 온 목수 예수'였습니다.

예수가 목수 일을 하는 모습을 담은 미술 작품은 많지 않습니다. 에르미타주 미술관의 미술 작품에서도 목수 일을 하는 예수는 찾을 수 없었습니다, 그러나 목수 일을 하는 요셉 곁에 어린 예수가 있는 장면은 볼 수 있었으므로 소개합니다.

254번 방의 '천사와 함께 있는 성 가족The Holy Family with Angels'이라는 그림에서는 요람에 누운 예수를 돌보는 마리아 뒤쪽으로 나무를 다듬는 요셉이 보입니다. 예수가 아기일 때부터 그의 직업은 목수였던 것입니다.

좀 더 자란 예수의 모습을 볼 수 있는 그림도 있습니다. '그리스도의 어린 시절Childhood of Christ'이라는 제목이 붙은 이 그림에서 예수는 아버지의 일을 적극적으로 돕고 있습니다. 목수의 아들 예수가 성인이 되어 목수 일을 하는 것은 자연스러운 일이었을 겁니다. 이 그림을 보니 예수의 직업에 대한 궁금증이 다소나마 풀리는 것 같습니다.

렘브란트, '천사와 함께 있는 성 가족'
(254번 방)

Gerrit van Honthorst, '그리스도의 어린 시절'(252번 방)

베드로의 일생

예수의 수제자인 베드로에 대해서는 널리 알려져 있습니다. 그렇기 때문에 여기서 굳이 설명하지 않아도 되겠지만, 에르미타주 미술관에 베드로와 관련된 그림이 여러 점 있으므로 감상을 위해 간단히 언급하도록 하겠습니다.

베드로의 본명은 시몬Simon이며, 베드로란 이름은 예수가 '반석'이란 뜻으로 지어주었다고 합니다. 예수가 자신을 따르는 시몬에게 "너는 베드로Petros이다. 내가 이 바위petra 위에 내 교회를 세울 터인즉, 저승의 세력도 그것을 이기지 못할 것이다."라고 했다는 것입니다.

예수는 생전에 베드로에게 "내가 너에게 하늘나라의 열쇠를 주겠다. 그러니 네가 무엇이든지 땅에서 매면 하늘에서도 매일 것이고, 네가 무엇이든지 땅에서 풀면 하늘에서도 풀릴 것이다."라고 하며 그에게 각별한 신임을 보였는데, 그런 까닭에 베드로는 예수의 열두 제자 중에서도 수제자로 여겨집니다. 예수의 제자 중에서 손에 열쇠를 든 이를 베드로로 보는 까닭 또한 거기서 비롯됩니다.

예수가 제자들과 함께 마지막으로 저녁 식사를 하는 자리에서 "너희들 중에서 나를 배반하는 자가 있으리라."라고 말하자, 베드로는 "저는 비록 죽음에 이른다 해도 절대로 스승님을 배반하지 않겠습니다."라고 단호하게 약속합니다. 그런 베드로를 보며 예수는 "너는 내일 새벽닭이 울기 전에 세 번 나를 부인하리라."라고 했다 하지요.

예수가 유다의 배신으로 로마 병사들에게 체포되는 순간, 베드로는

제라르트 제헤르스, '성 베드로의 부인'(248번 방)

"나는 그를 모릅니다."라고 세 번이나 부인했다고 합니다. 예수가 예언한 대로였지요.

제라르트 제헤르스Gerard Seghers의 '성 베드로의 부인Denial of St. Peter'은 그 순간을 포착한 것입니다. 예수가 체포되어 간 뒤 주변에 있던 사람들이 "당신도 아까 그 자와 한 패거리가 아니냐?"고 추궁하자 겁에 질린 나머지 "나는 그 사람을 모릅니다."고 부인否認하는 장면입니다.

예수의 부활을 확인한 제자들은 예수의 가르침을 세상에 널리 알리기 위해 선교 활동에 나섭니다. 베드로는 로마로 가서 선교를 하는데, 당시는 기독교에 대한 박해가 극심할 때라서 베드로는 목숨의 위협을 느낍니다. 네로 황제의 명에 의해 체포되어 감옥에 갇혔을 때는 천사가 나타나 몸을 묶은 쇠사슬을 풀어주고 감옥 밖으로 탈출시켰다는 이야기가 전합니다. 그 장면을 그린 그림도 다수 전하는데, 에르미타주 미술관 239번 방에도 무리요Bartolomé Esteban Murillo가 그린 '성 베드로의 방

무리요, '성 베드로의 방면'(239번 방)　　　　레오넬로 스파다, '성 베드로의 순교'(237번 방)

면Liberation of St. Peter'이라는 작품이 있습니다.

천사의 도움으로 위기를 넘기고 로마 밖으로 피신하던 베드로는 아피아 가도에서 예수를 만납니다. 베드로가 예수에게 "쿼바디스, 도미네Quo vadis, Domine(주여, 어디로 가시나이까)?"라고 묻자, 예수는 "네가 내 백성들을 버리려 하니 내가 다시 한번 십자가에 매달리려고 간다."고 대답하였다고 합니다. 그 말을 듣고 크게 깨달은 베드로는 발길을 돌려 로마로 돌아가고, 그 길로 체포되어 순교합니다.

베드로는 순교할 당시 십자가형을 선고받았는데, 감히 스승과 같은 자세로 죽을 수 없다면서 십자가에 거꾸로 매달아달라고 부탁했다고 하지요. 그래서 십자가에 거꾸로 매달린 이가 있으면 베드로로 봅니다.

237번 방에 있는 레오넬로 스파다Leonello Spada의 '성 베드로의 순교Martyrdom of St Peter'는 그 내용을 그림으로 표현한 것입니다.

조반니 바티스타 티에폴로, '아우구스투스 황제 앞에서 자유 학예에 대해 설명하는 마이케나스'(236번 방)

예술가들의 후원자, 마이케나스

236번 방에 있는 조반니 바티스타 티에폴로Giovanni Battista Tiepolo의 그림을 봅시다. '아우구스투스 황제 앞에서 자유 학예에 대해 설명하는 마이케나스Maecenas Presenting the Liberal Arts to Emperor Augustus'라는 제목의 그림입니다.

그림의 제목으로 미루어 볼 때, 붉은색 옷을 입고 의자에 앉아 있는 이가 아우구스투스 황제입니다. 그리고 화면 왼쪽에 서서 앞을 가리키며 뭐라고 설명하는 이가 마이케나스이지요. 그러면 그가 가리키는 앞쪽의 여인들은 누구일까요.

여인 중에서 가장 왼쪽에 있는 이는 손에 팔레트를 들고 있습니다. 회화Painting를 상징하지요. 가운데 여인은 앞에 놓인 조각상을 만지고 있는데, 조각Sculpture을 상징합니다. 맨 오른쪽의 여인은 두 사람에 가려 명확하게 드러나는 것이 없지만, 근처 조각상 좌대에 A자형 자尺가 기대어 있는 것으로 보아 건축Architecture을 상징하는 것으로 보입니다. 그리고 여인들의 뒤에 서 있는 소년은 악기를 들었으니 음악music을 상징하는 것일 테고, 그 옆의 노인은 삶의 연륜이 묻어나는 것으로 보아 철학philosophy을 상징하는 게 아닐까 생각합니다. 재미있는 것은, 예술이 있는 곳에 감히 병사들이 접근하지 못하고 멀찌감치 떨어져서 눈치를 보고 있다는 점입니다. 예술이 꽃피기 위해서는 전쟁이 없어야 한다는 뜻으로 이해됩니다.

이 그림에서는 아우구스투스 황제에게 예술 애호에 대해 설명하는 마이케나스라는 인물에 대해 알아봅시다.

마이케나스Gaius Cilnius Maecenas(BC 67~AD 8)는 아우구스투스 황제의 고문이며 베르길리우스와 호라티우스 같은 시인들을 돌봐준 부유한 후원자였습니다. 아우구스투스 황제와 인연이 깊어 정치에 개입했지만 크게 탐욕스럽지는 않았고, 그 자신이 몇 편의 글을 남겼지만 수준이 높은 편은 아니라고 합니다. 그럼에도 불구하고 현재 그의 이름은 보통명사로 쓰이는데, 바로 '메세나Mecenat'란 단어가 그의 이름에서 비롯된 것입니다.

메세나란, 기업들이 문화예술을 적극 후원함으로써 사회의 문화적 소양을 높이고 국가 경쟁력 향상에 이바지하는 활동을 말하는데, 메세나 활동의 대표적 사례로 우리는 메디치 가문을 꼽습니다. 피렌체에서 르네상스가 만개할 수 있었던 데에는 메디치 가문의 후원이 절대적인 역할을 했기 때문이지요.

현대는 문화의 중요성이 갈수록 강조되는 시대입니다. 문화예술인을 후원하여 후세에 이름을 남긴 마이케나스를 그린 그림을 보니 새삼스럽게 그의 혜안이 대단하다 싶어 간단히 설명했습니다.

아도니스의 죽음

에르미타주 미술관 238번 방에는 멧돼지에 물리는 젊은이를 새긴 조각이 있습니다. 그의 이름은 아도니스입니다.

이 작품의 주인공인 아도니스는 누구일까요? 그리고 그는 왜 멧돼지에 물려 죽임을 당하는 것일까요? 이 질문에 대한 답이 그리스 신화 속에 있습니다.

아름다움의 여신으로 숱한 스캔들 속 주인공이었던 아프로디테가 가장 사랑한 상대는 남편인 헤파이스토스도 아니었고, 애인인 아레스도 아니었습니다. 바로 아도니스Adonis라는 미소년이었습니다.

그는 기구한 출생의 비밀을 안고 태어난 인물이었습니다. 키프로스의 왕 키니라스가 친딸인 미르라에게서 얻은 자식이었으니, 불륜의 소생이었던 것입니다. 미르라가 아버지를 사랑하여, 아버지를 속이고 동침했다고 합니다. 뒤늦게 그 사실을 알게 된 키니라스가 임신한 딸을 죽이려 했지만, 그것을 눈치챈 미르라가 도망쳐 낳은 아들이 아도니스입니다.

Giuseppe Mazzuoli, '아도니스의 죽음'(238번 방)

이 아이는 어렸을 적부터 어찌나 잘 생겼던지, 아프로디테가 보고 반하여 하데스의 부인인 페르세포네에게 맡겨 길렀다고 합니다. 아버지이자 외할아버지인 키니라스로부터 당할지 모르는 위해危害를 피하기 위해서였던 것으로 보입니다.

그런데 페르세포네 역시 아도니스에게 반하여 아프로디테가 요구할 때 돌려주지 않아 말썽이 일어납니다. 결국 제우스가 중재하여 일년의 3분의 1은 아프로디테와 함께 있고, 3분의 1은 페르세포네와 함께 있으며, 나머지 3분의 1은 아도니스가 원하는 곳에서 지내는 것으로 절충하였다고 합니다. 아도니스의 인물이 어느 정도였는지를 이로써 미루어 짐작할 수 있습니다.

그럼, 아도니스에게 흠뻑 빠진 연인 아프로디테를 보는 아레스의 심정은 어떠했을까요? 아마 질투심이 끓어올랐을 것입니다. 그래서 아레스는 사냥 나온 아도니스에게 사나운 멧돼지를 보내어 죽이고 맙니다. 앞에서 본 조각품은 바로 그 순간을 새긴 것입니다.

에르미타주 미술관 247번 방에는 사냥 나가려는 아도니스를 만류하는 아프로디테를 그린 루벤스Peter Paul Rubens의 '비너스와 아도니스Venus and Adonis'라는 작품이 있습니다. 아마도 아프

루벤스, '비너스와 아도니스'(247번 방)

로디테는 아레스가 아도니스를 해칠지 모른다고 생각했었나 봅니다. 그러나 젊은 아도니스는 그런 말에 귀를 기울이지 않고 끝내 사냥을 나 갔다가 멧돼지에 물려 목숨을 잃는 것이지요.

멧돼지에 받혀 죽은 아도니스에게서 흘러나온 피에서 피어난 꽃이 아네모네이며, 사랑하는 연인의 죽음에 상심하여 흘린 아프로디테의 눈물에서 피어난 꽃이 장미라고 합니다.

존 윌리엄 워터하우스John William Waterhouse의 '잠에서 깨어나는 아도니 스The Awakening of Adonis'를 보면 두 연인 주변에 아네모네와 장미가 피어 있는 것을 볼 수 있습니다. 두 꽃이 그들과 관련이 있다는 것을 알려주 는 것입니다.

존 윌리엄 워터하우스, '잠에서 깨어나는 아도니스'

겨울 궁전의 라파엘로 회랑(227번 방)

라파엘로 회랑

겨울 궁전 안에는 '라파엘로 로자Raffaello loggia'라고 불리는 복도가 있습니다. 대개 라파엘로 회랑이라고 부르는 공간으로, 구체적으로는 신 에르미타주 건물 안에 있지요.

바티칸의 라파엘로 화랑

그런데 바티칸의 '라파엘로 회랑'을 본 적이 있는 사람이라면 이곳에서 기묘한 느낌을 받을 것입니다. 둘은 이름뿐만 아니라 형태까지도 일치하기 때문입니다. 사진으로 비교하여 봅시다.

예카테리나 2세는 겨울 궁전 안에 바티칸의 라파엘로 회랑을 복제한 공간을 만들고 싶어 했습니다. 서양 문물에 대한 당시 러시아 황실의 선망과 동경이 느껴지는 부분입니다.

라파엘로 회랑의 천장을 장식하고 있는 그림들은 모두 성서 속의 인물과 사건을 다룬 것이므로, 성서를 알고 있는 사람들에게는 친숙할 것입니다. 차례대로 정리하면 다음과 같습니다.

1. 천지창조
빛과 어둠을 나눔,
물과 바다를 나눔,
해와 달을 창조함,
동물들을 창조함

2. 아담과 이브
아담과 이브의 창조,
선악과를 따 먹음,
낙원 추방,
카인과 아벨을 낳음

3. 노아와 대홍수
방주를 만듦,
대홍수,
홍수가 끝남,
하느님께 제사 지냄

6. 야곱의 일생
꿈에 천사들을 만남,
레아와 라헬을 만남,
레아와 라헬을 부인으로 맞음,
처자를 데리고 고향으로 돌아감

7. 요셉의 일생
요셉이 형들에게 자랑함,
이집트 상인에게 노예로 팔림,
보디발의 부인이 유혹함,
파라오의 꿈을 해몽함

4. 아브라함의 일생
사라가 잉태할 것임을 천사들이 알림,
이삭을 제물로 바치려 함,
소돔과 고모라에 대한 심판,
아비멜렉과 우물을 두고 다툼

5. 이삭의 일생
하느님이 이삭에게 갈 길을 알려줌,
리브가에게 속아 야곱에게 축복을 내림,
아비멜렉이 리브가를 보고 반함,
사냥에서 돌아온 에서

8. 모세와 이집트 탈출
모세를 발견하는 이집트 공주,
불타는 떨기나무 속에서
하느님의 음성을 들음,
홍해를 건넘,
하느님이 광야에서 물을 내려줌

9. 모세와 십계명(시계 방향)
불안해하는 유대인들,
황금 송아지 숭배,
시나이 산에서 십계명을 받음,
십계명을 가지고 산에서 내려옴

10. 여호수아의 일화
이스라엘 백성이 진로를 두고
서로 다툼,
성궤를 메고 여리고 성 주위를 돎,
여리고 성이 무너짐,
여리고 성을 함락시킴

※ 각각의 그림은 위쪽부터 시계 반대 방향으로 설명하였음

11. 다윗의 일화
사무엘이 다윗에게 향유를 부음,
골리앗을 죽임, 밧세바를 보고 반함,
예루살렘을 점령함

12. 솔로몬의 일화
한 아기를 둔 솔로몬의 심판,
성궤를 안치할 성전을 지음,
시바 여왕의 방문, 성전 봉헌을 자축함

13. 예수의 일생
예수 탄생, 목동들의 경배,
세례자 요한으로부터 세례 받음,
최후의 만찬

그리고 벽면 거울 아래쪽 공간에는 그리자일 기법grisaille(회색과 흰색을 이용하여 명암이 드러나도록 그리는 기법)으로 그린 그림들이 있는데, 그 내용은 카인과 아벨의 제사, 아벨을 죽이는 카인, 동족들에게 설교하는 여호수아, 하느님이 노아에게 무지개를 보여줌, 야곱과 에서, 이삭을 제물로 바치는 아브라함, 형들에게 꿈 이야기를 하는 요셉, 만나가 하늘에서 내림, 다윗에게 간청하는 밧세바, 야곱이 꿈에 천사와 씨름함 등입니다.

카인과 아벨의 제사   아벨을 죽이는 카인   하느님이 노아에게 무지개를 보여줌

세팔루스와 프로크리스

제우스의 전령신이자 올림포스 산의 마당발인 헤르메스는 너무 바쁘게 살아서인지 여자 문제에 관해서는 다른 신들보다 스캔들이 적은 편입니다. 그런 헤르메스가 헤르세Herse란 여인을 사랑한 적이 있습니다. 그들 사이에서는 세팔루스Cephalus, 또는 Kephalos란 아들이 태어났지요. 세팔루스와 그의 부인인 프로크리스Procris의 비극적 사연을 그린 그림이 에르미타주 미술관에 있으므로, 그에 대해 알아보겠습니다.

아티카Attica의 이름난 사냥꾼이었던 세팔루스는 아테네의 공주인 프로크리스와 결혼한 지 두 달 만에 새벽의 여신 에오스Eos의 눈에 띄어 납치당합니다. 하지만 세팔루스는 아내를 진심으로 사랑했기에 에오스의 구애를 거부하지요. 그러자 화가 난 에오스는 프로크리스가 그를 별로 사랑하지 않을 것이라며 빈정댑니다. 처음에는 그 말을 흘려들었는데, 차츰 그의 마음이 흔들리기 시작했습니다.

결국 의심이 생긴 세팔루스는 아내의 정절을 시험하기 위해 변장한 채 찾아가서 유혹합니다. 프로크리스는 낯선 남자의 유혹을 처음에는 완강히 거부하지만, 결국 받아들이게 되지요. 그러자 실망한 세팔루스는 자신의 신분을 밝히고, 프로크리스는 남편이 자신을 시험했다는 사실에 분노를 느낀 나머지 그의 곁을 떠납니다.

하지만 나중에 두 사람은 서로를 용서하였고, 프로크리스는 세팔루스에게 무엇이든 맞힐 수 있는 창槍과 라이라프스Laelaps라는 이름의 사냥개를 선물로 줍니다. 이것들은 그녀가 세팔루스를 떠나 방황할 때 아르테미스 여신을 모신 일이 있는데, 그때 사냥의 여신인 아르테미스로부터 받은 귀한 선물이었습니다.

본디 사냥꾼이었던 세팔루스는 아르테미스로부터 받은 창을 들고 사냥에 나가는 것을 좋아했습니다. 그런데 그는 사냥을 하다 지치면 "아우라Aura(산들바람)여! 나에게 와 나를 감싸 안아다오! 그리고 불타는 나를 식혀다오!"라고 말하는 습관이 있었습니다. 그 말을 우연히 엿들은 어떤 사람이 프로크리스에게 가서 "당신의 남편이 아우라란 여자와 바람이 났다."고 알려준 것이 비극을 낳게 됩니다.

남편을 의심하게 된 프로크리스는 사냥 가는 남편의 뒤를 밟아가 덤불에 숨어 감시를 하고 있었습니다. 그런데 남편이 "아우라여!" 하자 질투심에 눈이 어두워 그만 남편의 상대를 확인하려고 일어나다가 바스락거리는 소리를 내고 말았습니다. 그러자 세팔루스는 그것이 들짐승의 소리라고 생각하여 본능적으로 창을 던지게 되지요. 그런데 그것이 바로 아르테미스의 백발백중하는 창이었던지라 프로크리스는 그 자리에서 목숨을 잃게 됩니다.

그 상황을 그린 것이 에르미타주 미술관 248번 방에 있는 '세팔루스와 프로크리스Cephalus and procris'라는 작품으로, 자신이 사랑하는 아내 프로크리스를 죽였음을 알고 세팔루스가 경악하는 장면입니다.

Theodoor Rombouts, '세팔루스와 프로크리스'(248번 방)

아드리안 반 데르 베르프, '하갈을 아브라함에게 보내는 사라'(249번 방)

이스마일의 어머니, 하갈

　하갈Hagar은 아브라함의 첫아들인 이스마일Ishmael을 낳은 여인입니다. 그녀에 관한 그림이 에르미타주 미술관에 있으니, 하갈과 그녀의 아들 이스마일에 대해 알아봅시다. 이들의 존재는 기독교와 이슬람교의 오래된 갈등의 원인이므로 알아볼 필요가 있기도 합니다.

　아브라함의 정식 부인은 사라Sarah였습니다. 둘은 서로에게 좋은 반려자였으나 늙도록 슬하에 자식이 없는 것이 근심거리였지요. 사라는 생각 끝에 자신의 몸종인 하갈을 아브라함에게 보내 자식을 얻도록 합니다. 에르미타주 미술관 249번 방에 사라가 하갈을 잠자리에 들여보내는 장면을 그린 그림이 있는데, 아드리안 반 데르 베르프Adriaen van der Werff의 '하갈을 아브라함에게 보내는 사라Sarah Bringing Hagar to Abraham'가 그것입니다.

　그런데 막상 하갈이 임신하자 두 여인 사이에 갈등이 일어납니다. 하갈이 임신을 빌미로 주인에게 방자하게 굴었는지, 아니면 자신이 갖지 못한 자식을 가진 하갈에게 사라가 여인으로서 질투를 하였는지는 알 수 없으나 갈등 끝에 하갈은 집에서 쫓겨납니다. 기독교의 성서에서는 사라를 정숙한 아내의 표본으로 보기 때문에 하갈이 주인에게 도도하게 굴다가 쫓겨났다고 보지만, 하갈의 아들 이스마일을 아랍인의 조상으로 보는 이슬람교의 입장에서는 하갈이 억울한 일을 당했다고 생각하겠지요.

루벤스, '아브라함의 집을 떠나는 하갈'(247번 방)

제라드 드 래레스, '사막의 하갈'
(에르미타주 미술관, 현재 전시는 하지 않음)

루벤스Peter Paul Rubens의 '아브라함의 집을 떠나는 하갈Hagar leaves the home of Abraham'을 보면 사라가 사나운 표정으로 임신한 하갈을 쫓아내는 것처럼 보입니다. 상대적으로 하갈이 좀 억울한 입장처럼 보이는군요.

하여간 집에서 쫓겨난 하갈은 사막을 떠돌며 갈증과 굶주림에 시달립니다. 그때 천사가 나타나 하갈에게 다시 아브라함의 집으로 돌아갈 것을 권유하며 '아들을 낳게 될 테니 그 이름을 이스마일이라고 하라.'는 하느님의 말을 전합니다. 제라드 드 래레스Gerard de Lairesse의 '사막의 하갈Hagar in the Desert'은 그 상황을 그린 것입니다. 이때 천사가 하갈에게 전한 말 중에는 '이스마일이 한 민족을 이루게 될 것이며, 그 자손이 번성할 것'이라는 내용도 있었다고 합니다.

빌렘 반 미리스, '하갈과 이스마일의 추방'
(에르미타주 미술관. 현재 전시는 하지 않음)

천사의 말을 듣고 집으로 돌아가 아들을 낳은 하갈은, 하느님이 일러준 대로 아들의 이름을 이스마일이라고 짓습니다. 그러나 훗날 사라가 이삭을 낳자 문제가 생깁니다. 그 당시는 장자 상속을 원칙으로 했는데, 몸종에게서 태어났지만 맨 처음 태어난 이스마일을 장자로 보아야 하는지, 아니면 둘째로 태어났지만 정실부인 소생인 이삭을 장자로 보아야 하는지 판단하기 어려웠던 것입니다. 이 문제는 지금도 기독교와 이슬람교 사이의 해결되지 못한 논쟁거리로 남아 있습니다.

아브라함은 하갈과 이스마일을 내쫓는 것으로 문제를 해결합니다. 사라와 이삭의 손을 들어준 것이지요. 빌렘 반 미리스Willem van Mieris의 '하갈과 이스마일의 추방Banishment of Hagar and Ishmael'은 아브라함에 의해 집에서 추방당하는 하갈과 이스마일을 그린 것입니다.

이스마일은 하느님의 약속대로 한 민족(아랍 민족)을 이루고 그 자손이 번성하게 되었지만, 『구약성서』 속 인물들이 겪었던 갈등이 현재까지도 영향을 미치고 있으니 참으로 신의 섭리를 알 수 없습니다.

겨울 궁전 안의 볼쇼이 교회

 겨울 궁전 안에는 황제의 대관식이 열리던 교회가 있습니다. '크고 위대하다'는 뜻의 러시아어 '볼쇼이Bolshoi, Большой'를 붙여 볼쇼이 교회라고 불리는 공간이 바로 그곳입니다. 기독교 국가인 러시아에서는 신성한 곳이었을 것입니다.

 볼쇼이 교회는 겨울 궁전 건설 초기에 함께 지어졌으며, 1762년에 예수 부활을 기념하여 헌당 되었습니다. 1년 뒤인 1763년에는 '인간의 손이 아닌 신의 손으로 제작된 구세주 그리스도상'을 봉헌하면서 다시 한번 헌당식을 가졌습니다. 이런 일화는 당시 러시아 황실이 이 교회를 매우 소중하게 여겼다는 증거일 것입니다.

 대화재 때 다른 공간과 마찬가지로 소실되었으며, 복원 공사 때 쿠폴라와 천장화 등이 원형을 되찾아 현재에 이르고 있습니다.

Eduard Hau, '겨울 궁전 안의 볼쇼이 교회' 볼쇼이 교회 (271번 방)

알렉산드르 홀

282번 방인 알렉산드르 홀Alexander Hall은 나폴레옹과의 전쟁을 승리로 이끈 알렉산드르 1세를 기리기 위해 조성한 방입니다. 방 안에 그의 초상화가 걸려 있는 것은 그런 이유 때문이지요.

겨울 궁전 내의 다른 방들과 마찬가지로 장엄하고 아름다운 느낌을 주는데, 특히 흰색과 하늘색의 깔끔한 색채 사용이 돋보이는 공간입니다. 비교적 다른 방들보다 넓은 편인데, 나폴레옹을 상대로 거둔 승리에 러시아 측이 그만큼 중요한 의미를 부여한다는 뜻으로 이해됩니다.

알렉산드르 1세는 파벨 1세의 아들로 태어나 할머니인 예카테리나 2세로부터 후계자 수업을 받았습니다. 아들인 파벨 1세와의 사이가 원만하지 못했던 예카테리나 2세는 아들을 제치고 손자에게 황위를 물려주려고 했다 합니다.

Eduard Hau, '알렉산드르 홀'　　　　　　　　알렉산드르 홀(282번 방)

어머니로부터 황위를 물려받기는 했지만 파벨 1세는 즉위한 지 5년 만에 암살당하고, 그의 장남인 알렉산드르 1세가 러시아 제국의 열 번째 황제로 즉위합니다.

알렉산드르 1세는 평생 프랑스와의 전쟁에 시달려야 했습니다. 나폴레옹이 거둔 최대 승리인 아우스테를리츠 전투에서는 오스트리아와 함께 참패를 당했고, 나폴레옹의 대륙봉쇄령(영국을 경제적으로 고립시키기 위해 나폴레옹이 내린 명령. 영국과의 교역을 금지하는 내용)을 거부하고 영국과의 교역을 계속하다가 모스크바 침공을 부른 것은 가장 심각한 상황이었습니다.

나폴레옹은 자신의 명령을 거부한 알렉산드르 1세를 징벌하기 위해 대규모 군대를 이끌고 모스크바로 진격합니다. 러시아로서는 절체절명의 위기였으나 프랑스군의 보급 미비, 모스크바의 강추위, 러시아군의 필사적 저항 등이 맞물려 나폴레옹은 패퇴합니다. 러시아로서도 전쟁 중에 막대한 피해를 입었고 모스크바가 함락되었으므로 승리했다고 말하기는 어렵지만, 결과적으로 침략군인 나폴레옹의 군대가 아무런 소득도 얻지 못하고 물러났으므로 러시아의 승리로 봅니다.

나폴레옹은 모스크바를 침공했다가 큰 피해를 입고 물러난 후 몰락의 길을 걷게 되고, 알렉산드르 1세는 나폴레옹의 침략을 물리친 것이 최대의 업적이 되니, 그 전투의 최종 승리자는 알렉산드르 1세가 되는 것입니다. 그것이 겨울 궁전 안에 그의 이름을 딴 공간이 있는 이유가 되는 것이지요.

공작석의 방

'공작석의 방 Malachite Room'이란 이름은, 말 그대로 공작석 Malachite 으로 장식된 방이라서 붙은 것입니다. 공작석은 '공작새의 깃털 무늬를 가진 광물'을 뜻하며, 준보석으로 분류되는 녹색의 광물입니다.

공작석의 방은 기둥과 벽난로 주위, 장식용 화병 등이 공작석으로 이루어졌습니다. 우랄 지역의 광산에서 채굴된 것을 사용하였다고 하는데, 준보석인 공작석으로 이 정도 규모의 장식을 한 걸 보면 막대한 비용이 들었을 것입니다. 러시아 제국 당시에는 황실 응접실로 쓰이던 공간이라고 합니다.

그러나 이 방은 러시아 혁명 당시 임시정부가 사무실로 쓰던 곳이

Konstantin Andreyevich Ukhtomsky, '공작석의 방'

공작석의 방(189번 방)

며, 10월 혁명 때 볼셰비키들에 의해 임시정부 각료들이 체포된 곳으로 유명합니다. 2월 혁명으로 정권을 잡은 임시정부는 케렌스키 Aleksandr Fyodorovich Kerenskii를 총리로 내세운 후 개혁을 논의했지만 의미 있는 결과를 내놓지 못하였고, 민중의 불만은 드높아갔습니다.

결국 레닌이 주축이 된 볼셰비키는 10월 혁명을 일으켜 겨울 궁전을 습격하고, 이때 케렌스키를 제외한 나머지 각료들이 체포됨으로써 임시정부는 막을 내립니다. 케렌스키는 여자로 변장한 채 가까스로 탈출하였다가 훗날 프랑스로 망명합니다.

공작석의 방에서는 아름답고 고귀한 공작석에만 관심을 가질 것이 아니라, 이곳에서 발생했던 긴박한 역사적 사건의 의미를 생각해 보는 것이 필요할 듯하여 소개했습니다.

호박방의 비밀

현재는 예카테리나 여제의 여름 궁전을 대표하는 명물이 된 호박방 Amber Room은 본래 표트르 대제가 상트페테르부르크의 겨울 궁전에 설치한 것이었습니다. 예카테리나 여제 때 현재의 장소로 옮겼는데, 본래 있던 장소인 겨울 궁전에서 그에 관한 이야기를 하도록 하겠습니다.

독일 프로이센의 두 번째 왕인 프리드리히 빌헬름 1세 Friedrich Wilhelm I는 키가 큰 사람을 좋아하는 특이한 성향이 있었습니다. 문예나 교육 등에는 관심을 두지 않고 부국강병에만 치중해서 '군인왕 Soldatenkönig'이란 별칭을 갖고 있는 그는, 키가 큰 군인들로 이루어진 군대를 따로 양성하려고 했을 정도였습니다. 그런 그에게 러시아의 표트르 대제는 매우 매력적인 사람이었습니다. 표트르 대제는 키가 2m가 넘었으니까요.

전통적으로 독일과 러시아는 우호적인 관계가 아니었습니다. 그럼에도 불구하고 장신인 표트르 대제에게 호감을 갖고 있던 프리드리히 빌헬름 1세는 즉위 후 군사적인 협력 관계를 논의하는 등, 비교적 러시아와 원만한 관계를 유지한 편입니다.

1716년 표트르 대제가 베를린을 방문했을 때의 일입니다. 표트르 대제는 프로이센의 궁전에 있는 호박 琥珀으로 장식된 방에 매혹됩니다. 이 방은 프리드리히 빌헬름 1세의 부왕인 프리드리히 1세 Friedrich I가 부인인 '하노버의 조피 샤를로테 Sophie Charlotte von Hannover(프리드리히 빌헬름 1세의 모후)'를 위해 공사를 시작했는데 완성하지 못한 상태였습니다.

서유럽의 문물을 집착에 가까울 정도로 선호했던 표트르 대제는 이 방을 꼭 갖고 싶었습니다. 호화스러운 호박방을 세련된 유럽 궁정 문화의 상징으로 여겼으니까요. 그래서 프리드리히 빌헬름 1세에게 장신의 근위병 55명을 주겠다며 교환을 제안합니다. 재정 문제로 완공할 가능성이 적은 비실용적인 호박방보다는 장신의 군인이 더 필요했던 프리드리히 빌헬름 1세는 선뜻 교환에 응합니다. 흔히 호박방을 프리드리히 빌헬름 1세가 선물했다고 하지만, 사실은 서로가 원하는 것을 갖기 위해 교환한 것이었습니다.

표트르 대제에 의해 겨울 궁전으로 옮겨 설치되었다가 예카테리나 여제 때 여름 궁전으로 다시 옮겨진 호박방은 1941년 제2차 세계대전 때 행방이 묘연해집니다. 상트페테르부르크를 점령한 독일군이 6톤에 달하는 호박방의 벽을 해체해 기차에 실어 독일로 이송했다는 기록을 끝으로 실체가 사라진 것입니다.

어떤 이는 1945년에 옛 소련의 적군 赤軍이 쾨니히스베르크를 폭격했을 때 파괴되었다고 하고,

예카테리나 여제의 여름 궁전에 설치된 호박방

또 다른 이는 독일군이 폭격 전에 안전한 곳으로 빼돌렸다고 하기도 합니다. 하지만 값을 매길 수 없을 정도로 귀중한 문화유산인 호박방을 찾고자 많은 노력을 기울였음에도 흔적조차 찾을 수 없었습니다.

할 수 없이 러시아(구소련 당시)는 1979년에 호박방 복원 프로젝트를 시작하여 우여곡절을 겪은 끝에 2003년 6월에 비로소 현재 상태로 완성하였습니다. 상트페테르부르크 도시 탄생 300주년에 맞춰 칼리닌그라드 산産 호박과 벌꿀색 석재를 7톤가량 투입해 완성한 큰 공사였습니다.

몇 해 전, 제2차 세계대전 당시 나치 독일이 약탈한 문화재가 실린 황금열차가 폴란드의 한 마을에 숨겨진 것 같다는 보도가 나오면서 호박방의 행방에 대한 의문이 풀릴지 모른다는 기대감이 커졌지만, 현재로서는 별다른 진척이 없는 상황입니다.

호박방에서의 사진 촬영은 엄격히 금지되므로, 자료 사진을 대신 보여드립니다.

2장

국립 러시아 박물관
The State Russian Museum

Русский Музей *Russkiy Muzey*

러시아 색채가 두드러진 박물관

상트페테르부르크에서 가장 유명하고 중요한 박물관은 당연히 에르미타주 미술관입니다. 그러나 그곳에는 유럽 문물을 선망했던 러시아 제국 황제들의 취향이 반영된 까닭인 듯, 작가나 내용면에서 대부분 유럽과 관련된 작품들이 전시되고 있습니다. 그렇기 때문에 러시아 색채가 두드러진 작품을 보고 싶다면 국립 러시아 박물관The State Russian Museum, Русский Музей을 찾는 것이 좋습니다.

그리스도 부활 성당과 가까운 거리에 있는 국립 러시아 박물관에는 30여 만 점의 작품이 소장되어 있는데, 고대 러시아의 민속 예술품부터 소비에트 시대의 미술 작품까지 러시아 관련 작품이 망라되어 있습니

국립 러시아 박물관

작자 미상, '금발의 천사'(1번 방)　　　　카를 파블로비치 브률로프, '폼페이 최후의 날'(14번 방)

다. 러시아를 이해하기 위해서는 에르미타주 미술관보다 오히려 더 중
요한 곳이라고 할 수 있지요.

　현재 박물관으로 사용하는 건물은 니콜라이 1세의 아들이자 알렉산
드르 2세의 동생인 미하일 대공Mikhail, Михаил(1832~1909년)이 사용하던 미
하일로프 궁전Mikhailovskiy Palace을 1893년에 알렉산드르 3세가 미술관
으로 바꾼 것입니다.

　국립 러시아 박물관은 특히 방대한 분량의 러시아 정교회 이콘이 관
심을 끌고, 나폴레옹과 맞서 승리를 거둔 국가적 자부심이 묻어나는 작
품들이 많은 것도 특징입니다. 그 밖에 사람들의 관심을 받는 작품들은
작자 미상의 '금발의 천사The Angel with Golden Hair', 작자 미상의 '길의 인
도자 성모Hodigitria', 카를 파블로비치 브률로프Karl Pavlovich Bryullov의 '폼
페이 최후의 날The Last Day of Pompeii', 빅토르 바스네초프Victor Vasnetsov의
'갈림길에 선 기사Knight at the Crossroads' 등입니다.

빅토르 바스초네프, '갈림길에 선 기사'(38번 방)

일리야 레핀, '볼가 강의 배 끄는 인부들'(33번 방)

일리야 레핀, '맨발의
톨스토이'(34번 방)

　그리고 러시아의 국민화가라고 할 수 있는 일리야 예피모비치 레
핀Ilya Yefimovich Repin의 작품으로는 '볼가 강의 배 끄는 인부들Barge Haulers
on the Volga'과 '터키 술탄에게 답장을 쓰는 자포로제 코사크인들Reply of the
Zaporozhian Cossacks', 그리고 '맨발의 톨스토이Leo Tolstoy Barefoot' 등이 있습
니다.

　여기서는 국립 러시아 박물관의 소장품을 전시실의 동선에 따라 설
명하도록 하겠습니다. 전시실은 1층First floor(입장한 곳에서 계단을 따
라 올라간 곳으로 우리식으로는 2층)에 1번부터 17번까지의 방이 있고, G
층Ground floor(입장한 층으로 우리식으로는 1층)은 18번 방부터 시작됩니다.

러시아 국립 박물관 평면도

Ground Floor(1층)

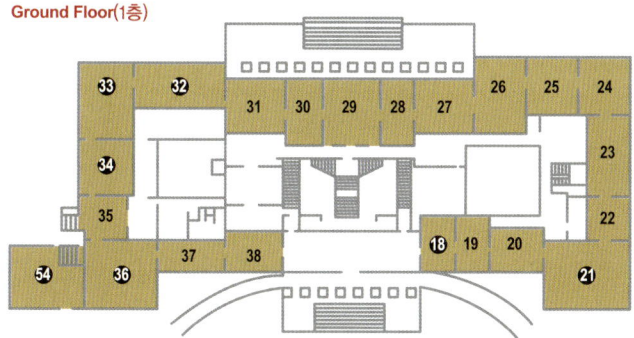

1st Floor(2층)

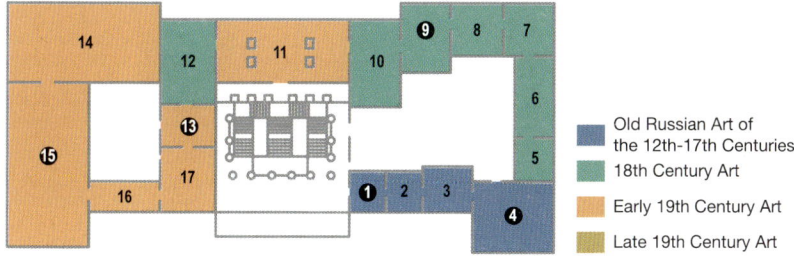

■ Old Russian Art of the 12th-17th Centuries
■ 18th Century Art
■ Early 19th Century Art
■ Late 19th Century Art

소개하고 있는 작품들

❶ 성 보리스와 글렙
❹ 길의 인도자 성모
❾ 블라디미르 대공과 로그네다
⓭ 소령의 구혼
㉚ 결혼 전
⓯ 수산나와 장로들, 청동뱀, 부활 후 마리아 막달레나 앞에 나타난 예수
⓲ 바실리 2세의 결혼식에서 바실리 코소이의 허리띠를 풀어 보이는 소피아, 이반 4세와 영국 대사
㉑ 마르타와 마리아 자매를 방문한 예수, 프리네
㉚ 결혼 전
㉜ 간음한 여인과 예수
㉝ 야이로 딸을 살림, 사드코

㉞ 세 젊은이의 목숨을 구하는 성 니콜라스, 터키 술탄에게 답장을 쓰는 자포로제 코사크인들
㊱ 1799년에 알프스를 넘는 수보로프
㊸ 1901년 5월 7일, 창립 100주년 기념 국가평의회 개최

성 보리스와 글렙

키예프 러시아(키예프 대공국)의 군주였던 블라디미르Vladimir 대공은 비잔틴 제국을 통해 정교회를 받아들임으로써 종교적 통일을 이루기도 하였지만, 그 밖에도 국력이 점차 약해지던 시기에 집권하여 영토를 확장하고 주변 국가와의 관계를 개선함으로써 나라를 안정시킨 지도자였습니다.

블라디미르에게는 12명의 아들이 있었는데, 그는 아들들에게 공평하게 도시를 나누어주고 다스리도록 했습니다. 각자 자신이 맡은 도시를 부강하게 만든다면 결국 키예프 러시아 전체가 부강한 나라가 될 거라고 생각했기 때문이지요. 그러나 어느 왕조에서나 흔히 있게 마련인 권력 투쟁이 블라디미르의 아들들 사이에서도 벌어집니다.

블라디미르의 장남인 스뱌토폴크Sviatopolk Vladimirovich는 1015년에 아버지가 죽자마자 동생인 보리스와 글렙을 죽입니다. 동생들의 도시를 빼앗아 자신의 세력을 키우려 한 것입니다.

형의 손에 죽은 보리스Boris와 글렙Gleb은 평소 성품이 온화하고 신앙심이 돈독했다고 합니다. 권력에 대한 욕심이나 전쟁을 통한 세력 확장 등에도 관심이 없었다고 하지요. 그들은 형이 자신들을 죽일 것을 미리 알고 있었지만, 군대를 동원하여 형을 막으면 혈육 간에 피바람이 불까 염려하여 조용히 죽음을 맞이했다고 전해집니다.

그들의 우애심과 나라를 먼저 생각하는 희생적 태도는 사람들에게 감동을 주었습니다. 그래서 러시아 정교회에서는 두 사람을 '자발적으로 고난을 받은 자'라고 부르며 공경하는 전통이 생겼습니다. 러시아에

성 보리스와 글렙 이콘(1번 방)　　　네바 강 전투 때 나타난 보리스와 글렙

그들의 이름을 딴 교회가 많고 또 그들을 함께 그린 이콘이 많은 데에
는 그런 이유가 있는 것입니다. 참고로, 보리스는 모스크바의 수호성인
이기도 합니다.

　보리스와 글렙에 대한 이야기를 한 까닭은, 국립 러시아 박물관 1번
방에 그들을 그린 이콘이 있기 때문입니다. 그린이를 알 수 없는 이 이
콘 속 두 인물이 바로 러시아 정교회에서 성인으로 추앙하는 보리스와
글렙입니다.

　보리스와 글렙은 죽은 뒤 200년쯤 뒤인 1240년에 러시아 사람들이
영웅으로 추앙하는 알렉산드르 넵스키가 스웨덴을 상대로 승리를 거둔
'네바 강 전투' 때 나타나 그를 도왔다는 전설이 전해지기도 합니다.

　그러면 동생들을 죽인 스뱌토폴크는 어떻게 되었을까요. 블라디미르
의 또 다른 아들인 야로슬라프Yaroslav는 보리스와 글렙이 형의 손에 죽

었다는 소식을 듣고 몹시 분개했습니다. 그래서 군대를 일으켜 스뱌토폴크의 성으로 쳐들어갔습니다. 전투에 패배한 스뱌토폴크는 일단 도피하여 세력을 규합하고 폴란드와 동맹을 맺은 다음 1017년에 야로슬라프가 점령한 성(원래 스뱌토폴크가 다스리던 성)을 공격하여 되찾습니다.

그로부터 2년 뒤인 1019년에 두 형제는 알리트 강가에서 다시 맞붙은 끝에 야로슬라프가 최종적인 승리를 거두고, 키예프 러시아의 새로운 군주로 등극합니다. 그가 바로 '지혜로운 자'라고 불리는 야로슬라프 1

야로슬라프 1세

세Yaroslav I the Wise 입니다. 야로슬라프는 영토를 확장하고 법전을 정비했으며 문화 예술 진흥에도 힘을 쏟아 '키예프 러시아의 황금기를 이룩한 대공'이라는 평가를 받습니다.

길의 인도자 성모

　성모 마리아를 주제로 한 그림 유형 중에 '호디기트리아Hodigitria(길의 인도자 성모)'가 있습니다. 그림 속의 성모 마리아를 '길의 인도자'라고 하는 이유는, 그녀의 모습이 우리의 신앙을 아기 예수에게로 인도하는 것이라고 보기 때문입니다. 국립 러시아 박물관의 4번 방에 매우 아름다운 호디기트리아 작품이 있으니, 그에 대해 조금 더 알아봅시다.

　호디기트리아의 전형적 형태는 아기 예수를 안은 성모 마리아가 정면을 응시하는 것입니다. 성모는 왼팔로 아기 예수를 안고 있고, 오른손을 들어 예수를 가리키거나 가슴에 대고 기도하는 자세를 취하는 것이 일반적입니다. 이것이 신앙의 길을 찾지 못한 사람들을 예수에게 인도하는 것이라고 보는 것이지요. 어머니의 팔에 안긴 아기 예수는 왼손에 두루마리를 들고 있는데 이것은 '말씀'을 상징하는 양피지이며, 오른손은 사람들에게 축복을 내리는 자세라고 합니다.

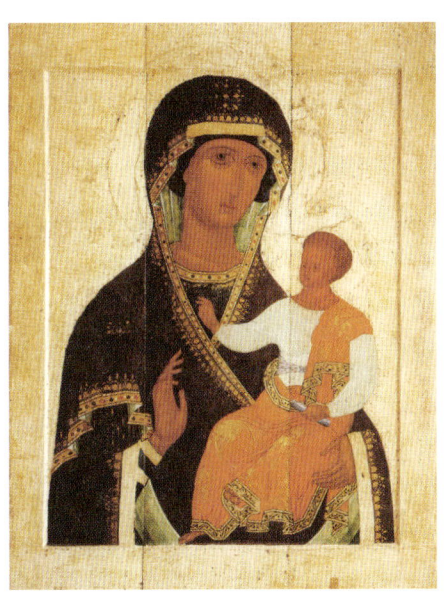

길의 인도자 성모(4번 방)

　길의 인도자인 성모 마리아를 처음 그린 이는 누가(4대 복음서의 하나인 〈누가복음〉의 저자)로 알려져 있습니다. 그는 성모 마리아와 아기 예수를 그렸다고 하는데, 그런 이유로 화가들의 수호성인으로 여겨집니다.

호디기트리아를 본 김에, 성모 그림의 다른 유형에 대해서도 알아봅시다.

먼저, 기도하는 성모 그림이 있습니다. 두 팔을 위로 올리고 기도하는 모습Orans이지요.

엘레우사Eleousa라고 하는 '자비의 성모' 유형도 있습니다. 어머니인 마리아가 아들인 아기 예수를 다정하게 감싸 안은 자세로, 모자간의 깊은 애정이 엿보이는 그림입니다.

'계시의 성모', 혹은 '표징의 성모'라고 불리는 그림은 기도하는 성모와 같이 두 손을 든 성모 마리아의 가슴에 아기 예수가 함께 그려진 것Panagia입니다.

십자가에서 내려진 예수를 안고 비탄에 잠겨 있는 마리아를 표현한 '피에타Pieta'는 가장 많이 다루어진 주제일 것입니다. 정교회의 이콘에서도 피에타는 사랑받은 주제였습니다.

기도하는 성모

자비의 성모

계시의 성모

피에타

블라디미르 대공의 그리스 정교 수용

국립 러시아 박물관에 소장된 이콘들은 예술적 가치가 높아 감상자의 눈을 즐겁게 해줍니다. 이 작품들을 제대로 이해하기 위해서는 러시아가 정교회 국가라는 사실을 알아야 하는데, 누가 언제 무슨 이유로 정교회를 받아들였는지 아는 게 필요할 것 같아 먼저 그 설명을 하도록 하겠습니다.

988년, 키예프 러시아의 대공인 블라디미르가 비잔틴 제국으로부터 그리스 정교를 받아들이기 전의 러시아는, 씨족마다 제각각의 신을 모시는 다신교 국가였습니다. 블라디미르는 종교적 통일을 통해 나라를 안정시키기 위해 어느 종교를 받아들일까 고심했다고 합니다.

키예프 러시아의 역사서(혹은 문학 작품)에 해당하는 〈원초연대기原初年代記〉에 의하면, 블라디미르는 그리스 정교를 받아들이기 전에 로마 가톨릭과 그리스 정교의 차이점을 알아보기 위해 신하를 독일과 콘스탄티노플(현재의 이스탄불)로 각각 보냈다고 합니다. 그런데 독일에 가서 로마 가톨릭 예배 의식을 보고 온 신하는 별다른 영광을 발견하지 못했다고 보고한 반면, 콘스탄티노플의 하기야 소피아에서 진행된 예배 의식을 보고 온 신하는 놀라운 경험을 이야기한 것입니다. "우리는 그때 우리가 하늘나라에 있는 것인지 이 세상에 있는 것인지 분간할 수 없었습니다. 성당에서 진행된 예배 의식이 너무나 장엄하고 아름다웠기 때문입니다. 그 광경을 어떻게 말로 표현해야 좋을지 모르겠습니다."

이 말을 들은 블리디미르 대공은 로마 가톨릭보다는 콘스탄티노플의 그리스 정교에 마음이 끌려 그것을 받아들이기로 결정했다는 것입니다.

비잔틴 제국이 건설한 하기야 소피아의 비현실적인 장엄함과 아름다움을 설명하기 위해 인용하는 이 일화를 통해 우리는 러시아가 정교 국가가 된 배경도 함께 이해할 수 있습니다.

블라디미르가 그리스 정교를 받아들인 것을 다른 시각에서 해석하기도 합니다.

블라디미르는 어머니의 낮은 신분 때문에 출신에 대한 콤플렉스를 갖고 있었는데, 그 문제를 비잔틴 제국의 왕녀와 결혼함으로써 해결하려고 했다는 것입니다.

당시 비잔틴 제국의 황제였던 바실리우스 2세Basilius II는 부하들의 반란으로 위태로워지자 주변 나라들에 도움을 요청합니다. 이때 키예프 공국의 블라디미르 대공이 제일 먼저 도움의 손길을 내밉니다. 그가 바실리우스 2세를 돕고자 한 것은 순수한 마음에서가 아니라, 비잔틴 제국과 혼인 관계를 맺기 위함이었습니다. 당시 비잔틴 제국에는 바실리우스 2세의 누이동생인 안나 공주가 있었는데, 블라디미르가 노린 것은 바로 그녀였습니다.

블라디미르는 안나와의 결혼을 조건으로 군사적 도움을 주겠다고 제안합니다. 발등의 불을 끄는 것이 당장 급했던 바실리우스 2세는 블라디미르가 세례를 받고 그리스 정교를 받아들인다면 안나와의 결혼을 승낙하겠다고 합니다.

그 약속을 믿고 블라디미르는 군사를 보내 바실리우스 2세를 구하는데, 문제는 안나 공주였습니다. 그녀가 낯선 땅으로 시집가는 걸 거부하는 바람에 약속을 지키지 못하게 된 것입니다. 그러자 화가 난 블라디미르는 비잔틴 제국의 영토인 헤르소네스Chersonesos(현재의 세바스토폴)를 점령해버립니다.

비잔틴 제국은 그제야 화들짝 놀라 부랴부랴 블라디미르와 안나의 결혼을 추진합니다. 그리고 헤르소네스로 주교를 보내 블라디미르에게 세례를 주었는데, 현재의 성 블라디미르 성당이 바로 블라디미르 대공이 세례를 받은 곳으로 알려져 있습니다.

공식적으로 그리스 정교를 수용한 것은 블라디미르 대공이기 때문에 러시아 정교에서는 그를 성인으로 여깁니다. 그러나 지나칠 정도로 여자를 좋아하고 세속적인 문제에 집착했던 블라디미르에게 깊은 신앙심이 있었을 거라고는 생각하기 어렵습니다. 오히려 대공비가 되어 러시아 땅을 밟은 안나가 그리스 정교의 전파에 큰 공을 세운 것으로 보입니다. 그러나 러시아 사람들 입장에서는 외국인이었던 안나에게 정교 전파의 공을 돌리고 싶지 않아 블라디미르와 그의 할머니인 올가Olga를 성인으로 추앙하는 게 아닌가 합니다.

Viktor M. Vasnetsov, '블라디미르의 세례'　　　작자 미상, '성 블라디미르와 성녀 올가'

안톤 로센코, '블라디미르와 로그네다'(9번 방)

블라디미르 대공과 로그네다의 결혼

상트페테르부르크 아카데미 회원이었던 안톤 로센코Anton Losenko는
'블라디미르와 로그네다Vladimir and Rogneda'라는 제목의 작품을 남겼습니다. 9번 방에 걸려 있는 이 그림은 최초로 러시아 민족사에서 소재를 취한 18세기 작품으로 평가받습니다.

그림 속의 남자는 러시아에 처음으로 그리스 정교를 받아들인 블라디미르 대공이며, 로그네다란 이름의 그림 속 여인은 한때 그의 부인이었습니다. 그림을 보면 블라디미르가 로그네다에게 뭔가를 간곡히 호소하는 듯한데, 자신과 결혼해달라고 청혼하는 것일까요?

젊은 시절 블라디미르가 로그네다에게 청혼한 것도 맞고, 둘이 한때 부부의 인연을 맺은 것도 사실이지만, 내막을 알고 보면 별로 낭만적인 사랑이 못됩니다. 비정하고 잔혹하다는 표현이 오히려 적절할 것입니다. 그에 대해 알아봅시다.

키예프 러시아의 대공이었던 스뱌토슬라프는 세 명의 아들을 두었는데, 맏아들이었던 야로폴크에게는 알짜배기인 키예프를 물려주고, 막내인 블라디미르에게는 상대적으로 규모가 작은 노브고로드를 물려주었습니다. 그러니 블라디미르로서는 불만이 있었을 것입니다. 게다가 야로폴크가 친동생인 올레그(스뱌토슬라프의 둘째 아들)를 죽이고 동생의 영토인 드레블랴닌을 차지하는 것을 보았으므로 경계심이 더욱 커졌습니다.

블라디미르는 중립적 입장이던 폴라츠크Polatsk(현재의 벨라루스)를 자

기편으로 끌어들여 도움을 받을 목적에서 폴라츠크의 통치자인 로그볼로드Rogvolod에게 중매쟁이를 보냅니다. 로그볼로드의 딸인 로그네다와 결혼하고 싶다는 뜻을 전하도록 한 것입니다.

그런데 똑같은 이유로 야로폴크도 로그네다에게 청혼한 상태였습니다. 로그볼로드는 딸의 뜻을 따르기로 하고 의중을 물었는데, 로그네다는 야로폴크를 선택합니다. 그녀로서는 스뱌토슬라프의 맏아들로 키예프 공국을 상속받은 야로폴크 쪽이 더 낫다고 판단했을 테지요. 게다가 블라디미르는 공식적인 역사서에조차 부인과 첩이 수백 명이었다고 기록될 정도로 소문난 난봉꾼이었으니, 로그네다로서는 야로폴크를 선택할 수밖에 없었을 것입니다.

청혼을 거절당한 블라디미르는 분노하여 군사를 몰아 폴라츠크로 달려갑니다. 그리고는 로그네다의 가족을 몰살시키고, 그녀를 강제로 취했다고 합니다. 폴라츠크를 짓밟아 폐허로 만들었다고도 하는군요.

Boris Chorikov, '블라디미르를 죽이려 하는 로그네다'

그렇게 부부의 인연을 맺어 둘 사이에서는 자식들도 태어났지만, 블라디미르의 손에 부모형제를 잃고 조국이 멸망당하는 것을 지켜봐야 했던 로그네다의 가슴에는 원한이 사무쳤을 게 분명합니다.

게다가 블라디미르가 비잔틴 제국의 황녀

인 안나와 결혼하기 위해 자신과의 결혼을 무효로 하려고 하자, 자식들의 앞날을 걱정한 그녀는 남편을 죽이기로 마음먹습니다. 그러나 암살 계획은 실패로 돌아가고 아들의 강력한 저항 덕분에 겨우 목숨을 건진 로그네다는 추방되었는데, 자신의 고국인 폴라츠크로 돌아가 새로운 나라를 세우는 데 헌신하다가 세상을 떠났다고 합니다. 참으로 파란만장한 삶을 산 여인이었던 것입니다.

파벨 안드레예비치 페도토프, '소령의 구혼'(13번 방)

소령의 구혼

13번 방에 있는 파벨 안드레예비치 페도토프Pavel Andreyevich Fedotov의 '소령의 구혼The Major Makes a Proposal'이란 그림을 감상하여 봅시다.

오른쪽 문밖에 서 있는 이가 제목에 등장하는 주인공인 소령입니다. 나이가 들었고, 어쩐지 거들먹거리는 인상이군요. 그리고 문 안으로 들어온 붉은 옷을 입은 여인은 중매쟁이로, 손에 돈주머니를 들고 있습니다. 그녀는 흰 수염이 난 노인에게 문밖에 소령이 와 있음을 알리고 있는데, 청혼을 받는 처녀의 아버지인 노인의 표정이 영 착잡해 보이는군요.

이 그림에서 가장 중요한 인물은 흰 드레스를 입은 젊은 여인입니다. 달아나려는 자세로 보이는데, 절망적인 표정이 안쓰럽습니다. 문밖에 와 있는 신랑감이 너무 나이 든 사람이라서일까요, 아니면 사랑하는 사람이 따로 있기 때문일까요.

달아나려는 그녀를 붙잡는 여인은 어머니인데, 탐욕스러운 표정으로 그려졌습니다. 어떻게 해서든 이 결혼을 성사시키고야 말겠다는 단호한 의지가 엿보입니다. 그리고 왼쪽으로는 식사 시중을 드는 하녀와 주변 인물들이 이 상황을 놓고 수군거리는 모습이 보입니다.

그런데 이 그림이 의미하는 바는 무엇일까요. '청혼'이라는 정중하고 진지해야 할 이벤트가 이렇게 당사자에게는 달아나고 싶은 괴로운 사건이고, 주변 사람들에게는 호기심 어린 구경거리가 된 까닭은 무엇일까요.

그에 대한 설명을 중매쟁이의 손에 들린 돈주머니가 해줍니다. 이 결혼은 남녀의 사랑으로 이루어지는 게 아니라, 돈을 매개로 거래되는 속물적인 결합이라고 말입니다. 소령도, 중매쟁이도, 처녀의 어머니도 다 그런 속물적인 인간들인데, 처녀만이 안타깝게도 낭만적인 사랑을 꿈꾸는 순진한 사람으로 보입니다.

그러니까 이 그림은 당시 러시아 사회에서 유행하던 '거래에 의한 결혼'을 비판적인 시각에서 기록한 것으로 볼 수 있습니다.

이 그림과 함께 감상하면 좋을 듯한 그림이 30번 방에 있으므로 소개합니다. '결혼 전Before the Wedding'이란 제목이 붙어 있는데, 신부가 될 아가씨가 슬프게 우는 모습입니다. 당시 처녀들에게 결혼이란 달콤하고 설레는 일만은 아니었던가 봅니다.

Firs Zhuravlev, '결혼 전'(30번 방)

수산나와 장로들

『구약성서』〈다니엘서〉에는 목욕하는 아름다운 여인을 훔쳐본 사람들에 대한 이야기가 나옵니다. 목욕하는 밧세바를 훔쳐보았던 다윗왕의 경우와 비슷합니다.

바빌론에 사는 요아힘은 부유하면서 명망 높은 인물이었습니다. 그에게는 수산나라고 하는 아름다운 부인이 있었지요. 그녀는 외모가 아름다울 뿐만 아니라 정숙했고, 신앙심도 두터웠다고 합니다.

하루는 그녀가 목욕하고 있었는데, 두 명의 재판관이 그 모습을 훔쳐보고는 아름다움에 반해 음욕을 품게 되었습니다. 그들은 수산나에게 자신들에게 몸을 허락하도록 강요하다가 말을 듣지 않으니 그녀가 외간 남자와 간통하는 걸 목격했다고 거짓으로 신고했습니다. 여인의 부정한 행위는 용서받지 못하던 시절이었기 때문에 그녀는 사형당할 위기에 놓이게 됩니다.

그러나 일의 자초지종을 알고 있는 신이 무죄한 수산나를 죽게 하지는 않습니다. 지혜로운 다니엘을 보내 사실관계를 다시 심문하도록 만듭니다.

다니엘은 두 재판관을 분리한 다음, "수산나가 간통하는 것을 어디서 보았는가?"라고 질문합니다. 이 질문에 두 사람은 서로 다른 대답을 함으로써 그들의 거짓말이 들통났고, 수산나는 사형당할 위기에서 벗어나게 됩니다. 수산나를 무고한 두 명의 재판관이 도리어 형장의 이슬로 사라졌다고 하는군요.

국립 러시아 박물관 15번 방에 소장된 그리고리 라프첸코Grigory Lapchenko의 '수산나와 장로들Susanna and the Elders'은 바로 그 이야기를 담고 있습니다.

그런데 별로 아름다울 것 없는 이 이야기를 그림으로 남긴 화가들이 의외로 많습니다. 그 이유는 무엇일까요.

그리고리 라프첸코, '수산나와 장로들'(15번 방)

Pyotr Vasilyevich Basin 作

기독교적 세계관이 지배하던 중세의 엄격한 사회 분위기를 벗어난 르네상스 시기에, 인체의 아름다움을 표현하는 것은 화가들의 주된 관심사였습니다. 그러나 여인의 알몸을 그리는 것은 자칫하면 음란하다는 비난을 받을 수 있는 모험이었습니다. 그래서 화가들은 조심스러운 태도로 벗은 몸을 그려도 되는 인물이나 사건을 성서 속에서 찾았는데, 수산나나 밧세바는 목욕하다가 말썽이 난 경우였으므로 화가들의 구미에 잘 맞았습니다. 성서에 있는 이야기를 그리는 것이니까 종교적으로도 큰 문제가 안 되었지요.

　　이렇게 살살 물꼬가 트인 누드화가 나중에는 성서와 관련 없는 인물들로까지 범위가 확대되면서 중세의 억압에서 완전히 벗어나게 된 것입니다.

Pier Leone Ghezzi 作　　　　Artemisia Gentileschi 作

표도르 브루니, '청동뱀'(15번 방)

미켈란젤로, '청동뱀'(시스티나 예배당 천장화)

모세의 청동 뱀

    15번 방에 있는 표도르 브루니Fyodor Bruni의 '청동뱀The Brazen Serpent'은 이집트를 탈출한 유대인들이 모세의 인도 아래 가나안 땅을 향해 가던 중에 일어난 사건을 그린 것입니다. 이때 모세는 뱀에 물려 고통받는 사람들을 위해 청동 뱀을 만들어 경배하게 하여 치료했다고 합니다. 이게 무슨 사연을 담고 있는 이야기인지 알아볼까요.

    이집트에서 노예 생활하는 유대인들을 불쌍하게 생각한 하느님은 모세를 보내 그들을 구해낸 다음, 광야를 지나 가나안 땅으로 가도록 했습니다. 그런데 고달픈 광야에서의 생활이 생각보다 길어지자 사람들은 하느님과 모세를 원망하기 시작했습니다.

    사람들의 불평불만이 하늘에 닿자 괘씸하게 생각한 하느님은 불뱀fiery serpent을 보냅니다. 사람들은 불뱀에 물려 목숨을 잃기 시작했지요.

    그러자 사람들은 모세를 원망했던 것은 잊고, 다시 불뱀을 퇴치해달라고 애원합니다. 모세는 하느님에게 어리석은 사람들을 용서해 달라고 간절히 기도드리지요. 그러자 하느님은 "불뱀의 형상을 청동으로 만들어 장대 위에 매달고 불뱀에 물린 사람들이 그것을 보면 살게 되리라."라고 알려줍니다. 모세가 그렇게 하자 실제로 불뱀에 물린 사람들이 살아났다는 이야기가 『구약성서』〈민수기〉에 실려 있는데, 그 내용을 그린 그림이나 조각이 많이 남아 있습니다.

    바티칸의 시스티나 예배당 천장에 그려진 그림도 같은 내용을 담고 있습니다.

나를 잡지 마라

  국립 러시아 박물관에는 기독교 관련 그림도 많이 소장되어 있는데,
정교회의 이콘 유형과 일반적인 성화 유형으로 나누어 볼 수 있습니다.
그 가운데 15번 방에 있는 '부활 후 마리아 막달레나 앞에 나타난 그리
스도Christ's Appearance to Mary Magdalene after the Resurrection'는 후자에 속합니다.
그림의 내용은 제목 그대로 부활한 예수와 마리아 막달레나란 여인이
조우하는 장면을 그린 것인데, 러시아 화가인 알렉산드르 안드레예비
치 이바노프Alexander Andreyevich Ivanov의 작품입니다.

안드레예비치 이바노프, '부활 후 마리아 막달레나 앞에 나타난 그리스도'(15번 방)

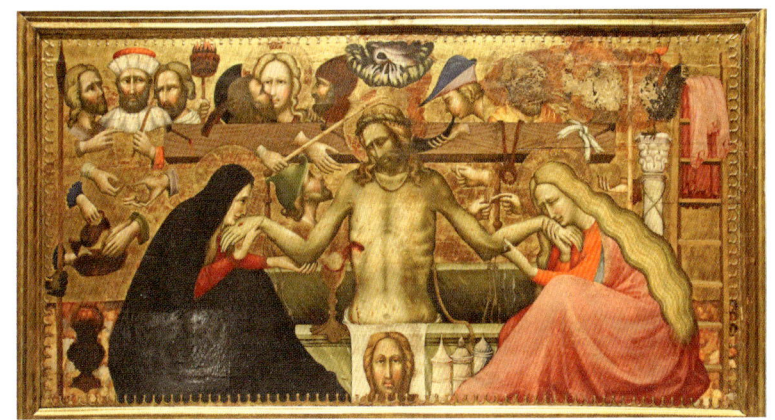

십자가에서 내려진 예수와 마리아 막달레나. 왼쪽의 검은색 옷을 입은 여인이 성모 마리아, 오른쪽의 붉은색 옷을 입은 여인이 마리아 막달레나이다.(피렌체 아카데미아 미술관 소장)

　성서에 의하면, 부활한 예수를 맨 처음 발견한 것은 마리아 막달레나란 여인이었습니다. 그녀는 예수의 제자로 여겨집니다. 예수가 십자가에서 죽을 때 끝까지 자리를 지켰으며, 장례를 지낼 때도 함께 했다고 합니다. 그림 속에서 검은색 옷(혹은 푸른색 옷)을 입은 여인은 예수의 어머니인 성모 마리아로, 금발의 젊은 여인은 마리아 막달레나로 보는 것이 일반적입니다.

　예수는 십자가 위에서 사망했고, 바위 무덤에 안장된 지 사흘 만에 부활했다고 합니다. 그런데 부활한 예수를 제일 먼저 만난 사람이 마리아 막달레나인 것입니다. 그녀는 예수의 무덤을 찾아갔다가 무덤이 빈 것을 보고 예수의 제자인 베드로와 요한에게 알립니다. 그리고는 예수의 시신을 잃어버렸다고 생각하여 슬퍼하고 있는데, 그녀 앞에 예수가 나타납니다. 자신 앞에 서 있는 이가 설마 예수일 거라고는 상상도 못하고 "이 무덤 속의 시신이 어디로 갔는지 아느냐?"고 물었다고 합니다. 그녀가 예수를 정원사로 착각했다 하여, 그 상황을 그린 그림 중에

Abraham Janssens, 'Noli Me Tangere'
(됭케르크 미술관 소장)

Pietro da Cortona, '마리아 막달레나 앞
에 나타난 예수'(에르미타주 박물관 소장,
현재 전시는 하지 않음)

는 예수를 정원사의 모습으로 묘사한 작품도 많습니다.

뒤늦게 자신의 눈앞에 서 있는 이가 예수인 것을 알아차린 마리아 막
달레나가 옷을 붙잡으려 하자 예수는 "내가 아직 내 아버지에게 가지
못했으니 나를 잡지 마라." 하며 뿌리쳤다고 합니다. 이를 미술에서는
'놀리 메 탄게레Noli Me Tangere(나를 잡지 마라)'라고 하여 하나의 유형으로
분류합니다. 앞에서 본 알렉산드르 안드레예비치 이바노프의 작품도
여기에 속합니다.

자, 1층을 다 보았으니 이제는 아래층(G층)으로 내려가 관람하도록
하겠습니다. 계단을 보고 섰을 때 오른쪽으로 들어가면 18번 방부터 전
시실이 시작됩니다.

바실리 2세의 결혼

바실리 2세의 결혼식 장면을 그린 파벨 페트로비치 치스탸코프Pavel Petrovich Chistyakov의 그림이 18번 방에 있습니다.

그림의 내용은 이러합니다. 왼쪽 윗자리에 앉아 있는 젊은 부부가 오늘 행사의 주인공인 바실리 2세Vasily II, Василий II 부부입니다. 바실리 2세는 야로슬라프 보롭스키의 딸 마리아 보롭스카야Maria Borovskaya, Мария Боровская와 결혼했습니다.

파벨 페트로비치 치스탸코프, '바실리 2세의 결혼식에서 바실리 코소이의 허리띠를 풀어 보이는 소피아'(18번 방)

화면 중앙에 보이는 소피아 비톱토브나 Sophia Vitovtovna, Софья Витовтовна는 신랑의 어머니이며, 그녀에게 허리띠를 빼앗기는 바실리 코소이 Vasily Kosoy는 신랑의 사촌입니다. 그리고 화면 왼쪽의 드미트리 셰먀카 Dmitry Shemyaka 역시 신랑의 사촌이지요.

이날의 결혼식에서 해프닝이 있었던 것으로 보입니다. 신랑의 어머니인 소피아가 조카인 바실리의 허리띠를 풀어 사람들에게 보이는데, 주변 사람들이 몹시 당황해하는 표정인 것을 보면 말입니다.

Carl Jacob Wilhelm Huhn, '바실리 코소이를 폭로하는 소피아(Grand Duchess Sophia exposing Vassily Kosoy)'

당시의 기록이 별로 없어 이 해프닝의 원인을 명확히 알기는 어렵지만, 바실리 코소이가 허리에 띠고 있던 벨트가 문제가 된 것을 알 수 있습니다. 명예롭고 신성하게 여겨진 이 허리띠는 본래 드미트리 돈스코이가 물려받았다가 분실했는데, 아들의 결혼식 날 조카 바실리가 착용한 것을 본 소피아가 분개하여 "이것은 절도다."라며 빼앗아 사람들에게 보이는 장면이라고 합니다. 다른 화가가 그린 그림에도 똑같은 상황이 있어 흥미롭습니다.

여기서는 바실리 2세 일가를 중심으로 그 당시 러시아의 상황에 대해 알아보겠습니다.

드미트리 돈스코이는 1359년부터 1389년까지 모스크바 공국을 통치했습니다. 그의 업적으로 가장 중요한 일은 1380년 돈 강 인근 쿨리코보Kulikovo에서 타타르군을 대파한 것입니다. 그의 이름 뒤에 붙은 '돈

Ryzhenko Pavel Viktorovich, '쿨리코보 전투'

바실리 1세   바실리 1세와 리투아니아의 소피아

스코이'는 이 일을 영광스럽게 기리기 위해 붙인 것입니다. 당시 러시아의 여러 공국은 타타르의 침략으로 많은 어려움을 겪고 있었기 때문에 그가 거둔 승리는 의미가 큰 것이었습니다. 그래서 그를 '쿨리코보 전투의 영웅'이라고 하며, 모스크바 공국은 이 승리를 바탕으로 위상을 확립할 수 있었습니다.

　드미트리 돈스코이의 아들인 바실리 1세는 아버지가 확립해 놓은 모스크바 공국의 위상을 지키며 주변 공국들을 병합해나갔습니다. 특히 그는 토흐타미시Tokhtamysh(칭기즈칸의 손자인 오르다 칸의 후손으로 백장 한국의 마지막 칸)에게 인질로 잡혀가 있던 동안 타타르의 사정을 잘 파악해 두어 이후의 대응에 유리했다고 합니다.

　그는 리투아니아 대공 비타우타스의 딸 소피아와 결혼했는데, 이는 리투아니아와의 우호적인 관계를 통해 나라를 안정시키고자 함이었습니다.

바실리 1세와 소피아 사이에서 태어난 여러 명의 자녀 중에서 후계자가 된 것은 막내아들인 바실리 2세였습니다. 바실리 1세의 아들들이 다 어렸을 때 죽고 오직 바실리 2세만 남았기 때문입니다. 바실리 1세가 죽었을 때 바실리 2세는 10살에 불과했기 때문에 직접 통치할 수 없었습니다. 그래서 어머니인 소피아가 섭정을 맡고

바실리 2세

외할아버지인 리투아니아의 비타우타스Vytautas 대공이 후견인 역할을 하기도 했지만, 권력 투쟁을 막을 수는 없었습니다. 특히 바실리 2세를 위협했던 인물들이 바로 그림에 나오는 바실리 코소이와 드미트리 세먀카였습니다. 그들의 아버지인 유리Yury Dmitrievich, Юрий Дмитриевич는 형인 바실리 1세가 사망한 후 권력 쟁탈에 나서 조카인 바실리 2세를 추방했으며, 그 후에도 사촌들이 끈질기게 바실리 2세를 공격했습니다. 재위 기간 내내 골육상잔의 투쟁을 해야 했던 바실리 2세는 그 와중에 장님이 되었으므로 별칭이 '맹인 바실리Vasily II the Blind'입니다.

앞에서 본 그림은 바실리 2세의 결혼식 때, 바실리 코소이가 드미트리 돈스코이의 허리띠를 띠고 있는 것을 본 신랑의 어머니 소피아가 아들에 대한 도전으로 여겨 분노하는 장면으로 보입니다.

바실리 2세는 비록 내우외환에 시달렸지만 노브고로드에 대해 우월한 지위를 차지하는 등, 모스크바 공국의 역사에서 최초의 절대군주라는 평을 받는 인물입니다.

이반 4세와 영국 대사

　알렉산더 리토우첸코Alexander Litovchenko의 그림에, 이반 4세가 영국의 엘리자베스 1세가 보낸 대사를 접견하는 장면을 그린 게 있습니다. 18번 방에 걸려 있는 바로 이 작품입니다. 그림의 내용은 이반 4세가 자신의 보물을 영국 대사에게 보여주는 것인데, 아마도 보물을 과시함으로써 열등감을 상쇄하려고 하는 것 같습니다. 이반 4세 당시 엘리자베스 1세의 영국은 '해가 지지 않는 제국'을 건설하며 유럽의 최강국으로 군림한 반면, 러시아는 유럽 변방의 약소국에 지나지 않았기 때문입니다.

알렉산더 리토우첸코, '이반 4세와 영국 대사'(18번 방)

그렇다면 실제로 이반 4세 당시 러시아와 영국은 교류를 한 것일까요?

성군과 폭군의 두 얼굴을 가졌던 이반 4세는 안으로는 강력한 통치력을 발휘하여 내정을 안정시키고 밖으로는 영토 확장을 통해 러시아의 위상을 드높였습니다.

이반 4세는 1553년에 러시아 땅(오늘날의 아르한겔스크Archangelsk)에 표류한 영국 상인들을 만나게 됩니다. 북해를 통해 동방으로 진출할 수 있는 해로를 찾으려던 영국의 상인 챈슬러Richard Chancelour 일행이었지요.

이반 4세는 이들과의 만남을 계기로 영국과의 무역을 통해 러시아가 원하는 것을 얻는 문제에 대해 생각하게 되었습니다. 정복 전쟁에 필요한 무기야말로 그가 원하는 가장 중요한 물품이었습니다.

그런 까닭에 영국과 러시아 사이에 교역이 시작되었고, 러시아는 영국으로부터 필요한 전쟁 물자를 사들이기 시작합니다. 이반 4세는 더 나아가 1556년에 영국으로 대사를 보내 두 나라가 공수攻守 동맹을 맺자고 제의했으나 거부되었다고 합니다.

여담이긴 합니다만, 엘리자베스 1세의 시녀인 메리 헤이스팅스와 혼인하는 문제를 놓고 영국 대사와 협의한 적도 있다고 하는데, 혹시 알렉산더 리토우첸코의 그림이 그때의 상황을 묘사한 것은 아닌지 모르겠습니다.

마르타와 마리아 자매를 방문한 예수

　예수는 생전에 마르타와 마리아란 이름의 자매를 찾아간 적이 있다고 합니다. 그녀들은 죽었다가 예수에 의해 부활한 기적으로 유명한 '베다니의 나자로Lagarus of Bethany'의 누이들이었습니다.

　예수가 그녀들을 방문한 사실은 〈누가복음〉에도 기록되어 있어 많은 화가가 다루었는데, 21번 방에 있는 헨릭 세미라드즈키Henryk Siemiradzki가 그린 '마르타와 마리아 자매를 방문한 예수Christ with Martha

헨릭 세미라드즈키, '마르타와 마리아 자매를 방문한 예수'(21번 방)

and Maria`도 그중의 하나입니다.

예수의 방문과 관련된 일화는 주로 예수를 대하는 자매의 대조적인 태도에 초점이 맞춰져 있습니다. 즉, 귀한 손님인 예수를 대접하기 위해 동분서주하는 마르타와, 예수의 말을 듣기 위해 그 곁을 지키는 마리아를 통해 예수가 더 귀하게 여기는 것이 무엇인가를 설명하는 것입니다.

예수는 자신이 바쁘게 일하는데도 돕지 않는 마리아를 비난하는 마르타를 향해 "마르타야, 너는 많은 일을 염려하고 걱정하는구나. 그러나 필요한 것은 한 가지뿐이다. 마리아는 좋은 몫을 선택하였다." 하며 자신을 대접하려고 애쓰는 마르타보다 자신의 말에 귀 기울여주는 마리아를 더 높게 평가했다고 합니다. 두 소녀의 태도에 대한 평가는 사람마다 다를 수 있겠지만, 하여튼 예수는 마리아를 더 기특하게 생각한 것입니다. 물론 그렇다고 하여 귀한 손님을 대접하기 위해 노심초사한 마르타가 잘못했다는 뜻은 아닙니다. 마르타는 훗날 집사, 요리사, 영양사, 주부, 호텔 경영자, 가정부, 여관 주인, 세탁업자 등의 수호성인이 되기 때문입니다.

헨릭 세미라드즈키의 그림 속에서 예수의 발치에 앉아 말을 듣고 있는 소녀가 마리아이며, 저만치에서 일을 하느라 바쁜 이가 마르타입니다.

같은 주제를 다룬 다른 화가의 작품 두 점을 비교하며 감상해 봅시다.

Johannes Vermeer 作
(스코틀랜드 내셔널
갤러리 소장)

Diego Velázquez 作 (런던 내셔널 갤러리 소장)

헨릭 세미라드즈키, '프리네'(21번 방)

참고로, 국립 러시아 박물관의 같은 방에는 헨릭 세미라드즈키의 또다른 작품이 있습니다. '프리네Phryne'라는 제목의 그림인데, BC 4세기경에 아테네에 살았던 한 아름다운 여인을 소재로 한 것입니다. 프리네란 이름의 이 여인은 고급 창부娼婦였는데, 하도 아름다워서 아프로디테에 버금간다는 칭송을 들었다고 합니다. 한 번은 죄를 짓고 법정에 서게 되었는데, 배심원들이 "아름다움에는 죄가 없다."며 석방했다는 이야기가 전합니다.

간음한 여인과 예수

　간음한 여인을 예수에게 데리고 온 사람들과 그들에게 간결한 한마디를 던져 곤혹스런 상황을 해결한 예수의 이야기는 널리 알려져 있습니다. 32번 방의 바실리 폴레노프Vasily Polenov의 그림 '간음한 여인과 예수Jesus and the woman taken in adultery'는 그 일화를 담고 있습니다.

바실리 폴레노프, '간음한 여인과 예수'(32번 방)

〈요한복음〉에 예수를 적대시했던 바리새인Pharisee들이 간음한 여인을 끌고 오는 장면이 있습니다. 그들은 예수에게 와서 "이 여인이 간음을 하였소. 어떻게 처리하면 좋겠소?"라고 묻습니다.

이 장면에서 우리는 한 가지 궁금증이 생깁니다. 그들은 왜 하필 예수를 찾아와 그걸 물은 걸까요. 예수가 재판관도 아닌데 말이죠.

예수는 율법에 집착하는 바리새인들을 위선자라고 꾸짖었기 때문에 그들은 예수를 싫어했습니다. 그래서 예수를 골탕 먹일 생각으로 간음한 여인 문제를 끌어들인 것입니다.

유대인에게 헌법만큼 중요한 모세의 율법에 의하면, 간음한 여인은 돌로 쳐 죽이도록 되어 있었습니다. 그러나 예수가 살았던 당시는 로마 제국의 식민지 상태였기 때문에 로마법을 준수해야 했습니다. 로마법에 의하면 사람을 죽일 수 있는 판결을 내릴 수 있는 권한은 총독에게만 있었습니다.

그러니 예수가 간음한 여인을 모세의 율법에 따라 죽이라고 하면 로마법을 어기는 것이 되며, 평소에 사랑과 용서를 주장하던 그의 가르침에도 어긋나게 됩니다. 그렇다고 로마법을 지켜야 한다며 발뺌하면 모세의 율법을 어기는 것이 되는 것입니다. 바리새인들이 노린 것은 바로 그 점이었지요.

조반니 도메니코 티에폴로, '예수에게 끌려온 간음한 여인'(마르세유 미술관 소장)

예수는 그들의 속셈을 알아차리고 땅바닥에 이렇게 썼다고 합니다.

'너희들 중에 죄 없는 자가 먼저 이 여인에게 돌을 던지라.'

그러자 기세등등하던 바리새인들이 하나둘 슬금슬금 달아났다는 것입니다. 세상에 죄 없는 사람은 없을 테니까요.

조반니 도메니코 티에폴로Giovanni Domenico Tiepolo의 그림도 그 내용을 담고 있습니다. 예수가 땅바닥에 '너희들 중에 죄 없는 자가 먼저 이 여인에게 돌을 던지라.'고 쓰는 것을 정확히 묘사했군요.

야이로 딸을 살림

국립 러시아 박물관에는 러시아 사람들이 사랑하는 화가인 일리야 예피모비치 레핀Ilya Yefimovich Repin의 작품이 여러 점 소장되어 있습니다. 19세기 러시아 사실주의 회화의 거장으로 평가받는 일리야 레핀은 상트페테르부르크에서 그림을 공부하고 활동했습니다. 스승인 이반 크람스코이Ivan Nikolaevich Kramskoy로부터 그림의 기초뿐만 아니라 예술의 사회적 책임도 함께 배웠다고 합니다.

스승의 영향을 받은 그는 러시아 역사와 민중의 삶에 깊은 관심을 가졌으며, 러시아적 가치와 전통에 바탕을 둔 작품들을 즐겨 발표했습니다.

비록 국립 러시아 박물관에는 없지만, 그의 작품 '아무도 기다리지 않았다Unexpected Return'는 러시아의 역사와 일리야 레핀의 미술 세계를 함께 이해하는 데 도움이 되므로 간략히 설명하겠습니다.

일리야 레핀, '아무도 기다리지 않았다'

차르 체제에 저항하다 유형을 떠났던 젊은 혁명가가 집으로 돌아옵니다. 그런데 그를 맞는 가족들의 표정을 보면 반가움과 환영의 분위기보다는 오히려 경계하거나 두려워하는 기색이 느껴집니다.

젊은 가장인 혁명가는 자신의 신념에 따라 행동한 대

가로 유형 생활을 한 뒤 끝내 가족의 품으로 돌아왔지만, 그를 맞이하는 가족들의 복잡하고 미묘한 표정으로 미루어 볼 때 새로운 갈등이 빚어질 것만 같습니다.

일리야 레핀은 '아무도 기다리지 않았다'를 통해 혁명가의 영웅적인 활약상과 그에 대한 찬양을 드러내기보다는, 내면의 고뇌와 주변 사람들의 희생을 사실적으로 보여주려고 했던 것입니다.

33번 방에 있는 일리야 레핀의 '야이로 딸을 살림Raising of Jairus' Daughter'은 예수가 보인 기적에 관한 이야기를 담고 있습니다. 〈누가복음〉과 〈마가복음〉에 그에 관한 이야기가 실려 있는데, 죽은 야이로의 딸을 예수가 살려냈다는 것입니다. 레핀은 이 작품으로 아카데미 졸업 작품전에서 금상을 받았고 일급 공식화가 자격을 취득했으며 우수 연수생으로 6년간 해외 유학의 기회를 얻었다고 합니다.

야이로Jairus는 가버나움Capernaum(이스라엘의 갈릴리 바닷가에 있는 마을)에서 살았으며, 그의 이름은 '그는 깨우치신다(빛나게 하신다)'는 뜻이라고 합니다. 가버나움은 예수가 가난하고 병든 자들을 많이 치료해 준 곳입니다.

그 마을에서 가장 큰 회당의 주인인 야이로가 예수를 찾아간 까닭은, 딸이 위독해졌기 때문이었습니다. 예수는 아버지로서 딸을 살리기 위해 간절히 애원하는 야이로를 보고는 그의 집으로 가기로 합니다. 그런데 가는 도중에 혈루증에 시달리던 여인을 만나 지체하게 됩니다. 오랜 세월 동안 피가 흐르는 병에 시달린 한 여인이 예수에게 하소연하고, 예수가 그녀를 불쌍히 여겨 치료해 주는 과정에서 시간을 지체하게 된 것입니다.

일리야 레핀, '야이로 딸을 살림'(33번 방)

조지 퍼시 자콤 후드, '야이로 딸을 살림'

로마 카타콤 벽에 그려진 '혈루증 여인을 치료하는 그리스도'

예수가 야이로의 집에 닿기도 전에 그의 딸이 죽었다는 소식이 전해 졌습니다. 모두들 낙담하고 포기하려 했지만 예수는 야이로를 안심시 키며 그의 집으로 가서 이미 죽은 아이를 살려냈다고 합니다.

일리야 레핀의 그림과 같은 제목으로 그림을 그린 화가들이 많습니다. 조지 퍼시 자콤 후드George Percy Jacomb-Hood도 그중의 한 사람입니다.

그리고 야이로 딸의 병을 치료해 주려 가는 길에 만난 혈루증 여인의 이야기도 그림으로 남아 있습니다. 로마 카타콤Catacomb(초기 기독교 신자 들의 지하 묘지) 벽에 그려진 그림을 감상해 봅시다.

사드코

33번 방에 있는 일리야 레핀의 '사드코Sadko, Садко'는 11세기 무렵에 노브고로드Novgorod 지방에서 회자膾炙되던 해양 민담을 소재로 한 작품입니다.

전하는 이야기에 따르면, 사드코는 러시아의 민속 악기인 구슬라 gusla를 연주하는 음유吟遊 시인이었습니다. 가난하지만 명랑하고 용기 있는 사람이었다고 하는군요.

한번은 그가 부유한 상인들과 내기를 한 적이 있습니다. 노브고로드 근처에 있는 일멘Ilmen 호수에서 황금 물고기를 낚는 내기였는데, 사드코가 지면 목숨을 내놓고 상인들이 지면 거액의 돈을 내놓는 조건이었습니다.

사드코가 호숫가에서 악기를 연주하며 노래 부르자 바다 왕의 딸인 볼호바Volkhova가 반한 나머지 황금 물고기를 낚을 수 있도록 도와줍니다. 볼호바의 도움으로 뜻을 이룬 사드코는 다시 찾아오겠다고 약속한 다음, 그녀와 헤어집니다. 상인들과의 내기에서 이긴 사드코는 큰돈을 벌게 되었고, 그는 그 돈으로 큰 배를 사서 부자가 됩니다.

그런데 한번은 그가 배를 타고 북해를 지나는데 풍랑이 거세지고 폭풍우가 몰아쳐 배가 앞으로 나갈 수 없게 되었습니다. 그러자 선원들은 "바다 왕이 화가 나서 생긴 일이니 그를 달래기 위해 제물을 바쳐야 한다."고 주장하며, 제비뽑기로 바다 왕에게 제물로 바칠 사람을 뽑자고 합니다. 제비뽑기에서 제물로 뽑힌 사람이 사드코였지요. 실제로 자신의 딸을 버리고 간 사드코에게 화가 나서 바다 왕이 풍랑을 일으킨 거였다니, 제물을 제대로 뽑은 셈이 되었습니다.

바다 밑바닥에 가라앉은 사드코는 악기를 연주하여 바다 사람들을 매혹시키고, 자신을 기다린 볼호바와 결혼합니다. 그러자 바다 왕의 노여움이 가라앉아 풍랑도 잦아들게 되었지요.

사드코가 풍랑을 잠재우자 이번에는 뱃사람들의 수호신인 성 니콜라스가 격노합니다. 사드코가 자신의 체면을 깎았다고 생각했기 때문입니다. 그래서 사드코의 악기를 빼앗아 부수고, 조강지처가 있는 집으로 당장 돌아가라고 명령합니다. 그리고 결혼한 남자인 사드코를 볼호바가 유혹했다는 이유로 그녀를 볼호프 강Volkhov(볼호프 강변에 노브고로드 시가 있다)으로 만들어버렸다고 합니다.

그 뒤로 사드코는 무역으로 많은 돈을 벌어 아내 류바바Lyubaba와 행복하게 살았다고 하는군요.

일리야 레핀의 '사드코'는 사드코가 바닷속 사람들 앞에서 노래를 부르는 장면을 그린 것으로 보입니다.

일리야 레핀, '사드코'(33번 방)

세 젊은이의 목숨을 구하는 미라의 성 니콜라스

34번 방에 있는 일리야 레핀의 '세 젊은이의 목숨을 구하는 미라의 성 니콜라스Saint Nicholas of Myra saves three innocents from death'를 감상해 봅시다. 참수용 칼을 잡고 만류하는 그림 중앙의 노인이 바로 성 니콜라스입니다.

선행의 아이콘인 성 니콜라스에 대해서는 많은 이야기가 알려져 있습니다. 가난하여 시집을 못 가는 세 자매를 위해 남몰래 굴뚝으로 금화를 던져 넣어 주었다는 이야기(그 돈이 벽난로에 걸려있던 양말에 들어가면서, 크리스마스 전날 밤 양말에 선물을 넣어두는 관습이 유래되었다고 함)나, 어린이들을 사랑하여 선물 주는 일을 즐겼다는 이야기 등이 그러합니다. 그가 성탄절을 대표하는 이미지인 산타클로스의 유래가 된 것은 그런 선행 때문입니다.

난파선의 선원들을 자주 구해주었다는 이야기도 전합니다. 거기에 더하여 해적에게 인질로 잡힌 사람들을 구하기 위해 자신이 가진 재산을 내놓았다고도 하는데, 그가 뱃사람들의 수호성인이 된 것은 다양한 위기에 빠진 뱃사람들을 최선을 다해 구해냈기 때문일 것입니다.

그밖에 참수 당할 위기에 빠진 무죄한 젊은이들을 구한 이야기도 전합니다. 러시아 박물관 34번 방에 있는 이 그림이 그와 관련 있어 보이며, 아씨시Assisi의 성 프란체스코 성당에 있는 팔메리노 디 귀도palmerino di guido의 그림 또한 같은 주제를 다룬 것입니다. 그리고 죽음의 위기에 놓인 어린이들을 구한 이야기도 전하는데, 바티칸 박물관에 소장된 젠틸레 다 파브리아노Gentile da Fabriano의 그림이 그런 일화와 관련이 있는

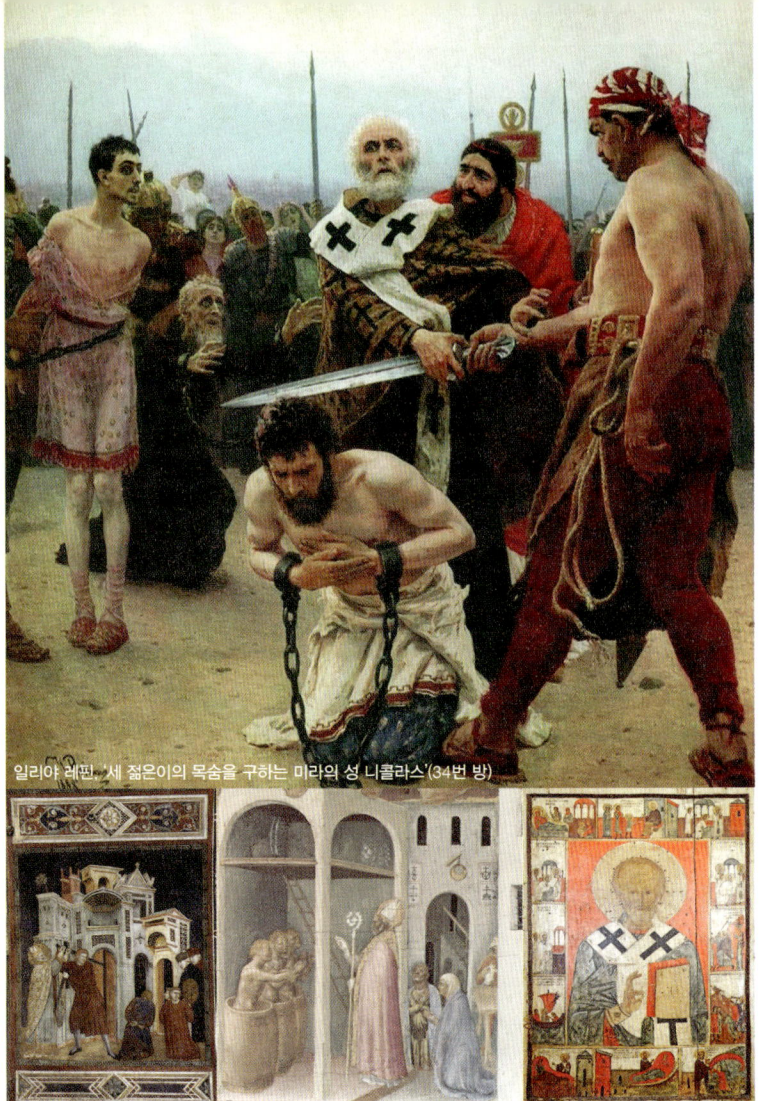

일리야 레핀, '세 젊은이의 목숨을 구하는 미라의 성 니콜라스'(34번 방)

팔메리노 디 귀도, '참수당할
위기에 처한 무죄한 세 젊은
이를 구하는 성 니콜라스'
(아씨시의 성 프란체스코
성당 소장)

젠틸레 다 파브리아노, '죽을 위기에 빠진
어린이들을 구하는 성 니콜라스'(바티칸
박물관 소장)

작자 미상, '성 니콜라스의 일생'
(1번 방)

것 같습니다. 이래저래 그는 선행의 아이콘인 것이 분명합니다.

참고로, 국립 러시아 박물관의 1번 방에는 성 니콜라스의 일생을 담
은 그림이 있으니 함께 감상하면 좋겠습니다.

터키 술탄에게 답장을 쓰는 자포로제 코사크인들

　자포로제 코사크인Zaporozhian Cossacks들이 터키 술탄에게 답장을 쓰는 장면을 그린 일리야 레핀의 그림은 유머러스하고 시끌벅적한 분위기입니다. 전해지는 이야기도 그림 못지않게 저속하면서 짓궂습니다.

　1676년 오스만 제국의 술탄 메메트 4세는 현재의 우크라이나 지방에 살고 있던 자포로제 코사크인들에게 편지를 보냅니다. 이런 내용이었다고 합니다.

일리야 레핀, '터키 술탄에게 답장을 쓰는 자포로제 코사크인들(Reply of the Zaporozhian Cossacks)'
(34번 방)

술탄이자 무함마드의 아들, 해와 달의 형제, 하느님의 손자이자 대리자, 상·하 이집트, 예루살렘, 바빌론, 마케도니아 왕국의 국왕, 황제 중의 황제, 왕 중의 왕, 패배를 모르는 최고의 기사, 예수의 무덤을 지키는 신념의 수호자, 신으로부터 선택받은 제왕, 무슬림들의 희망이자 기쁨, 기독교의 확고한 방어자인 짐은 너희 자포로제 코사크인들에게 명하노니, 너희들은 앞으로 어떠한 저항도 하지 말고 자발적으로 짐에게 복종하며 무의미한 공격으로 짐의 심기를 건드리지 않도록 하라.

이런 무례하고 강압적인 명령조의 편지가 효과를 내려면 보내는 쪽의 국력이 월등히 강해야 합니다. 그러나 이 무렵 오스만 제국은 자포로제 코사크인들의 침략을 받아 크게 패한 뒤였으니 편지의 주체가 뒤바뀐 셈이었던 것입니다.

메메트 4세의 편지를 받은 코사크인들의 답장이 전해지기는 하는데, 문장이 너무 저속하고 천박하여 차마 인용할 수 없습니다. 도저히 입에 담을 수 없는 욕설로 도배된 내용인데, 답장을 쓰고 있는 코사크인들의 표정을 보면 어느 정도 짐작되리라고 생각됩니다.

그러면 그토록 치욕스러운 답장을 받은 오스만 제국의 술탄 메메트 4세Sultan Mehmet IV는 누구일까요. 초상화를 제외하고는 이렇다 할 기록이 없는 것으로 볼 때 역사에 남을 만한 업적이 없는 사람인 것 같습니다. 공연히 사나운 코사크인들에게 말도 안 되는 편지를 보냈다가 욕만 잔뜩 얻어먹은 일로 사람들의 입에 오르내리니 딱한 노릇입니다.

알프스를 넘는 알렉산드르 수보로프

바실리 수리코프Vasily Surikov가 그린 '1799년에 알프스를 넘는 수보로프Suvorov Crossing the Alps in 1799'라는 제목의 박진감 넘치는 그림을 봅시다. 그림의 왼쪽에 흰말을 타고 있는 이가 수보로프 장군입니다.

알렉산드르 바실예비치 수보로프Aleksandr Vasiljevich Suvorov는 '단 한 번도 패전하지 않은 장수'라는 별칭을 갖고 있을 정도로 전설적인 영웅입니다. 1789년 도나우 강 유역에서 벌어진 터키와의 전투에서는 25,500여 명으로 10만 명이 넘는 적군을 격파했다니 그의 군사적 능력을 짐작할 수 있습니다. 그는 지휘관으로 참전한 전투마다 눈부신 승리를 거둬 조국에 영광을 선사했지만, 당시의 황제인 파벨 1세와는 사이가 좋지 않았다고 합니다. 사람을 믿지 못하는 파벨 1세의 개인적 성향과 군인으로서의 자부심이 강한 수보로프가 부딪친 까닭이었습니다.

1799년 2월, 보로비치Borovichi 근교의 콘찬스코에Konchanskoe에서 은거 중인 수보로프를 전장으로 불러낸 것은 파벨 1세였습니다. 고분고분하지 않은 수보로프를 파벨 1세는 싫어했지만, 전쟁을 승리로 이끌기 위해서는 그가 꼭 필요했기 때문입니다.

36번 방에 걸린 그림 속의 수보로프는 북이탈리아를 침략한 나폴레옹의 군대를 물리치기 위해 눈 쌓인 알프스를 넘어가고 있는 것으로 보입니다. 이때의 전투, 즉 이탈리아 노비Novi에서 벌어진 전투는 러시아군의 승리로 끝나고 수보로프는 러시아군 최고 사령관에 임명되었으며, 사르데냐 왕으로부터 '사보이 왕가의 공작prince of the House of Savoy'이라는 칭호를 받았습니다. 그런데 파벨 1세는 큰 승리를 거둔 수보로프를 위해 성대한 개선 환영식을 준비하다가 돌연 취소해 버렸는데, 이에 상심했기 때문인지 수보로프는 앓아 누었다가 세상을 떠났다고 합니다. 그는 우리나라의 이순신 장군만큼이나 위대하지만 불운한 군인이었던 것 같습니다.

바실리 수리코프, '1799년에 알프스를 넘는 수보로프'(36번 방)

1901년 5월 7일, 창립 100주년 기념 국가평의회 개최

'1901년 5월 7일, 창립 100주년 기념 국가평의회 개최Formal Session of the State Council on May 7, 1901, in honour of the 100th Anniversary of Its Founding'라는 긴 제목을 달고 있는 이 그림은 일리야 레핀의 작품입니다. 54번 전시실의 한쪽 벽면을 꽉 채울 정도로 굉장한 대작이지요.

이 그림에는 모두 81명의 인물이 등장하는데, 한 명 한 명의 개성이

전시실 한쪽 벽면을 꽉 채운 그림

생생하게 표현되어 있습니다. 그림에서 가장 중요한 인물이라고 할 수 있는 니콜라이 2세는 상대적으로 표정이 모호한 편이지만, 나머지 인물들은 표정이나 자세가 자연스럽고 사실적입니다. 초상화가로서도 이름 높았던 일리야 레핀의 실력이 유감없이 발휘되고 있는 것입니다.

그렇다면 1901년 5월 7일에 창립 100주년을 맞았다는 국가평의회는 어떤 기구일까요.

국가평의회가 1901년에 창립 100주년이 되었다면, 1802년에 창립되었다는 뜻입니다. 이때는 알렉산드르 1세(1801~1825년 재위)가 즉위한 직후이지요.

부친인 파벨 1세가 암살당한 뒤 황위를 계승한 알렉산드르 1세는 개혁이 필요하다는 사실을 잘 알고 있었습니다. 농노제 폐지를 시도한다든지, 외국과의 교류를 허용하고 출판의 자유를 허락하는 등의 정책을 편 것이 그 증거입니다. 국가평의회 창립도 그러한 시도 중의 하나였습니다.

그는 근대적인 내각 제도를 도입하여 하나의 부서를 한 명의 장관이 책임지도록 하였는데, 이는 현재의 관료 제도와 비슷한 것이었습니다. 또한 원로원을 부활시켜 국가 원로들이 황제에게 자문하고 견제할 수 있도록 하였는데, 일리야 레핀이 그린 그림 속 회의는 당시 최고의 사법 및 행정 기관의 역할을 맡았던 원로원의 회의를 가리키는 것으로 보입니다.

회의가 열린 장소는 상트페테르부르크에 있는 마린스키 궁전의 원형 회의실이라고 하며, 회의가 열린 날은 제목에 나오는 대로 1901년 5월 7일입니다.

국가평의회 창립 100주년이라는 중요한 사건을 기록으로 남기기 위해 당대 최고의 화가였던 일리야 레핀에게 제작을 의뢰하여 탄생한 것이 바로 이 작품인 것입니다.

일리야 레핀, '1901년 5월 7일, 창립 100주년 기념 국가평의회 개최'(54번 방)

전시실 양쪽 벽면으로는 일리야 레핀이 회의에 참석한 인물들의 초
상화를 그린 것을 전시하고 있으니 참고삼아 보면 좋을 것입니다.

회의에 참석한 인물들을 그린 일리야 레핀의 초상화

3장

그리스도 부활 성당

Cathedral of the Resurrection of Christ
Собор Воскресения Христова
Sobor Voskreseniya Khristova

황제가 암살당한 자리에 세워진 피의 사원 ❶

상트페테르부르크에는 양파 모양의 독특한 지붕이 시선을 붙잡는 아름다운 건물이 있습니다. 모스크바에 있는 성 바실리 성당St. Basil's Cathedral, Собор Василия Блаженого을 닮은 이 건물의 정식 명칭은 '그리스도 부활 성당Cathedral of the Resurrection of Christ, Собор Воскресения Христова'입니다.

이름에 걸맞게 성당의 외부에는 예수의 수난과 부활에 관한 모자이크 그림들이 그려져 있습니다.

그러나 이곳은 '피의 사원/피의 구원 성당Church of the Saviour on the Blood, Храм Спаса на Крови'이라는 이름으로 더 알려졌는데, 러시아 제국의 열두 번째 황제인 알렉산드르 2세가 암살당한 자리에 세워졌기 때문입니다. 성당 안에는 그가 쓰러진 장소에 그를 기리는 닫집Ciborium이 세워져 있습니다.

알렉산드르 2세의 아들로 황위를 계승한 알렉산드르 3세는 비명에 간 아버지를 위해 성당을 세우기로 합니다. 그는 즉위(1881년)한 지 2년이 지난 뒤인 1883년에 공

알렉산드르 2세가 암살당한 위치에 세워진 닫집

사를 시작하였는데, 그의 당대에 완공되지는 못했습니다. 1907년에 완공되었으니 러시아 제국의 마지막 황제인 니콜라이 2세 때의 일이지요. 그리 오래된 건물은 아닌 셈입니다.

1907년에 완공되기는 했지만 일반에게 공개된 것은 오래되지 않았고, 현재는 박물관 용도로 이용되기 때문에 미사가 진행되지는 않는다고 합니다.

그리스도 부활 성당은 한 권의 거대한 성경책이라고 할 수 있습니다. 글자를 모르는 신자들을 위해 성서의 내용을 그림이나 조각으로 표현하는 전통은 초기 기독교 당시부터 있었으므로, 성당 안에 성서 관련 그림이 있는 경우는 동서고금을 막론하고 매우 흔합니다. 그러나 그리스도 부활 성당은 다른 곳에서 비슷한 예를 찾기 어려울 정도로 건물 내부 전체가 그림으로 뒤덮여 있습니다. 벽과 천장에 조금의 빈틈도 없다고 보면 되겠습니다. 성서의 내용을 모르는 사람에게는 단지 아름다운 미술 작품으로 보이겠지만, 기독교 신자에게는 은총이 가득한 공간이 될 것입니다.

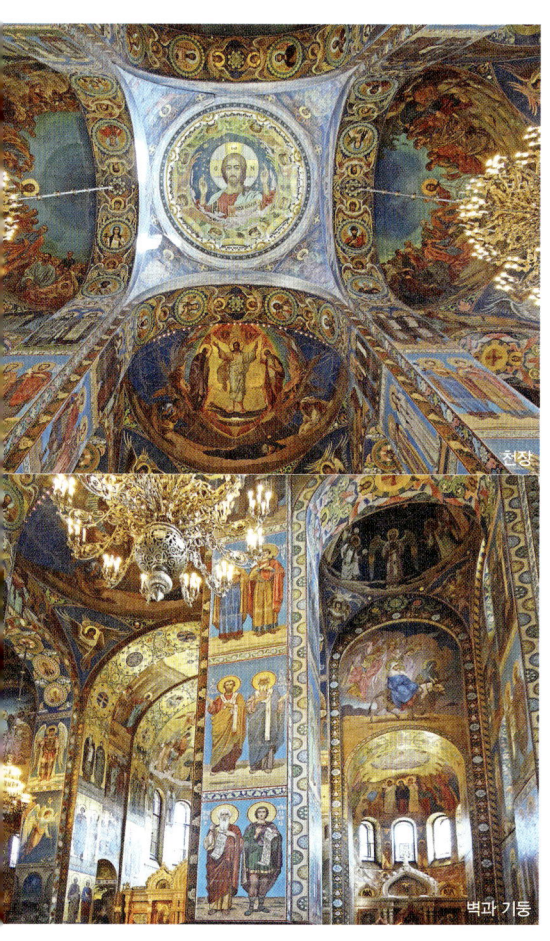

천장

벽과 기둥

알렉산드르 2세 암살 사건

알렉산드르 2세는 크림 전쟁Crimean War(1853~1856년)이 한창 진행 중이던 1855년에 황제의 자리에 올랐습니다. 나이팅게일이 부상병을 간호하기 위해 뛰어든 전쟁으로 유명한 이 전쟁은 러시아에게 뼈아픈 상처를 남겼습니다. 그런 전쟁의 와중에 즉위했다는 것은, 알렉산드르 2세의 입장에서는 가시밭길에 들어선 것이나 다름없었지요.

크림 전쟁에 대해 간략하게나마 알아보고 넘어갑시다.

크림 전쟁은 흑해 쪽으로 삐죽 뻗어 나온 크림 반도에서 벌어진 전쟁이므로 그렇게 부릅니다. 전쟁의 당사자는 러시아 제국과 오스만 제국이었지만, 러시아의 남하 정책을 저지하려는 영국과 프랑스(프로이센과 사르데냐 연합군도 가담)가 오스만 제국의 편을 들어 국제 분쟁으로 번진 전쟁입니다.

나폴레옹을 궁지로 몰아넣었던 알렉산드르 1세 때의 '조국 전쟁(프랑스의 대륙 봉쇄령을 거부한 러시아를 응징하기 위해 나폴레옹이 모스크바를 침공하였다가 패퇴한 전쟁. 패전의 책임을 지고 나폴레옹은 엘바 섬으로 귀양 감)' 이후 군사적 자신감을 가졌던 러시아는 연합군의 공격에 무기력하게 무너지고 맙니다. 난공불락이라고 여겨졌던 세바스토폴Sevastopol 요새가 함락당하면서 러시아는 격랑에 휘말리게 되는데, 알렉산드르 2세는 바로 그런 절체절명의 위기 속에서 황제가 된 것입니다.

크림 반도의 위치

Franz Roubaud, '세바스토폴 포위
(The Siege of Sevastopol)'

어려운 시기에 황제가 된 알렉산드르 2세는 초기에는 농노 해방, 구식 사법 제도 개혁, 도시의 제한적 자치 허용, 국민 개병제皆兵制 도입 등 과감한 개혁을 단행했습니다. 이 중에서 특히 1861년에 이루어진 농노 해방은 러시아의 역사에서 중요한 의미를 갖는 사건이었습니다. 그러나 개혁 조치로 인해 특권을 잃을까 두려워한 귀족들의 반발에 부딪혀 대부분의 개혁은 완성되지 못했습니다.

그러자 이번에는 황제의 개혁 정책으로 러시아가 근대화되기를 기대했던 세력들이 실망하게 됩니다. 황제로서는 안팎으로 공격을 받게 된 셈이지요.

그 뒤로 황제는 심각한 수준의 암살 위협을 받게 되었으며, 황제가 가는 곳에는 사람이 없다는 말이 나올 정도였습니다.

1881년 3월 13일, 알렉산드르 2세는 마차를 타고 현재의 그리스도 부활 성당 근처를 지나고 있었습니다. 그때 폭탄이 터졌습니다. 첫 번째 폭발 때 호위병들이 죽고 마부는 크게 다쳤지만, 나폴레옹 3세가 선물한 방탄 마차를 타고 있던 황제는 무사했다고 합니다. 그런데 자신을 호위하던 사람들이 쓰러진 것을 본 황제가 마차 밖으로 나왔을 때 두 번째 폭발이 일어나 알렉산드르 2세는 그 자리에서 폭사爆死합니다. 황제 암살 사건을 주도한 세력은 급진적인 개혁을 요구하던 '인민의 의지意志파'로 알려졌고, 거사 후 주모자 5명(젤라보프, 페로프스카야, 리사코프, 키발리티티, 미하일로프)은 형장의 이슬로 사라졌습니다.

그린이 미상, '알렉산드르 2세의 암살'

성당 외부를 장식하고 있는 이콘들 ②

그리스도 부활 성당은 화려한 모자이크화가 가득한 내부를 감상하는 것이 방문의 주된 목적이기는 하지만, 외부를 장식하고 있는 이콘들 또한 볼 만한 가치가 충분하니 먼저 외부부터 살펴봅시다.

그리스도 부활 성당은 카잔 대성당과 가까운 거리에 있기 때문에, 대개 카잔 대성당을 먼저 본 다음 운하를 따라 나 있는 길을 걸어 그리스도 부활 성당에 닿게 됩니다. 그럴 경우 제일 먼저 남쪽 면을 만나게 되며 이곳에 성당의 출구가 있습니다.

남쪽 면에서 눈여겨 볼만한 것으로는 아름다운 지붕이 단연 으뜸이지만 그것을 제외하고도 정면 상단의 모자이크 그림 '영광의 그리스도Christ in Glory'와 출구 쪽 문 위의 '림보로 내려가심The Descent into Limbo', 출구의 뾰족지붕 뒤쪽으로 보이는 '요아킴과 안나와 함께 있는 성모자The Mother of God with the child and Holy Righteous Ancestors of God Joachim and Anna', 그리고 작은 창들에 그려진 천사들과 성인 성녀들의 모자이크 그림을 주목할 필요가 있습니다.

두 번째 그림에서 말하는 '림보Limbo'란, 지옥과 천국 사이에 있으며 기독교를 믿을 기회를 얻지 못했던 착한 사람, 또는 세례를 받지 못한 채 죽은 어린이의 영혼이 머무는 곳이라고 여겨지는 공간으로, 예수는 그곳

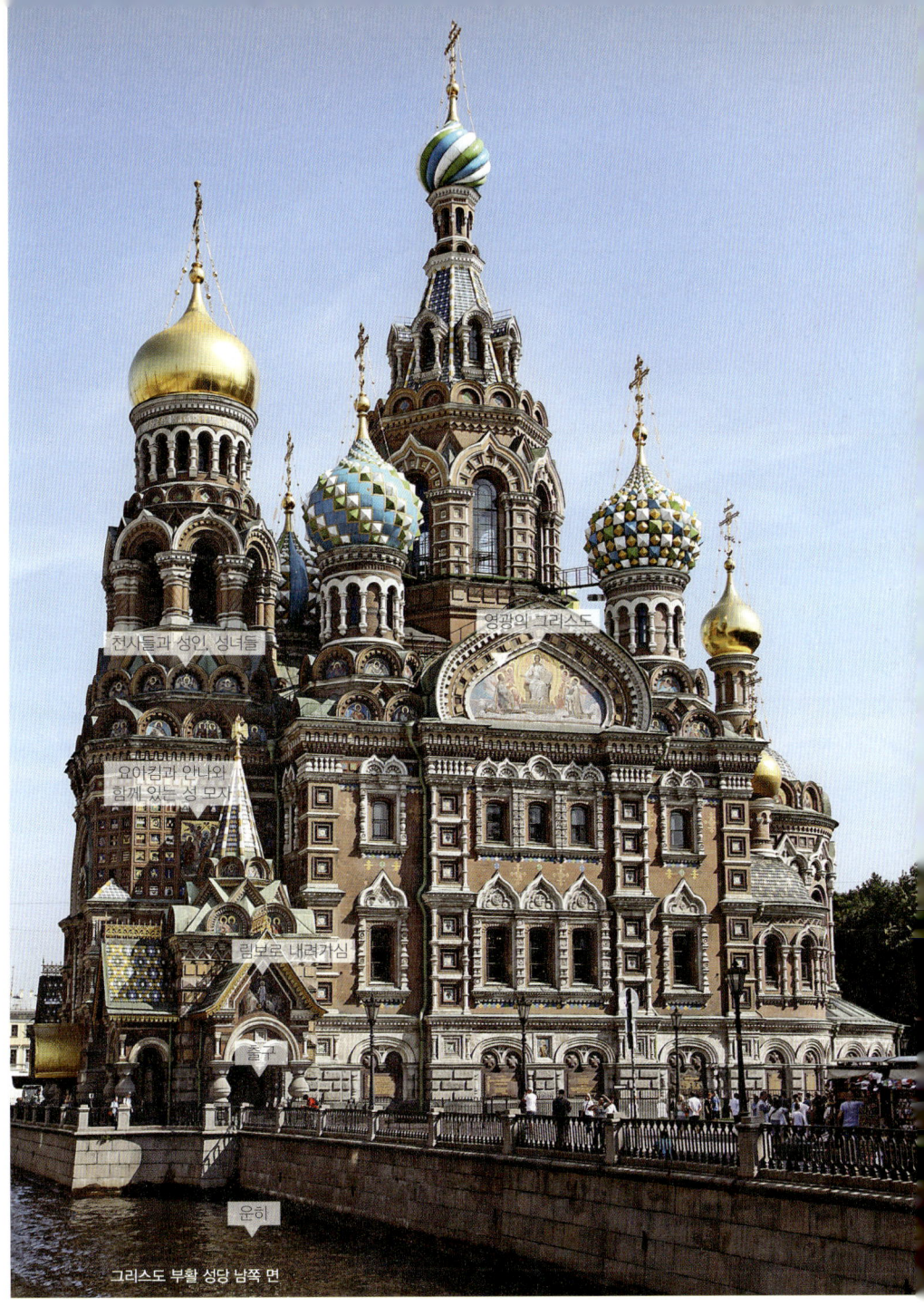

천사들과 성인, 성녀들

영광의 그리스도

요아킴과 안나와
함께 있는 성 모자

림보로 내려가심

출구

운하

그리스도 부활 성당 남쪽 면

'영광의 그리스도'

'림보로 내려가심'

'요아킴과 안나와 함께 있는 성모자'

천사와 성인 성녀의 모자이크 그림, 앞에 보이는 것은 러시아 제국의 국장인 쌍두 독수리

에 있는 선한 영혼들을 구하러 내려간 것입니다.

그리고 세 번째 그림에 등장하는 요아킴과 안나는 성모 마리아의 부모로, 예수에게는 외조부모가 되는 사람들입니다.

벽면 하단부에는 여러 개의 명판(Plaques, 사람이나 사건을 기리기 위해 이름과 날짜를 적어 벽에 붙여 놓은 물건)이 보이는데, 그 가운데 제2차 세계대전의 흔적이 남아 있는 것이 있습니다. 독일군이 상트페테르부르크를 공격할 때 훼손된 것이라고 하며, 성 이삭

제2차 세계대전 당시 독일군의 총에 맞아 훼손된 자국

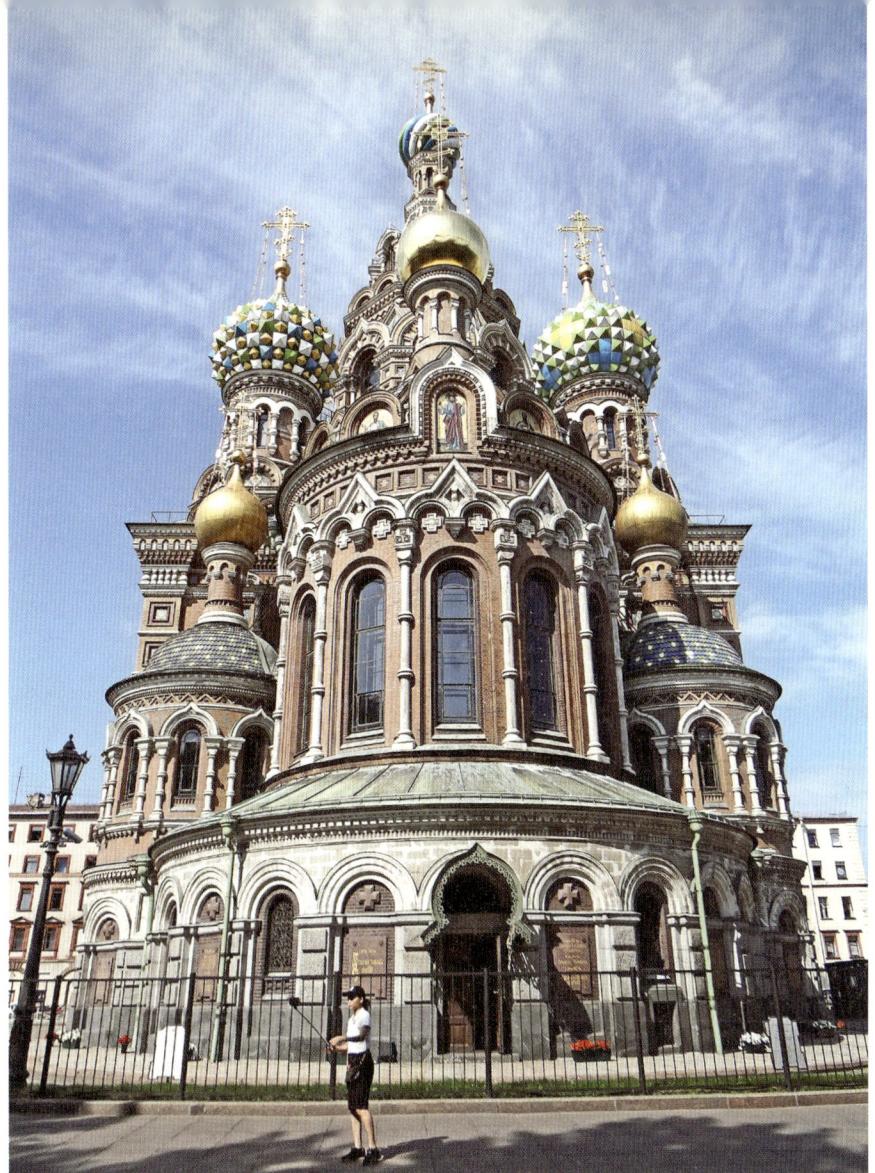

그리스도 부활 성당 동쪽 면

성당의 기둥에서도 그런 흔적을 찾아볼 수 있답니다.

　동쪽 면은 제단이 설치되는 방향이라, 외부에는 이렇다 할 장식이 없습니다. 이곳은 안에서 보아야 그 가치가 제대로 보입니다.

예수의 부활

마리아와 세례자 요한과
함께 있는 그리스도

십자가를 지고
가는 그리스도

입구

그리스도 부활 성당 북쪽 면

'예수의 부활'

'십자가를 지고 가는 그리스도'

'마리아와 세례자 요한과 함께 있는 그리스도'

북쪽 면에는 입구가 있으며, 예수의 수난과 부활에 관련된 그림들이 있습니다. 이쪽은 남쪽 면과 구조가 비슷한데, 정면 상단에는 '예수의 부활The Resurrection of Christ'이, 입구 쪽 문 위에는 '십자가를 지고 가는 그리스도Christ Bearing the Cross'가, 그 뾰족지붕 뒤쪽에는 '마리아와 세례자 요한과 함께 있는 그리스도The Christ with Holy Mother and John the Baptist' 가 있습니다. 작은 창문마다 천사와 성인 성녀의 모자이크화가 있는 것도 남쪽 면과 같습니다.

예수의 얼굴이 새겨진
천을 들고 있는 두 천사

성모 마리아   사도 요한

십자가에 매달린 예수

쌍두 독수리   악룡을 무찌르는
성 조지

그리스도 부활 성당 서쪽 면

서쪽 면은 운하 너머에서 보아야 합니다. 이곳은 제단이 있는 동쪽 면에 별다른 장식이 없는 것과는 달리 다양한 장식들이 있습니다.

위에서부터 살펴보자면, 두 명의 천사가 예수의 얼굴이 새겨진 천을 들고 있는 그림이 아치형 창문 위에 있고, 그 아래 창문 양쪽으로 성모 마리아(왼쪽)와 사도 요한(오른쪽)이 있습니다. 그리고 그 아래에는 십자가에 매달린 예수가 있는데, 가장 공들인 공간인 듯 황금빛이 찬란합니다. 십자가에 매달린 예수의 위쪽을 보면 하느님이 보이고, 하느님 아래로는 비둘기가 보입니다. 즉, 성부와 성자와 성령이 함께 있는 '삼위일체'를 표현한 것입니다. 십자가에 못 박힌 예수의 손 양쪽으로는 마리아와 사도 요한이 보이며, 예수의 옆구리 쪽으로는 러시아 정교회의

'예수의 얼굴이 새겨진 천을 들고 있는 두 천사'

성모 마리아

사도 요한

하느님

비둘기

마리아

사도 요한

성인

성녀

십자가에 매달린 예수

쌍두 독수리

악룡을 무찌르는 성 조지

십자가에서 죽은 예수와 슬퍼하는 사람들

십자가에서 내려지는 예수

성인과 성녀가 보입니다. 그리고 그 주변에는 쌍두 독수리, 악룡을 무찌르는 성 조지 등을 그린 작은 그림판이 붙어 있어, 이 성당이 러시아 제국의 황실과 깊은 관련이 있음을 알려줍니다.

그리고 서쪽 면에는 양쪽에 문이 나 있는데, 왼쪽 문 위에는 십자가에서 죽은 예수와 슬퍼하는 사람들이, 오른쪽 문 위에는 십자가에서 내려지는 예수가 그려져 있습니다.

외부 장식은 이 정도로 살펴보고, 이제 안으로 들어가 봅시다.

중앙 돔 내부와 그 주변 모자이크 3

그리스도 부활 성당의 외관상 가장 큰 특징은 양파 모양의 돔입니다. 돔마다 제각각 형태가 달라 설계자의 독창적 발상이 돋보이며, 건물의 아름다움을 극대화시켜 줍니다.

성당에 들어서면 중앙 돔에 가장 먼저 눈이 갑니다. 중앙 돔에는 케루빔cherubim(아기 천사들)에 둘러싸인 중년의 예수가 그려져 있습니다.

중앙 돔. 케루빔에 둘러싸인 예수가 중앙에 있음

중앙 돔과 그 주변

그는 두 손을 들고 있는데 이러한 손 모양은 축복을 내리는 걸 의미하며, 전형적인 판토크라토르의 자세입니다. 판토크라토르에 대해서는 중앙 제단 위의 그림을 설명할 때 하도록 하겠습니다.

그리고 펜던티브pendentive(정방형의 평면 위에 놓이는 원형의 돔을 지지하기 위해 사용한 삼각형 모양의 벽면)에는 4대 복음서 저자가 그려져 있는데, 그들의 머리 위에 보이는 날개 달린 사람(마태), 독수리(요한), 사자(마가), 소(누가)를 보면 구별할 수 있습니다.

예수의 변용

라파엘로, '예수의 변용'(바티칸 박물관 소장)

　참고로, 그리스도 부활 성당에 그려진 예수 그림을 보면 머리 뒤쪽으로 황금빛 십자가가 새겨진 후광이 보이고, 그 안에 '스스로 존재하는 분'이라는 뜻의 그리스 문자 'ΟΩΝ(오온)'이 새겨져 있습니다.

　중앙 돔을 4면으로 둘러싼 작은 반구에는 네 개의 중요한 그림이 있습니다. 각각 '예수의 변용', '예수가 복음을 전함', '예수의 예루살렘 입성', '오병이어五餠二魚의 기적'이 그것입니다.

　먼저, '예수의 변용-Transfiguration'부터 살펴봅시다.

　어느 날 예수는 베드로, 세베대의 아들 야고보, 요한만을 데리고 어느 산(예수의 모습이 변화한 산이라고 하여 '변화산'이라고 함)에 오른 일이 있습니다. 그때 예수의 모습이 변하는 것을 세 명의 제자가 목격했다는 일화가 바로 '예수의 변용'입니다. 예수의 얼굴이 태양처럼 빛나고, 옷은 눈처럼 흰색으로 변했다고 합니다. 선지자 엘리아와 모세가 나타나 예수와 이야기를 나눴다고 하므로, 예수의 변용을 그린 그림에는 항상 예수, 엘리아, 모세, 베드로, 세베대의 아들 야고보, 요한이 등장합니다. 이 그림 또한 마찬가지입니다.

복음을 전하는 예수

예수의 변용을 그린 그림 중에서 가장 유명한 작품은 라파엘로Raffaello가 그린 것으로 바티칸 박물관의 피나코테관에 소장되어 있습니다.

그 오른쪽으로는 예수가 사람들을 모아놓고 복음을 전하는 내용의 그림이 있습니다. 사람들이 진지한 태도로 듣는 모습이 인상적입니다.

다시 그 옆을 보면, '예수의 예루살렘 입성'이 보입니다.

유월절을 맞아 예수는 제자들과 더불어 예루살렘에 입성합니다. 그때 예수에 관한 소문을 들은 군중들이 종려나무 가지를 흔들며 "다윗의 자손께 호산나!"라고 외쳤다고 합니다. 열렬히 환영했다는 의미입니다. '호산나hosanna'란 말은 '구원하소서'라는 뜻의 히브리어이고, 예수를 일컬어 '다윗의 자손'이라고 한 것은 예수의 아버지(성령으로 잉태된 예수의 생부는 아니지만)인 요셉이 다윗의 혈통을 물려받았기 때문에 그렇게 부른 것입니다.

열렬히 환영하며 예수를 맞이했던 군중들은 예수가 자신들의 바람대로 급진적 변혁을 이룰 기미를 보이지 않자 실망한 나머지 빌라도의 법정으로 몰려가 "십자가형에 처하라."고 요구합니다. 예수의 예루살렘 입성(일요일)과 십자가에서의 죽음(금요일)이 유월절 안에 이루어졌으니, 불과 며칠 만에 군중들이 돌변한 셈입니다.

이 그림에서는 예수가 어린 나귀를 타고 가는 것에 주목할 필요가 있

예수의 예루살렘 입성 　　　　　　　　　　　다섯 개의 떡과 두 마리의 물고기로 오천 명을 먹이다

습니다. 나귀는 자신이 『구약성서』에 기록된 메시아임을 세상에 밝히기 위해 예수가 의도적으로 선택한 것이었습니다. 『구약성서』의 〈즈카르야서〉에 이런 기록이 있기 때문입니다.

'딸 시온아, 한껏 기뻐하여라. 딸 예루살렘아, 환성을 올려라. 보라, 너의 임금님이 너에게 오신다. 그분은 의로우시며 승리하시는 분이시다. 그분은 겸손하시어 나귀를, 어린 나귀를 타고 오신다.'

어린 나귀를 타고 예루살렘으로 들어서는 예수를 보며 군중들은 『구약성서』 속의 예언을 떠올렸을 것입니다. 그를 보며 크게 기대했던 것만큼 실망도 컸을 테고, 실망이 큰 만큼 잔혹해졌을 것으로 짐작됩니다.

마지막으로, '오병이어'의 일화를 담은 그림이 보입니다. 예수가 갈릴리호 주변에서 설교를 할 때 사람들이 구름떼처럼 몰려들었는데, 먹을 것이 없어 고민했다고 합니다. 그때 한 아이가 보리떡 다섯 개와 물고기 두 마리를 내놓아 예수가 축성을 한 후 나누어주자 5,000명이 먹고도 남았다는 내용입니다.

중앙 제단과 주변 모자이크

성당에서 제일 중요한 부분은 아무래도 중앙 제단입니다. 그리스도 부활 성당 또한 마찬가지이니 중앙 제단을 먼저 살펴봅시다.

제단 위쪽에 그려진 그림은 전형적인 판토크라토르Pantokrator 입니다. 판토크라토르란 '만물의 지배자인 그리스도'를 가리키는 말로, 가장 기본적인 형상은 머리가 길고 수염을 기른 장년의 예수가 앉은 자세로 오른손으로는 축복을 내리고 왼손에는 복음을 나타내는 책을 들고 있는 것입니다. 이 그림을 보면 판토크라토르의 조건을 모두 갖추었다는 것을 알 수 있습니다.

중앙 제단 천장의 판토크라토르

장사치들을
내쫓는 예수

중풍 환자를
치료함

판토크라토르

물을
포도주로
바꾸는
기적

열두
제자를
보내는
예수

야이로의
딸을 살린
예수

향유를 붓는
여인

수태고지의 대천사
가브리엘

최후의 만찬

수태고지의
마리아

성모자

제단 문

판토크라토르

중앙 제단 부분

중앙 제단 가림벽

제단 안쪽과 바깥쪽을 구분해주는 역할을 하는 가림벽은 러시아 정교회 성당에서 매우 화려하고 아름답게 만들어지는데, 그리스도 부활 성당도 예외가 아닙니다. 특히 가림벽의 중앙문은 귀한 재료를 아낌없이 사용하여 더없이 사치스럽게 보입니다.

문의 왼쪽에는 '자비의 성모Eleousa' 유형으로 보이는 성모자 그림과 '예수의 승천'이, 오른쪽에는 '판토크라토르'와 '림보로 내려간 예수'가 있습니다.

문을 자세히 들여다보면 여섯 개의 작은 그림이 붙어 있는데, 위의 두 개는 수태고지를 표현한 것(왼쪽은 대천사 가브리엘, 오른쪽은 마리아)이고, 그 아래의 네 개는 4대 복음서 저자들입니다.

여섯 개의 작은 그림이 붙어있는 중앙문

최후의 만찬

중앙문이 열렸을 때 보이는 제단 안쪽의 성체 성사 모자이크 문은 대개 닫혀 있기 때문에 제단 안쪽을 보기는 어렵지만, 자료 사진을 보면 벽면 가득 성체 성사The Eucharist를 표현한 모자이크 이콘화가 그려진 것을 알 수 있습니다. 성체 성사를 주관하는 이는 천사들에 둘러싸인 예수입니다. 문 위쪽의 '최후의 만찬' 그림도 놓치지 말고 확인해보세요.

중앙 제단 앞의 양쪽 기둥에는 수태고지를 표현한 그림이 있는데, 특이하게도 왼쪽 기둥에는 대천사 가브리엘이, 오른쪽 기둥에는 마리아가 그려져 있습니다. 두 장면을 합쳐야 일반적인 수태고지 그림이 됩니다. 왼쪽 그림의 아래에는 마리아의 순결을 상징하는 백합이, 오른쪽 그림의 위에는 하느님과 비둘기가 보입니다. 이것은 순결한 처녀인 마리아가 성부인 하느님의 뜻에 따라 성령(비둘기로 상징됨)으로 잉태함을 말해주는 것입니다.

수태고지(대천사 가브리엘)   수태고지(마리아)

그리고 중앙 제단 양쪽의 벽감에는 몇 가지 그림이 그려져 있는데, 왼쪽 맨 위에 있는 것은 '성전에서 장사치들을 내쫓는 예수'(혹은 '성전을 정화하는 예수'라고도 함)이고, 그 아래에 있는 것은 '열두 제자를 보내는 예수'입니다.

성전에서 장사치들을 내쫓는 예수

그리고 맨 아래에 있는 그림은 예수의 발에 향유를 붓는 여인을 그린 것인데, 예수가 바리새인 집에 초대받았을 때의 일과 관련이 있는 내용입니다.

예수는 평소 바리새인Pharisee을 가리켜 '규칙에 얽매어 선을 실천하는 일에 관심이 없는 위선자들'이라고 비난했으며, 바리새인들은 예수가 세리稅吏(세금을 징수하는 관리로 예수 당시에는 부정부패가 심해 사람들의 비난을 받음)나 죄인들과도 어울린다며 비난했습니다.

열두 제자를 보내는 예수

그런데 한번은 시몬이라는 바리세인이 예수를 초대하여 그 집에 간 일이 있었습니다. 그때 죄를 지어 마을 사람들로부터 따돌림당하는 처지의 여인이 찾아와 예수의 발에 입을 맞추고 향유를 부은 다음 자기의 머리카락으로 닦아주었다고 합니다.

사람들은 그 여인을 불결하게 여겼으므로, 예수가 그런 여인을 용납하는 것을 의아하게 생각했지요. 예수는 사람들에게 "이 여인이 진실로 죄 사함을 받았노라."라고 한 다음, 여인에게는 "네 믿음이 너를 구했으니 마음 편히 가라."고 했다 합니다.

예수의 발에 향유를 부은 바리새인 여인

중풍 환자를 고침

카나 마을 결혼식에서의 기적

야이로 딸을 살림

　맞은편 벽면(벽감 오른쪽)에도 관심을 갖고 보아야 할 그림들이 있습니다. 맨 위의 그림에는 'Christ Healing the Paralytic Lowered Through the Roof Tiles'란 제목이 붙어 있습니다. 예수가 가버나움에 머물 때 중풍환자가 치료를 받기 위해 찾아왔는데, 워낙 많은 사람들이 모여 있어 집 안으로 들어갈 수 없게 되자 사람들이 지붕을 뚫고 그를 안으로 들여 치료를 받을 수 있게 했다는 성서 속의 이야기를 표현한 것입니다.

　두 번째 그림은 'Wedding at Cana in Galilee'입니다. 카나 마을의 결혼식에서 포도주가 떨어져 사람들이 당황해하자, 예수가 물을 포도주로 바꾸는 기적을 행했다는 이야기입니다. 이것은 예수가 행한 첫 번째 기적으로 알려져 있기 때문에 기독교에서는 중요한 일화로 여깁니다.

　세 번째 그림은 예수가 죽은 야이로의 딸을 살린 이야기를 담고 있는데, 이에 대해서는 국립 러시아 박물관의 '야이로 딸을 살림' 편(167쪽)에서 설명했으므로 여기서는 생략합니다.

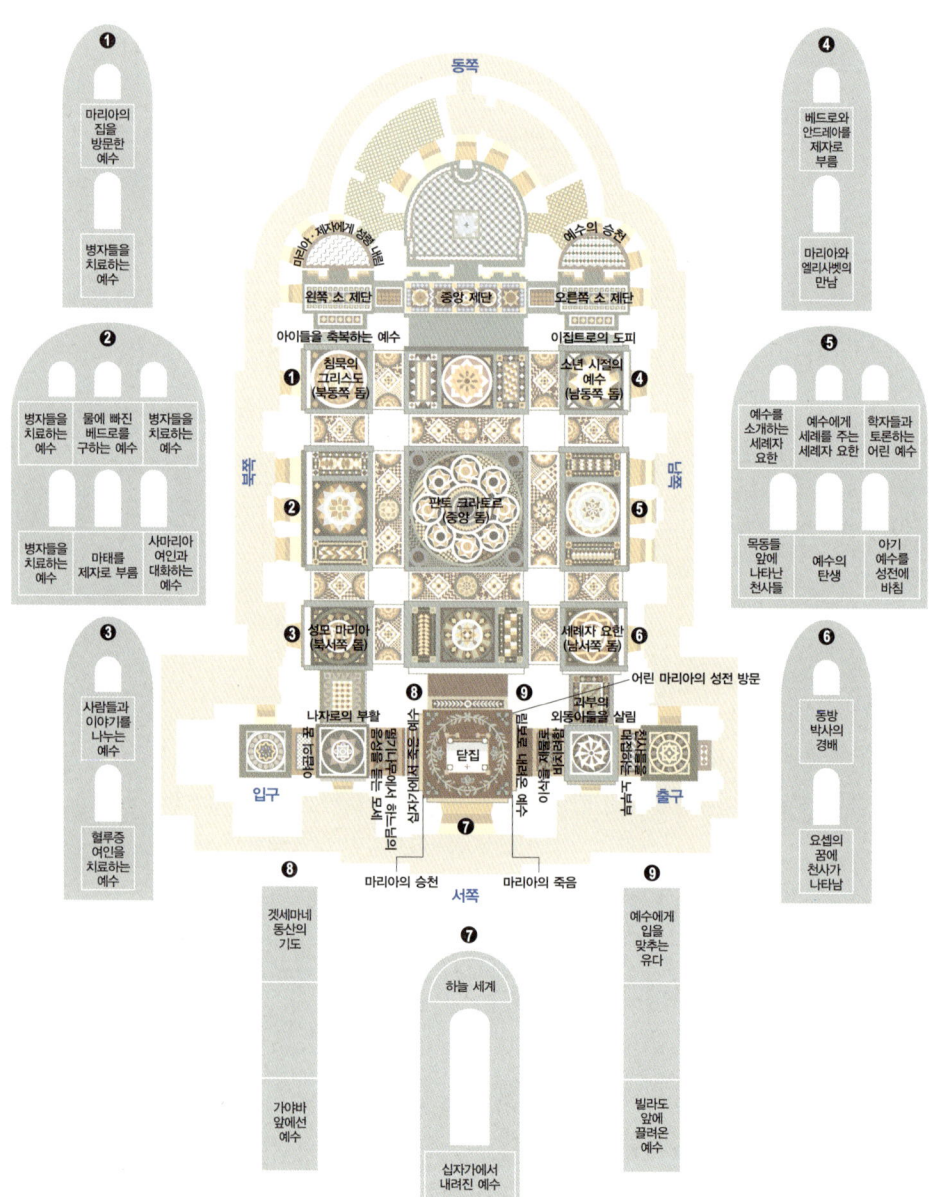

동쪽

마리아, 제자에게 설명 내림   예수의 승천

왼쪽 소 제단   중앙 제단   오른쪽 소 제단

아이들을 축복하는 예수   이집트로의 도피

❶ 침묵의 그리스도 (북동쪽 돔)   ❹ 소년 시절의 예수 (남동쪽 돔)

❸ 성모 마리아 (북서쪽 돔)   판토 크라토르 (중앙 돔)   ❻ 세례자 요한 (남서쪽 돔)

나자로의 부활   어린 마리아의 성전 방문

과부의 외동아들을 살림

❽   ❾   닫집

마리아의 승천   마리아의 죽음

①
마리아의 집을 방문한 예수

병자들을 치료하는 예수

②
병자들을 치료하는 예수 / 물에 빠진 베드로를 구하는 예수 / 병자들을 치료하는 예수

병자들을 치료하는 예수 / 마태를 제자로 부름 / 사마리아 여인과 대화하는 예수

③
사람들과 이야기를 나누는 예수

혈루증 여인을 치료하는 예수

④
베드로와 안드레아를 제자로 부름

마리아와 엘리사벳의 만남

⑤
예수를 소개하는 세례자 요한 / 예수에게 세례를 주는 세례자 요한 / 학자들과 토론하는 어린 예수

목동들 앞에 나타난 천사들 / 예수의 탄생 / 아기 예수를 성전에 바침

⑥
동방 박사의 경배

요셉의 꿈에 천사가 나타남

⑧
겟세마네 동산의 기도

가야바 앞에선 예수

⑦
하늘 세계

십자가에서 내려진 예수

⑨
예수에게 입을 맞추는 유다

빌라도 앞에 끌려온 예수

북쪽   남쪽   입구   출구   서쪽

그리스도 부활 성당 모자이크화 배치도

좌우의 소 제단과 벽면 모자이크 5

중앙 제단 좌우에는 소 제단이 있는데, 왼쪽 소 제단의 성장聖障(성당 내 신성한 장소를 분리시키는 경계막)에는 알렉산드르 넵스키가 아름다운 모자이크로 표현되어 있습니다.

소 제단 위쪽 돔에 그려진 그림은 'The Saviour the Good Silence'라는 제목으로 볼 때, '축복받은 침묵의 그리스도Christ the Blessed Silence'를 표현

알렉산드르 넵스키가 그려진 왼쪽 소 제단

성장의 알렉산드르 넵스키

축복받은 침묵의 그리스도(북동쪽 돔)   '축복받은 침묵의 그리스도'의 다른 예

한 것으로 보입니다. 정교회에서는 특별히 어린 시절의 예수를 날개 달
린 천사의 이미지로 표현하는 경우가 있는데, 그럴 경우에는 후광이 별
모양으로 나타납니다. 일반적인 예수의 후광과는 다른 모습이지요. 같
은 의미를 갖는 이콘 두 점을 비교해 볼 수 있도록 싣습니다.

돔 아래(제단 아치 상단)로 어린아이들을 축복하는 예수의 모습이 보입
니다. 그리고 소 제단 안쪽 반구형 천장에는 마리아와 예수의 제자들에
게 성령이 내리는 상황The Descent of the Holy Spirit on the Apostles이 묘사되어
있습니다.

예수가 부활한 지 50일째 되는 날, 마리아와 제자들이 모인 자리(혹
은 마리아를 제외한 제자들이 모인 자리)에 불꽃 모양의 성령이 내렸다고 합
니다. 성령은 대개 비둘기의 형상으로 표현되며, 이 그림 또한 마찬가
지입니다. 예수의 제자들은 성령 강림을 체험한 다음 방언(성령에 힘입어
자기도 모르게 하는 내용을 알 수 없는 말)을 말하게 되었고, 그 일을 계기로
예수의 가르침을 전파하는 일에 매진하게 되었으므로 기독교에서는 이
사건을 '교회의 탄생'으로 봅니다.

축복받은 침묵의
그리스도

아이들을 축복하는
예수

마리아와 제자들에게
성령이 내림

왼쪽 소 제단 주변 그림

왼쪽 소 제단 상단 벽면
'어린아이들을 축복하는 예수'

왼쪽 소 제단 반구형 천장
'마리아와 제자들에게 성령이 내림'

북쪽 첫 번째 벽면 상단 '마르타와 마리아의 집을 방문한 예수'

북쪽 첫 번째 벽면 하단 '병자를 치료하는 예수'

소제단과 가장 가까운 곳의 벽면(북쪽)에는 마르타와 마리아의 집을 방문한 예수에 관한 그림이 그려져 있습니다. 이는 국립 러시아 박물관(160쪽)에서 이미 다루었으므로 설명을 생략합니다.

『신약성서』에는 예수가 병자를 고친 사례가 여러 건 기록되어 있습니다. 중풍환자, 나병환자, 앉은뱅이, 장님 등 치료해 준 병의 종류도 다양합니다. 그런 내용이 '마르타와 마리아의 집을 방문한 예수' 아래와 그 왼쪽(두 번째) 벽면 곳곳에 여러 점의 그림으로 표현되어 있습니다.

병자들을 치료하는 예수를 표현한 그림들 중간에 예수가 물에 빠진 베드로를 구하는 장면을 그린 그림이 있습니다. 이것은 어떤 이야기와 연관이 있는 장면일까요?

예수가 갈릴리 호의 물 위를 걷는 모습을 본 제자들은 신기하게 생각했습니다. 예수의 수제자인 베드로는 특별히 "주님, 저도 물 위를 걸을 수 있도록 해주십시오."라고 부탁했지요. 그러자 예수는 "베드로야, 물을 걸어오너라."라고 말했고, 그 순간 베드로는 물 위를 걸을 수 있게 되었습니다. 그런데 풍랑이 점점 거세지자 베드로는 무서운 생각이 들었습니다. 그런 생각을 하는 순간 베드로는 물에 빠졌고, 예수는 베드로를 구한 다음 "왜 의심을 품었느냐? 믿음이 그리 약했더냐?"라고 질

❶, ❸, ❹ 북쪽 두 번째 벽면 곳곳 '병자들을 치료하는 예수'
❷ 북쪽 두 번째 벽면 상단 두 번째 '물에 빠진 베드로를 구하는 예수'
❺ 북쪽 두 번째 벽면 하단 두 번째 '마태를 제자로 부름'
❻ 북쪽 두 번째 벽면 하단 세 번째 '사마리아 여인과 대화하는 예수'

책했다고 합니다.

　베드로를 구하는 예수 아래쪽에 있는 그림은 '마태를 제자로 부름'이
라는 제목이 붙어 있습니다. 예수의 열두 제자 중 하나이며, 〈마태복
음〉의 저자인 마태는 직업이 세리稅吏(세금을 거두는 관리)였습니다. 당시
사람들이 싫어하는 직업이었지요. 그러나 예수는 그가 회개한 것을 보
고 제자로 삼았다고 합니다. 이 그림은 그런 내용을 담고 있는데, 왼쪽
의 돈 상자를 만지고 있는 인물이 마태입니다.

　'마태를 제자로 부름' 오른쪽에는 목이 마른 예수가 우물가에 있던 사
마리아 여인에게 물을 청하며 대화를 나눴다는 일화를 그린 그림이 있
습니다.

한 번은 예수가 어느 마을을 지나다가 '야곱의 우물Jacob's well'이라고 알려진 우물가에서 한 여인을 만나 물 한 잔을 청하게 됩니다. 목마른 나그네가 우물가의 여인에게 물을 청하는 것은 대수로울 것이 없는 일인데, 기독교 성화의 한 유형으로 자리 잡을 정도로 이 상황이 중요한 까닭은 무엇일까요.

당시 관습으로는 남자가 공개적인 공간에서 여자에게 말을 거는 것이 금기시되었다고 합니다. 또한 유대인들은 사마리아인을 경멸하고 적대시하였으므로 그들과 절대 대화하려 하지 않았다고 하지요. 게다가 그 여인은 남자관계가 복잡하여 비난의 대상이 되었으므로 누구도 그녀와 상종하려 하지 않았다는 것입니다.

이러한 제약 조건 아래에서 예수는 과감히 '남자관계가 복잡한 사마리아 여인과 공개적인 장소인 우물가에서' 대화를 나눈 것입니다. 당시 사람들로서는 경악할 만한 일이었지요.

그러나 예수는 성차별, 인종적 편견, 고리타분한 도덕적 판단 등에 구애받지 않고 보편적인 사랑을 실천한 사람이었습니다. 그것이 당시의 고상한 척하는 랍비들과 다른 점이었고, 그가 위대한 이유였습니다. 기독교에서 사마리아 여인과 대화를 나누는 예수를 중요하게 여기는 것은 그런 까닭에서일 것입니다.

조금 더 왼쪽으로 걸어가 마지막 벽면의 그림들을 살펴봅시다. 먼저 상단의 그림은 예수가 자신을 둘러싼 인물들과 이야기를 나누는 장면을 담고 있습니다. 주변 사람들은 예수의 제자가 아닌가 싶습니다.

그 아래 그림은 예수가 야이로의 딸을 구하러 가는 중에 혈루증 여인을 만나 병을 치료해 준 사건과 관련된 그림입니다. 국립 러시아 박물관의 '야이로 딸을 살림' 편에서 다룬 내용(168쪽)과 중복되므로 설명은 생략합니다.

자리를 옮기기 전에 고개를 들면 돔 천장에 성모 마리아가 그려진 것을 볼 수 있습니다.

북쪽 세 번째 벽면 상단 '사람들과 이야기를 나누는 예수'

북쪽 세 번째 벽면 하단 '혈루증 여인을 치료하는 예수'

성모 마리아(북서쪽 돔)

부활한 예수가 그려진 오른쪽 소 제단

오른쪽 소 제단 성장
'부활한 예수'

소년 시절의 예수(남동쪽 돔)

이제 중앙 제단의 오른쪽에 위치한 소 제단 쪽으로 발걸음을 옮겨봅시다. 왼쪽 소 제단과 대칭형으로 구조가 상당히 유사한데 오른쪽 소 제단의 성장에는 부활한 예수가 그려져 있습니다.

오른쪽 소제단의 돔에는 소년 시절의 예수The Saviour Emmanue(구세주이신 그리스도)가 그려져 있습니다. 그의 머리 뒤에 보이는 십자형 후광은 예수에게만 사용하는, 예수를 상징하는 문양이지요.

그 아래(제단 아치 상단 벽면)로 '이집트로의 도피The Flight into Egypt'가 그려져 있습니다. 장차 유대의 왕이 될 아기가 태어났다는 이야기를 들은 헤롯왕은, 혹시라도 자신의 위치가 불안해질까 우려하여 그 무렵에 태어난 아기들을 모두 죽이라고 명했다 합니다. 그리하여 애꿎은 아기들이 무수히 죽었는데, 예수는 천사의 지시를 받은 요셉이 재빨리 이집트로 피신하는 바람에 죽음을 면했다고 하지요.

오른쪽 소 제단 아치 상단 벽면 '이집트로의 도피'

오른쪽 소 제단 반구형 천장 '예수의 승천'

그리고 소 제단 안쪽 천장에는 '예수의 승천The Ascension of Christ'이 그려져 있습니다.

오른쪽 소 제단과 주변 그림

이제 오른쪽으로 몸을 돌려 남쪽 벽면의 벽화들을 살펴봅시다. 먼저 제단과 가장 가까운 쪽 상단 벽에는 예수가 자신의 제자로 베드로와 안드레아를 부르는 장면이 있습니다. 둘은 형제간으로, 갈릴리 호수에서 물고기를 잡는 어부였다고 합니다.

남쪽 첫 번째 벽면 상단 '베드로와 안드레아를 제자로 부름'

남쪽 첫 번째 벽면 하단 '마리아와 엘리사벳의 만남'

그 아래에는 '마리아와 엘리사벳의 만남'이 있는데 이는 여러 화가들이 즐겨 다룬 주제입니다. 예수의 어머니인 마리아와 세례자 요한의 어머니인 엘리사벳이 서로 임신한 상태에서 만나는 장면입니다. 두 사람은 사촌 자매 사이였다고 하며 임신한 시기는 엘리사벳이 몇 개월 빨랐다고 합니다. 이 그림 속에서는 보는 이의 입장에서 왼쪽의 여인이 마리아이며, 오른쪽의 나이 든 여인이 엘리사벳입니다.

오른쪽으로 이동해 상단의 벽면을 봅시다. 사람들에게 예수를 구세주라고 소개하고, 예수에게 세례를 주는 세례자 요한의 모습이 보입니다. 세례자 요한은 예수보다 몇 개월 먼저 태어난 사람으로, 그의 사명

남쪽 두 번째 벽면 상단
첫 번째 '사람들에게
구세주 예수를 소개하는
세례자 요한'

남쪽 두 번째 벽면 상단 두 번째 '예수에게 세례를 주는 세례자 요한'

남쪽 두 번째 벽면 상단 세 번째
'학자들과 토론하는
어린 예수'

은 예수가 이 땅에서 메시아로서의 뜻을 펼칠 수 있도록 미리 준비하는
것이었다고 합니다. 예수에게 세례를 준 것이 가장 대표적인 일이었고,
사람들에게 예수를 구세주라고 소개하는 것도 중요한 사명 중의 하나
였던 것입니다. 예수에게 세례를 주는 장면은 바로 오른쪽에 있습니다.

오른쪽 맨 끝에는 예수가 열두 살 때 예루살렘의 성전에서 학자들과
토론했다는 일화를 그린 그림이 있습니다.

남쪽 두 번째 벽면 하단
첫 번째 '목동들 앞에
나타난 천사들'

남쪽 두 번째 벽면 하단 두 번째 '예수의 탄생'

남쪽 두 번째 벽면 하단
세 번째 '아기 예수를
성전에 바침'

이제 하단의 그림들을 봅시다. 가장 왼쪽에는 베들레헴의 마구간에서 예수가 태어났을 때, 천사들이 근처에 있던 목동들에게 나타나 "오늘 다윗의 동네에 구세주가 태어났다."는 소식을 전했다는 이야기를 그린 그림이 있습니다. 목동들은 그 이야기를 듣자마자 예수가 태어난 곳으로 달려가 요셉과 마리아에게 천사들로부터 들은 이야기를 전하고 아기 예수에게 경배드렸다고 하지요.

기독교에서 가장 중요한 장면을 꼽자면, 베들레헴의 마구간에서 예수가 태어나는 장면과 죽은 지 사흘 만에 예수가 부활하는 장면이 아닐까 합니다. 바로 오른쪽에 예수가 탄생하는 장면이 그려져 있습니다.

로마 제국의 식민지였던 유대의 백성들에게 인구 조사를 위해 고향으로 돌아가 등록하라는 명령이 내려졌고, 그에 따라 유대인인 요셉은 만삭의 마리아와 함께 고향인 베들레헴으로 가게 되었다고 합니다.

그러던 중에 마리아가 해산을 하였는데, 많은 사람들이 동시에 이동

남쪽 세 번째 벽면 상단 '동방박사의 경배'

남쪽 세 번째 벽면 하단 '요셉의 꿈에 나타나 이집트로 피하라고 알려주는 천사'

세례자 요한(남서쪽 돔)

하는 상황이라 빈방을 구할 수 없어 부득이 마구간에서 예수를 낳았다고 알려져 있습니다.

모세의 율법에 의하면, 유대인은 첫 아이를 낳으면 신에게 봉헌하도록 되어 있었습니다. 요셉과 마리아도 그들의 첫 아이인 예수를 예루살렘의 신전에 봉헌합니다. 이때 신전에는 시므온Simeon이란 노인이 있었는데, 그는 하느님으로부터 죽기 전에 메시아를 만나게 되리라는 약속을 받은 사람이었습니다. 그는 아기 예수를 본 순간 그 약속이 지켜진 것을 깨닫고 신의 뜻을 찬양했다고 합니다. 그 장면이 마지막 그림에 있습니다.

아기 예수를 성전에 봉헌한 날을 가톨릭과 정교회에서는 2월 2일로 정하고, '주의 봉헌 축일'이라고 합니다.

오른쪽 끝 벽면 상단에는 동방박사 세 사람이 찾아와 예물을 바치며 경배하는 장면이 있고, 하단에는 요셉의 꿈에 천사가 나타나 "헤롯 왕이 아기를 죽이려 하니 어서 이집트로 피하라."고 알려주는 장면이 보입니다.

이곳 천장 돔 그림은 세례자 요한입니다.

중앙 제단의 맞은편에는 알렉산드르 2세를 기리는 닫집이 있으며, 그 주변에 예수의 죽음과 관련된 그림들이 있습니다.

먼저, 닫집 뒤편을 보면 벽 상단에 하늘 세계를 그린 그림이 눈길을 끕니다. 그림 중앙에 하느님과 예수, 그리고 비둘기가 보이는데 이는 삼위일체를 위미합니다. 그리고 예수의 옆에는 성모 마리아가, 하느님의 옆에는 세례자 요한이 앉아 있습니다. 그 밖의 인물들은 하늘나라에 들어간 성인 성녀들일 것입니다.

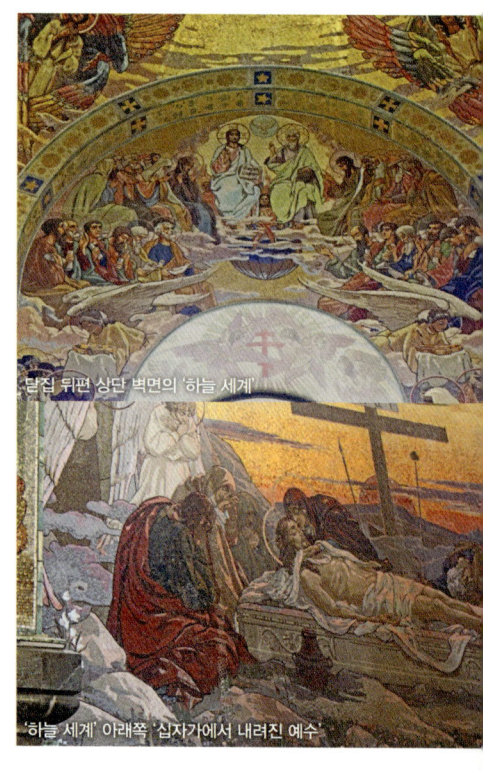

닫집 뒤편 상단 벽면의 '하늘 세계'

'하늘 세계' 아래쪽의 창문 아래로는 십자가에서 숨을 거둔 예수의 시신을 수습하는 장면이 보입니다. 십자가형을 받아 죽은 죄인의 시신은 수습하지 않는 것이 관례였지만, 지역 유지였던 아리마테아의 요셉이 요청하자 빌라도가 장례를 허락하여 예수를 바위 무덤에 안치할 수 있었다고 합니다.

'하늘 세계' 아래쪽 '십자가에서 내려진 예수'

십자가에서 내려진 예수의 시신을 안고 슬퍼하는 성모 마리아의 모습은 기독교 미술에서 '피에타Pieta'란 장르로 유형화됩니다.

닫집 앞 오른쪽 기둥 벽(아치를 이루는 기둥) 상단에는 겟세마네 동산에서 기도하는 예수를 표현한 그림이 있습니다. 유월절을 맞아 예루살렘

예수의 빰에 입을
맞추는 유다

겟세마네
동산의 기도

하늘 세계

닫집

빌라도 앞에
끌려온 예수

가야바 앞에
선 예수

십자가에서
내려진 예수

알렉산드르 2세를 추모하는 닫집과 주변 모자이크

에 온 예수는 제자들과 최후의 만찬을 마친 다음, 세 명의 제자(베드로, 세베대의 아들 야고 보, 요한)만을 데리고 겟세마네Gethsemane 동 산으로 갑니다. 그곳에서 자신의 죽음을 예 감한 그는 하느님에게 절실한 마음으로 기 도를 올렸는데, 함께 간 제자들은 잠에 빠 져버렸고 오로지 천사만이 기도하는 예수 의 곁을 지켰다고 합니다.

'겟세마네 동산의 기도' 아래쪽에는 '가야 바 앞에 선 예수'라는 그림이 있습니다. 성 서에는 가야바Caiaphas라는 인물이 나오는데 유다와 더불어 예수를 죽음에 이르게 한 인 물로 꼽힙니다. 그는 유대교의 대제사장이 었는데 예수를 극히 미워했다고 합니다. 최 종적으로 예수에게 십자가형을 선고한 것 은 총독이었던 빌라도이지만, 가야바는 빌 라도에게 극형을 주장함으로써 예수를 죽 음에 이르게 한 장본인인 것입니다.

닫집 앞 오른쪽 기둥 벽 상단
겟세마네 동산의 기도

닫집 앞 오른쪽 기둥 벽 하단
'가야바 앞에 선 예수'

'겟세마네 동산의 기도' 맞은편 기둥, 즉 닫집 앞 왼쪽 기둥 벽(아치를 이루는 기둥)에는 예수의 뺨에 입을 맞추는 유다를 그린 그림이 있습니다.

배신의 아이콘이라면 아무래도 유다를 첫손에 꼽게 되는데, 예수의 열두 제자 중 하나였던 그는 무슨 까닭인지 스승을 은화 서른 냥에 팔

닫집 앞 왼쪽 기둥 벽 상단
'예수에게 입을 맞추는 유다'

닫집 앞 왼쪽 기둥 벽 하단
'빌라도 앞에 끌려온 예수'

아넘겨 죽음에 이르게 합니다. 겟세마네 동산에서 새벽까지 기도하고 있던 예수에게로 로마 병사들을 이끌고 간 것도 유다였고, 주변이 어둑하여 누가 누군지 알아볼 수 없을 때 스승을 안고 입을 맞춰 로마 병사들에게 누가 예수인지를 알려준 것도 유다였습니다.

그는 스승이 십자가형을 받고 죽은 뒤 자신의 행위를 뉘우치고 스스로 목숨을 끊었다고 합니다.

가야바로부터 모욕을 당한 뒤, 예수는 당시의 유대 총독이었던 빌라도 앞으로 끌려갑니다. 빌라도는 예수의 행적에서 범죄 행위를 찾을 수 없어 석방하려 했다고 합니다. 그렇지만 중형에 처하라는 군중들의 압력이 워낙 강해 어쩔 수 없이 십자가형을 선고한 다음, "나는 이 사람이 흘릴 피에 대해서는 책임이 없다."며 손을 씻었다고 하지요. 그 상황을 표현한 그림이 닫집 앞 왼쪽 기둥 벽 하단, 즉 '예수에게 입을 맞추는 유다' 아래쪽에 있습니다.

닫집의 양쪽 벽면 상단에도 그림이 있는데, 오른쪽에는 골고다 언덕에서 십자가에 매달려 죽은 예수가, 왼쪽에는 림보로 내려간 예수가 그려져 있습니다.

빌라도의 법정에서 예수는 십자가형을 선고받습니다. 그 당시에 십자가형은 가장 가혹한 형벌이었지요. 십자가형을 받은 죄수는 스스로 십자가를 운반해야 하는 규정에 따라 예수는 십자가를 메고 처형 장소인 골고다Golgotha 언덕으로 올라갑니다. '골고다'란 말은 '해골'을 의미하는데, 예로부터 처형 장소로 이용되면서 해골이 굴러다녔기 때문에 그런 이름이 붙었다고 합니다. 이 그림에서도 예수의 발밑에 해골이 보입니다.

닫집의 왼쪽 벽면 상단의 그림은 'The Descent into Limbo'란 제목이 붙어있는데, 예수가 림보에 갇혀 있는 선한 영혼들을 구하는 내용입니다. 이에 대해서는 그리스도 부활 성당 남쪽 외관을 설명(190쪽)할 때 이미 했으므로 생략합니다.

닫집 양쪽 벽면 상단 그림

닫집 오른쪽 벽면 상단의 십자가에서 죽은 예수

닫집 왼쪽 벽면 상단의 림보로 내려간 예수

마리아의 죽음

어린 마리아의 첫 성전 방문

닫집 왼쪽 아치 안쪽에 있는 모자이크

닫집 왼쪽 아치 안쪽 (왼쪽)의 '어린 마리아의 첫 성전 방문'

닫집 왼쪽 아치 안쪽(오른쪽)의 '마리아의 죽음'

마리아의 승천

닫집의 오른쪽 아치 안쪽(왼쪽)의 '마리아의 승천'

닫집 왼쪽 벽에 난 아치 벽 안쪽에는 '어린 마리아의 첫 성전 방문'과 '마리아의 죽음'이 그려져 있습니다.

예수의 어머니인 마리아는 요아킴Joachim과 안나Anna의 딸로 태어났습니다. 늙도록 자식이 없어 쓸쓸하게 지내던 부부가 귀하게 얻은 자식이 마리아였던 것입니다.

마리아가 세 살 되던 해 요아킴 부부는 딸을 데리고 성전을 방문했는데, 놀랍게도 마리아가 누구의 도움도 받지 않고 혼자서 15개의 계단을 올라갔다는 이야기가 전해집니다. 마리아의 일생을 주제로 한 그림에서 종종 볼 수 있는 일화입니다.

'마리아의 죽음'은 어머니의 죽음을 예수가 바라보는 구도인데, 예수의 팔에 안긴 아기는 마리아의 영혼입니다. 마리아의 선한 영혼이 예수에 의해 천국으로 올려짐을 의미합니다.

그리고 오른쪽 벽에 난 아치 안쪽에는 '마리아의 승천'이 그려져 있는데, 왼쪽 벽의 '마리아의 죽음'과 같은 위치에 대칭을 이루고 있습니다.

그리스도 부활 성당은 닫집을 기준으로 볼 때 오른쪽에 입구가 있고, 왼쪽에 출구가 있으며, 입구와 출구 모두 아치 형태로 되어 있습니다.

먼저 왼쪽에 있는 그림들에 담긴 이야기를 알아봅시다.

출구 아치 벽 상단에 있는 '과부의 외동아들을 살림'은 예수가 나인Nain 성이란 곳에 갔을 때 과부의 외동아들을 살린 일이 있는데, 이미 죽은 청년에게 예수가 "청년아, 일어나라." 하니 살아났다는 내용입니다.

아치의 왼쪽 안쪽에는 세 명의 천사를 대접하는 노부부의 모습이 그려져 있습니다. 나그네로 변신한 세 명의 천사를 정성껏 대접했다는 아브라함과 그의 아내 사라의 일화를 그린 것으로 보입니다.

아치의 오른쪽 안쪽에는 이삭을 제물로 바치려 하는 아브라함의 모습이 보입니다.

늙도록 자식을 낳지 못해 애태우던 아브라함Abraham과 그의 부인 사라Sarah가 늦둥이로 얻은 귀한 아들이 이삭Isaac이었습니다. 그런데 하느님은 아브라함의 신앙심을

과부의 외동아들을 살림

천사들을 대접하는 노부부

이삭을 제물로 바치려 하는 아브라함

닫집 왼쪽 출구에 있는 모자이크

출구 아치 벽 상단 '과부의 외동아들을 살림'

출구 아치의 왼쪽 안쪽 '천사를 대접하는 노부부'

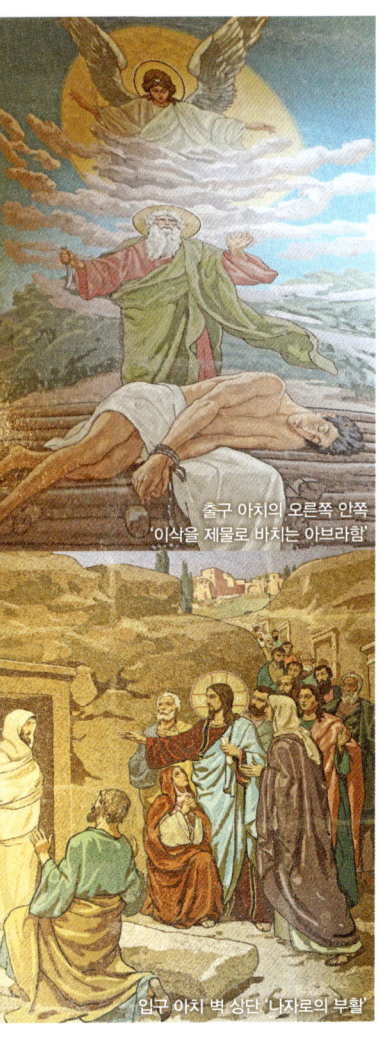

출구 아치의 오른쪽 안쪽
'이삭을 제물로 바치는 아브라함'

입구 아치 벽 상단 '나자로의 부활'

시험하기 위해 이삭을 제물로 바치라는 명을 내립니다. 어렵게 얻은 귀한 아들을 희생 제물로 바치는 일에 망설임이 없었을 리 없지만, 믿음의 조상답게 아브라함은 하느님의 명을 따릅니다.

아브라함이 이삭을 칼로 찌르려 하는 순간 천사가 나타나 그를 제지하고 대신 제물로 바칠 양을 가리켰다고 하는데, 이 일화는 화가들이 매우 자주 다룬 주제입니다.

입구 쪽에 있는 그림들은 출구 쪽과 균형을 맞추기 위해 비슷한 주제를 선택한 것으로 보입니다. 닫집 왼쪽에 있는 아치(출구)의 '과부의 외동아들을 살림'과 대응되는 위치에 '나자로의 부활'이란 그림을 그린 것을 보면 말입니다.

베다니 마을에 살던 나자로Lazarus는 예수에 의해 부활한 이들 중에서 가장 유명한 사람일 것입니다. 그에 대해서는 국립 러시아 박물관의 '마르타와 마리아 자매를 방문한 예수' 편에서 잠깐 언급한 바 있습니다.

그는 지병으로 사망했는데, 평소 친분이 있던 마르타와 마리아 자매의 간곡한 요청을 받은 예수가 찾아와 그를 살려냈다고 합니다. 이미 죽은 지 오래되어 시신이 썩어가는 중이었는데도 "나자로야, 그곳에서 나오너라." 하는 예수의 말을 들은 나자로가 무덤 속에서 걸어 나왔다고 성서에 기록되어 있습니다.

입구 아치의 오른쪽 안쪽 '야곱의 꿈'

입구 아치의 왼쪽 안쪽 '불붙은 떨기나무 사이에서 들리는 하느님의 음성을 듣는 모세'

달집 오른쪽에 있는 입구 아치의 오른쪽에는 '야곱의 꿈'이 있습니다.

아브라함의 손자이자 이삭의 아들인 야곱Jacob은 형 에서Esau가 받아야 마땅한 아버지의 축복을 가로챈 다음, 형의 해코지를 두려워하여 광야로 달아납니다. 광야를 떠돌아다니던 야곱이 하루는 돌베개를 베고 잠들었다가 꿈을 꾸는데, 천사들이 계단(혹은 사다리)을 밟으며 하늘에서 내려오는 내용이었습니다. 야곱이 그러한 꿈을 꾼 곳을 '베델Bethel'이라고 하는데, 이는 '하느님의 집'이란 뜻입니다.

입구 아치의 왼쪽에는 모세가 호렙 산에서 불붙은 떨기나무 속에서 들리는 하느님의 음성을 들었다는 이야기와 관련된 그림이 있습니다. 『구약성서』〈출애굽기〉 편에 나오는 이야기인데, 하느님은 모세에게 이집트 땅에서 노예 생활을 하고 있는 히브리 사람들을 구해 가나안 땅으로 데려가라는 명을 내렸다고 합니다.

4장

성 이삭 성당
St Isaac's Cathedral
Исаакиевский собор *Isaakievskiy sobor*

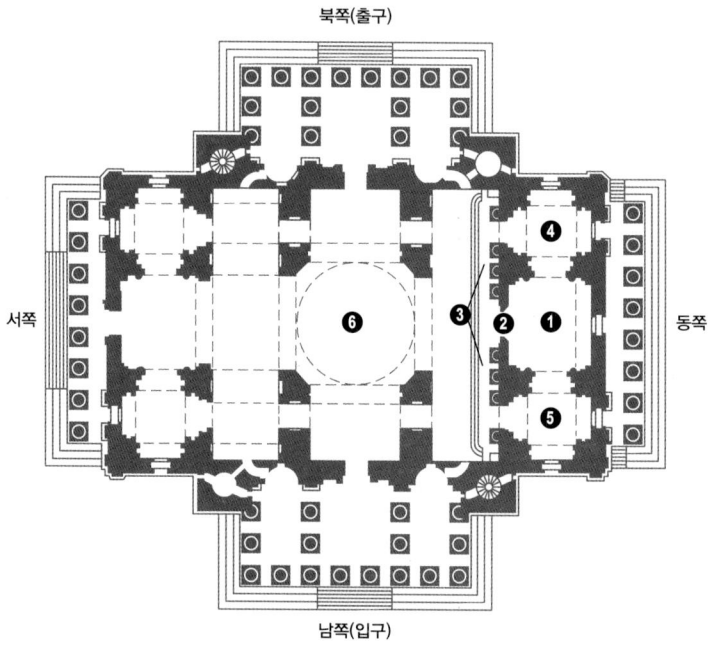

북쪽(출구)

서쪽

동쪽

남쪽(입구)

성 이삭 성당 평면도

❶ 중앙 제단
❷ 차르의 문
❸ 제단 주변 이콘
❹ 성 카테리나 제단
❺ 성 알렉산드르 넵스키 제단
❻ 중앙 돔

상트페테르부르크에서 가장 큰 성당 ①

  표트르 대제 치세인 1707년에 바실리옙스키 섬(구 해군성 자리)에 최초의 성 이삭 성당St Isaac's Cathedral, Исаакиевский собор이 건립되었습니다. 현재의 모습과는 전혀 다른, 소박한 규모의 목조 건물이었습니다. 표트르 대제는 새로 지은 성당에 '성 이삭 성당'이라는 이름을 붙였는데, 이는 성 이삭 축일인 5월 30일에 태어난 표트르 대제 자신을 위한 일이었습니다. 그는 이곳에서 두 번째 부인인 예카테리나와 결혼식을 올립니다.

  두 번째 성 이삭 성당은 현재의 표트르 대제 청동 기마상이 있는 곳에 지어졌는데, 첫 번째 건물이 너무 작다고 여겼기 때문에 다소 규모를 키웠습니다. 이 건물은 지반이 약한 곳에 세워진 데다가 1735년 5월에 발생한 화재로 소실되어 사라집니다.

최초의 성 이삭 성당

성 이삭 성당에 전시된 첫 번째 성당 모형

성 이삭 성당에 전시된 두 번째 성당 모형

Ivanov, 세 번째 성 이삭 성당(1814년)　　　　　성 이삭 성당에 전시된 세 번째 성당 모형

　세 번째 성당의 건설은 예카테리나 여제에 의해 추진됩니다. 표트르 대제의 후계자임을 자처했던 예카테리나 여제는 성 이삭 성당을 재건하기로 결정하고 이탈리아 출신 건축가 안토니오 리날디에게 공사를 맡겼지만 그녀 당대에 완성하지는 못했습니다. 그러나 남아 있는 그림을 보면 이때의 성당은 현재의 구조와 비슷합니다. 중앙에 커다란 돔을

현재의 성 이삭 성당

설치한 것과 그리스 십자가형 평면을 채택한 점이 그러합니다.

현재 우리가 보는 성 이삭 성당은 네 번째 건물로, 알렉산드르 1세의 지시로 오귀스트 드 몽페랑Auguste de Montferrand(1786~1858)이 설계를 맡아 40년에 걸쳐 공사를 계속한 끝에 알렉산드르 2세 때인 1858년에 완공되었습니다.

14,000명을 수용할 수 있다는 거대한 규모의 성 이삭 성당 완공을 위해 러시아 황실은 막대한 비용을 투입했습니다. 이는 재정 문제를 불러일으키기는 했지만, 건축, 공학, 미술, 장식 등에서 괄목할 만한 성과를 이루는 계기가 되었습니다. 현재는 상트페테르부르크에서 가장 큰 성당으로 황금빛 찬란한 돔이 여행자의 시선을 끄는 랜드마크 역할을 톡톡히 해내고 있답니다.

성 이삭 성당 앞 광장에는 니콜라이 1세의 청동 기마상이 서 있습니다. 그는 자신의 즉위를 반대하는 젊은 장교들이 일으킨 데카브리스트의 난을 진압한 황제입니다. 데카브리스트 난이 일어났던 장소 근처에 세워진 니콜라이 1세의 기마상은 러시아 혁명의 불씨가 된 사건을 다시 한번 떠올리게 합니다.

성 이삭 성당 앞에 서 있는 니콜라이 1세의 기마상

동쪽 파사드
_발렌스 황제를 만류하는 성 이삭 ②

성 이삭 성당의 네 방면 외관을 살펴보면, 위쪽 삼각형 모양의 박공 (페디먼트)에 부조가 새겨져 있고 아래쪽에는 코린트식 기둥들이 지붕을 떠받치고 있는 형태입니다. 각각의 페디먼트 꼭짓점에는 4대 복음서의 저자가, 페디먼트 양쪽 끝으로는 예수의 제자들이 배치되어 있으며 페디먼트 안에는 예수(남쪽, 북쪽)와 성 이삭(동쪽, 서쪽)에 대한 내용이 새겨져 있습니다.

누가

큰 야고보

시몬

발렌스 황제를
만류하는 성 이삭

동쪽 파사드

이제 각 방향의 외관을 살펴보면서 부조와 조각들을 확인해 봅시다.

먼저 제단이 설치된 방향인 동쪽 파사드의 페디먼트 꼭짓점에는 누가Luke의 좌상이 있습니다. 이 사람이 누가라는 것은 그를 올려다보고 있는 소를 보면 알 수 있습니다. 그의 상징이 소이기 때문입니다.

또한 육안으로는 확인하기 어렵지만, 그의 오른손에는 붓이 들려 있고 왼손에는 성모자의 이콘이 그려진 판이 들려 있습니다. 기록에 의하면, 누가는 성모 마리아의 초상화를 그린 적이 있습니다. 그래서 그는 화가들의 수호성인이며 중세 시대에는 화가들의 길드 이름에 단골로 등장했다고 합니다. 지금도 미술학교 이름에 그의 이름이 많이 사용된다고 하는군요. '성모 마리아를 그리는 누가Saint Luke Drawing the Virgin'라는 제목의 그림이 에르미타주 미술관 260번 방에 있답니다.

누가

Rogier van der Weyden, '성모 마리아를 그리는 성 누가'
(에르미타주 미술관 260번 방)

박공 왼쪽의 큰 야고보 입상   박공 오른쪽의 시몬 입상

　박공의 왼쪽 모서리에는 예수의 열두 제자 중 한 사람인 큰 야고보(세베대의 아들 야고보)가 책을 들고 서 있습니다. 그는 예수의 제자이자 4대 복음서 저자의 한 사람인 사도 요한의 형으로, 예수 생전에 중요한 사건이 있을 때마다 스승의 곁을 지킨 든든한 제자였습니다. 예수의 제자 중에서 제일 먼저 순교했으며, 칼로 참수당했으므로 긴 칼을 지니고 있는 모습으로 표현될 때가 많습니다.

　박공 오른쪽에 서 있는 이는 시몬입니다. 이 사람을 시몬으로 보는 이유는, 손에 톱을 들고 있기 때문이지요. 그는 톱으로 목이 잘려 순교했으므로 톱이 상징 물건입니다.

　박공 안의 부조는 '발렌스 황제를 만류하는 성 이삭Saint Isaac harangue l'empereur Valens'으로, 앙리 르메르Philippe Joseph Henri Lemaire의 원작은 프랑스 발랑시엔 미술관Musée des Beaux-Arts de Valenciennes에 소장되어 있습니다.

동쪽 면 박공 안 부조

　여기서는 발렌스 황제와 성 이삭이 누구인지를 알아야 부조의 내용을 이해할 수 있으므로 그들에 대해 먼저 설명하도록 하겠습니다.

　성 이삭은 구약성서에 나오는 아브라함의 아들 이삭이 아니라, 러시아 정교회의 성인인 '이삭키이 달마스키(달마시아의 이삭)'를 말합니다. 표트르 대제의 입장에서는 러시아 정교회의 성인을 기리는 것처럼 하여 자신의 신앙심을 과시하면서, 동시에 성 이삭의 축일에 태어난 자신을 부각시키는 효과를 노렸을 것입니다.

　발렌스 황제Flavius Iulius Valens(364~378년 재위)는 동로마 제국의 황제였습니다. 그의 형인 발렌티아누스 1세Flavius Valentinianus(364~375년 재위)가 로마의 황제가 되면서 동생인 그를 제국의 동쪽 지역(동로마 제국)을 관할하는 부황제로 임명했는데, 요비아누스Flavius Claudius Jovianus(363~364년 재위) 황제가 사망한 후 발렌스는 단독으로 동방의 황제가 되었습니다. 그는 재위

기간 내내 외적의 침략과 내부 세력의 반란으로 파란만장한 삶을 살았던 것으로 알려졌습니다.

378년, 발렌스 황제는 고트족을 정벌하기 위해 발칸 반도로 진군합니다. 당시는 훈족에게 밀려난 고트족이 로마 국경 지대로 몰려와 로마 제국을 위협하는 상황이었기 때문에 동방 황제인 발렌스와 서방 황제인 그라티아누스 1세Flavius Gratianus Augustus(375~383년)가 연합하여 고트족을 칠 계획이었습니다.

그러나 그라티아누스 1세의 군대가 도착하기 전에 발렌스의 군대는 고트족과 전면전을 벌여야만 하는 상황에 놓이게 됩니다. 그 결과 378년 8월 9일의 아드리아노폴리스 전투에서 크게 패하고 발렌스는 전사하는데, 성 이삭 성당의 '발렌스 황제를 만류하는 성 이삭'은 그때의 이야기를 담고 있는 것으로 보입니다. 즉, 발렌스가 출정하면 죽을 것이란 사실을 알고 있는 성 이삭이 그를 만류하는 상황인 것입니다. 그러나 부조를 보면 알 수 있듯이 발렌스 황제의 의지는 매우 강했으며, 성 이삭도 그의 운명을 바꿀 수 없었습니다.

이스탄불의 발렌스 수도교

참고로, 발렌스 황제는 현재의 이스탄불인 콘스탄티노플(동로마 제국 수도)에 수도교를 건설하였습니다. 그의 이름을 따서 '발렌스 수도교'라고 불리는 로마식 수도교를 지금도 볼 수 있습니다.

서쪽 파사드
_테오도시우스 1세를 축복하는 성 이삭 **3**

서쪽 파사드는 동쪽과 마찬가지로 박공이 있고, 8개의 기둥이 그것을 떠받치고 있습니다. 박공 위에는 4대 복음서의 저자 중 한 사람인 마가의 좌상이 있으며, 양쪽에는 예수의 제자인 도마와 바르톨로메오가 있습니다.

박공 위의 복음서 저자는 사자와 함께 있으니 마가Mark입니다. 그의 상징이 사자이기 때문입니다. 마가는 복음서 저자답게 글을 쓰고 있는

도마

마가

바르톨로메오

테오도시우스 1세를 축복하는 성 이삭

서쪽 파사드

모습으로 표현되었습니다.

　마가는 베드로와 매우 가까운 사이였기 때문에, 베드로의 기억에 의존해 쓴 마가복음은 신뢰성이 높다는 평을 받습니다. 왜냐하면 베드로는 예수의 수제자였으며 예수 생전에 중요한 사건이 있을 때마다 함께 한 인물이므로 누구보다도 예수에 대해 잘 알 수 있는 입장이었기 때문입니다.

　마가는 이집트 알렉산드리아에서 선교하다가 그곳에서 죽은 것으로 보이는데, 훗날 베네치아 상인들이 그의 유해를 몰래 베네치아로 옮겨 왔다고 합니다. 베네치아의 산 마르코 성당은 마가의 유해를 안치한 곳이며, 산 마르코 광장에 서 있는 사자상은 마가를 상징하는 것입니다.

　박공 왼쪽에 서 있는 이는 손에 직각자를 들고 있는 것으로 보아 도마입니다. 목수였다는 도마는 목공용 직각자가 상징물이기 때문입니다. 그가 건축가, 예술가, 목수 등의 수호성인인 까닭은 자신이 목수였

마가　　　　　　　　　　　　　산 마르코 광장의 사자상

246

Hendrick ter Brugghen, '의심하는 도마'
(암스테르담 국립미술관)

칼과 벗겨진 살가죽을
들고 있는 바르톨로메오
(바티칸 시스티나 예배당
'최후의 심판' 부분)

살가죽이 벗겨진 상태의
바르톨로메오 조각상
(밀라노 대성당)

박공 왼쪽의 도마 입상

박공 오른쪽의 바르톨로메오 입상

기 때문이지요.

도마와 관련해서는, 부활한 예수를 보고도 믿지 못해 옆구리의 상처를 확인한 다음 비로소 믿었다는 일화가 유명합니다. '의심하는 도마Doubting Thomas'라는 그림 주제가 있을 정도입니다.

박공 오른쪽의 인물은 왼손에 작은 칼을 들고 있습니다. 살가죽이 벗겨져 순교한 바르톨로메오입니다. 그는 주로 살가죽을 벗길 때 사용한 칼을 들고 있는 모습으로 나타나지만, 벗겨진 살가죽을 들고 있을 때도 있습니다. 시스티나 예배당의 '최후의 심판'에 벗겨진 살가죽을 들고 있는 바르톨로메오의 모습이 있고, 밀라노 대성당에는 살가죽이 벗겨진 상태의 바르톨로메오 조각상이 있기도 합니다.

테오도시우스 1세와 그의 아내 아일리아 플라킬라를 축복하는 성 이삭

서쪽 파사드 박공 안에 새겨진 부조는 테오도시우스 1세와 그의 아내 아일리아 플라킬라Aelia Flaccilla를 축복하는 성 이삭을 주제로 하고 있습니다.

테오도시우스 1세Theodosius I(379~395년 재위)는 로마 제국의 황제로, 그리스도교를 국교로 삼은 인물입니다. 그래서 기독교에서는 그를 대제(大帝)라고 하지요. 성 이삭 성당의 파사드에 그가 등장하는 것은 아마도 그런 이유 때문으로 보입니다.

그러나 테오도시우스 1세는 밀라노 주교 암브로시우스Sanctus Ambrosius(340?~397년)와 대립하였다가 굴복한 사건이 있는데, 황제가 주교 앞에 무릎 꿇은 사건의 전말은 이렇습니다.

그리스 테살로니카 지방에서 주민들이 로마군 수비대장을 살해한 일이 있었습니다. 밀라노에 있던 테오도시우스 1세는 그 소식을 듣고 격분하여 암브로시우스의 만류에도 불구하고 7,000여 명의 테살로니카 주민을 학살하였습니다. 그러자 암브로시우스는 황제의 성당 출입과 성체 성사를 거부했습니다. 기독교를 국교로 정할 정도로 독실한 신자였던 테오도시우스 1세는 결국 황제의 관을 벗고 베옷을 입은 채 밀라노 대성당 앞에 가서 사죄한 뒤에야 겨우 용서를 받을 수 있었다고 합니다. 세속 권력인 황제가 종교 권력인 주교에게 굴복한 이 사건은 훗날 '카노사의 굴욕'이 일어나는 계기가 되었다는 평가를 듣습니다.

서쪽 파사드 박공에서 주목할 만한 부분은 성 이삭 성당 모형을 들고 있는 한 남자입니다. 그는 바로 이 성당을 세운 프랑스 건축가 오귀스트 드 몽페랑입니다. 정교회 성인과 로마 제국 황제를 새긴 공간에 건축가를 함께 새겨 넣었다는 것은 당대에 이미 그의 업적이 높이 평가받

Anthonis van Dyck, '테오도시우스가 밀라노 대성당에 들어가려는 것을 막는 암브로시우스'(내셔널 갤러리 소장)

성 이삭 성당을 세운 프랑스 건축가 오귀스트 드 몽페랑과 쓰러진 이집트 석상

성 이삭 성당 안에 있는 몽페랑 흉상

앉다는 의미일 것입니다. 그의 손에 들린 성 이삭 성당은 그가 얼마나 이 건물에 자부심을 갖고 있는지를 설명해 줍니다. 몽페랑의 왼쪽(보는 이의 입장에서)으로 쓰러진 이집트 석상이 보이는데, 이는 아마도 고대 이집트 문명의 영광을 뛰어넘는 걸작이 바로 자신이 세운 성 이삭 성당이라는 주장이 아닐까 합니다.

성 이삭 성당 안에도 몽페랑의 흉상이 있어 그의 위상을 다시 한 번 확인하게 해줍니다.

동쪽 면은 제단이 설치된 곳이므로 문이 없지만 서·남·북쪽에는 각각 청동으로 된 문이 있습니다. 그 문에 새겨진 부조들도 아름다운데 문의 상단에는 예수의 일생이, 벽감에는 예수의 제자나 성인이 조각되어 있습니다.

서쪽 문의 상단에는 예수가 공생애 당시 사람들을 만나 설교하는 모습이, 청동문의 위쪽에는 병자들을 고쳐주는 모습이 새겨져 있습니다.

산상설교

병자를 고치는 예수

베드로

바오로

서쪽 문

사람들에게 설교하는 예수/산상설교(Sermon on the Mount)

병자들을 고쳐주는 예수

서쪽 문 벽감의 베드로(열쇠) 서쪽 문 벽감의 바오로(긴 칼)

성 알렉산드르 넵스키 제단의 베드로 성 카테리나 제단의 사도 바오로

그리고 문 아래쪽 벽감에는 열쇠를 들고 있는 베드로와 긴 칼을 들고 있는 바오로가 보입니다. 이 둘은 함께 등장하는 경우가 많은데, 상트페테르부르크에서도 그런 예를 자주 볼 수 있습니다. 대표적인 예가 바로 페트로파블롭스크 요새 및 교회입니다. 성 이삭 성당의 성 알렉산드르 넵스키 제단과 성 카테리나 제단에도 그들의 모습이 있으니 찾아보기 바랍니다.

남쪽 파사드
_동방박사와 목동들의 경배 4

자, 이제는 남쪽 파사드를 살펴봅시다. 관람객들은 남쪽 문을 통해 성당 안으로 들어갑니다.

박공 위에는 천사와 대화를 나누고 있는 복음서 저자가 있습니다. 예수의 제자이자 4대 복음서의 하나인 〈마태복음〉을 저술한 마태Matthew 입니다. 천사(혹은 날개 달린 사람)가 바로 그의 상징이랍니다.

남쪽 파사드

마태　　　　　　　　　　박공 왼쪽의 안드레아 입상　　　　루벤스, '순교자 성 안드레아'

　박공의 왼쪽에는 X자형 십자가에 몸을 기댄 안드레아가 보입니다. 순교 당시 X자형 십자가에 매달렸기 때문에 그의 상징은 X자형 십자가입니다.

　안드레아가 X자형 십자가에서 죽음을 맞이한 이유는 두 가지로 해석됩니다. 하나는, 그의 형인 베드로가 십자가형을 당할 때 "내가 어찌 감히 스승과 같은 자세로 죽을 수 있겠는가?" 하며 거꾸로 된 십자가에서 죽기를 자청한 것과 같이, 그 역시 스승이나 형과 같은 자세로 죽을 수 없다고 생각하여 X자형 십자가를 요구했다는 해석이 있습니다.

　다른 하나는, X자가 영어 알파벳의 X가 아니라 그리스어로 그리스도를 나타내는 'ΧΡΙΣΤΟΣ'의 첫 글자이므로, 예수를 상징하는 것으로 보아 X자형 십자가를 택했다는 해석도 있습니다.

　어느 쪽이 맞든지, X자는 안드레아를 상징하므로 기독교 관련 그림이나 조각에서 X자형 십자가와 함께 있으면 안드레아로 보면 됩니다.

빌립보

십자가를 들고 용을 퇴치하는 빌립보
(로마 산 조반니 인 라테라노 성당)

동방박사와 목동들의 경배

  박공 오른쪽에는 십자가를 들고 있는 빌립보가 있습니다. 그는 예수의 열두 제자 중 한 명으로 터키 파묵칼레 근처의 히에라폴리스Hierapolis-Pamukkale에서 순교한 것으로 알려졌습니다. 주로 작은 십자가를 든 모습으로 표현되며, 생전에 용의 모습으로 나타난 사탄을 퇴치한 일이 있기 때문에 용을 물리치는 모습으로 표현될 때도 있습니다.

  남쪽 파사드의 박공에는 갓 태어난 아기 예수를 찾아와 경배드리는 동방박사와 목동들이 보이는데, 기독교 미술에서 아주 흔하게 다루어지는 주제입니다.

남쪽 청동문의 상단에는 태어난 지 40일 만에 성전에 봉헌되는 예수의 모습이 보이고, 그 아래로는 헤롯왕의 박해를 피해 이집트로 도피하는 성 가족과 열두 살 때 예루살렘의 성전에서 학자들과 토론하는 예수가 새겨져 있습니다.

문의 왼쪽 벽감에는 러시아 장군의 복장을 한 알렉산드르 넵스키가 있고, 오른쪽 벽감에는 불칼을 들고 악룡을 무찌르는 대천사 미카엘이 보입니다. 알렉산드르 넵스키에 대해서는 넵스키 수도원 편에서 다시 이야기할 예정이므로 생략하고, 미카엘에 대해 간단히 알아보겠습니다. 미카엘은 악천사를 무찌르는 모습으로 주로 표현되지만, 때로는 악룡을 무찌르는 모습으로도 나타납니다. 미카엘이 악룡을 무찌르는 경우에는 성 조지와 혼동하기 쉬운데, 천사인 미카엘은 날개를 달고 있으니 그것으로 구분하면 되겠습니다. 성 이삭 성당 중앙 제단 쪽에는 악룡의 모습을 한 악천사를 무찌르는 미카엘이 있는데, 악천사와 악룡을 결합한 발상이 재미있습니다.

아기 예수의 성전 봉헌

천사의 인도를 받으며 이집트로 도피하는 성 가족

소년 예수가 성전에서 학자들과 토론함

성전 봉헌

이집트로의 도피   토론하는 예수

알렉산드르 넵스키   대천사 미카엘

남쪽 문

알렉산드르 넵스키   대천사 미카엘

성 이삭 성당 중앙 제단의 '악룡의 모습을 한 악천사를 무찌르는 대천사 미카엘'

북쪽 파사드_예수의 부활 5

파사드 설명으로는 마지막인 북쪽 면을 봅시다. 성당 내부 관람을 마친 사람들은 이곳을 통해 밖으로 나오게 됩니다.

박공 위의 복음서 저자는 독수리와 함께 있는 요한John the Apostle입니다. 사도 요한은 예수에게 세례를 준 세례자 요한과는 다른 인물입니다. 예수의 열두 제자 중에서 유일하게 순교하지 않고 천수를 누린 것으로 알려졌으며, 독수리가 상징물입니다.

북쪽 파사드

요한　박공 왼쪽의 베드로 입상　박공 오른쪽의 바오로 입상

예수의 부활

　　박공 왼쪽은 손에 열쇠를 들고 있으니 베드로입니다. 그는 네로 황제 시대에 로마에서 순교했으며, 그의 무덤 위에 세운 성당이 바티칸에 있는 성 베드로 대성당입니다. 그는 초대 교황으로 여겨집니다.

　　박공 오른쪽은 주로 베드로와 함께 표현되는 바오로입니다. 그의 상징인 긴 칼이 보입니다.

　　박공 안의 부조는 예수의 부활을 주제로 한 것인데, 이 또한 기독교 미술에서는 흔하게 다루어지는 내용이므로 설명을 생략하겠습니다.

예수의 예루살렘 입성

조롱당하는 예수 　태형 당하는 예수

성 니콜라스 　성 이삭

북쪽 문

예수의 예루살렘 입성

가시관을 쓰고 조롱당하는 예수

십자가형을 선고받은 뒤 태형 당하는 예수

　북쪽 문의 상단에는 유월절을 맞아 나귀를 타고 예루살렘에 입성하는 예수, 가시관을 쓰고 조롱당하는 예수, 십자가형을 선고받은 후 태형 당하는 예수의 모습이 보입니다.

　북쪽 문 벽감에는 미라의 주교 성 니콜라스와 달마시아의 성 이삭이 새겨져 있는데, 이들의 모습은 성 이삭 성당의 중앙 제단 쪽에서도 볼 수 있습니다.

　성 니콜라스는 블라디미르 대공이 기독교를 최초로 받아들일 때 이미 러시아에 전해진 성인으로, 가난한 자들을 위해 선행을 베풀고 뱃사람들을 보호하는 수호자로 여겨졌기 때문에 러시아 사람들의 각별한 사랑을 받았습니다. 그의 이름을 딴 성당이 도시마다 있고, 그의 이

성 니콜라스

성 이삭

성 이삭 성당 안의 성 니콜라스

성 이삭

름이 러시아 남자들의 이름으로 널리 쓰인 것은 그런 까닭 때문입니다.
성 이삭 성당에 그의 모습이 여러 군데 남아 있는 것도 같은 이유에서
일 것입니다.

최후의 심판

겟세마네 동산의 기도

최후의 만찬

성 이삭 성당의 중앙 제단(성당 중앙에서 동쪽 방향)

제단 주변 모자이크와 차르의 문 **6**

이제 성당 안으로 들어와 중앙 돔과 제단이 있는 부분을 살펴봅시다. 먼저 중앙 제단의 윗부분부터 살펴보겠습니다.

가장 높은 곳에 그려진 그림은 천장화로, 최후의 심판을 다루고 있습니다. 그림 중앙에 심판을 주재하는 예수의 모습이 보입니다.

그 아래로, 겟세마네 동산에서 기도하는 예수의 모습이 보입니다. 제자들과의 최후의 만찬을 끝낸 예수는 겟세마네 동산으로 가서 하느님

천장화 '최후의 심판'

에게 기도를 드렸다고 하는데,
기독교 성화에서 자주 다루어
지는 주제입니다.

겟세마네 동산의 기도

최후의 만찬

　최후의 만찬을 그린 그림이
그 아래에 있습니다. 레오나르
도 다 빈치의 작품이 워낙 유
명하다 보니 같은 주제를 그린
다른 그림들은 주목을 받지 못
하는 편이지만, 최후의 만찬을
그린 그림은 매우 많습니다.
이 그림에서는 오른쪽 앞쪽에
보이는 인물이 인상적입니다.
돈 상자를 움켜쥔 채 불안한
표정으로 눈치를 보는 이 사람이 스승을 팔아넘긴 배신자 유다입니다.

　이제 제단과 그 주변의 이콘을 살펴봅시다.

　러시아 정교회의 성당에서는 제단이 문으로 가려져 있는데, 성 이삭
성당의 제단을 가리는 문은 '차르의 문Tzar Gate'이라고 합니다. 차르의
문 너머로 보이는 예수의 스테인드글라스 그림이 감상의 핵심입니다.

　차르의 문 위로 '살바토르 문디 Salvator Mundi'가 보이는군요. '살바
토르'는 '구제하는 자', 또는 '구원하는 자'를 뜻하는 말이며, '문디'는
mundus(라틴어로 '세상', '우주', '세계', '하늘', '천공')의 소유격이니 '세상의'라
는 뜻입니다. 그러니까 이 둘을 합치면 '세상을 구원하는 자(구세주)'란
뜻이 되며, 기독교에서 예수를 가리키는 말로 쓰입니다. 살바토르 문디
를 보면 대개 예수가 지구를 들고 있는 모습인데, 이때의 지구는 세상

겟세마네 동산의 기도

최후의 만찬

살바토르 문디

카테리나와 마리아   미카엘

성 카테리나   넵스키   성모자   살바토르 문디   성 이삭   성 니콜라스

제단과 주변의 이콘

차르의 문과 제단이 있는 안쪽   스테인드글라스로 표현된 예수

살바토르 문디   성모자

(혹은 '세상의 모든 사람')을 상징하는 것으로 보면 되겠습니다. 차르의 문 오른쪽에 또 다른 살바토르 문디가 있으니 비교해 보세요. 그리고 차르의 문 왼쪽에는 아기 예수를 안고 있는 성모 마리아(성모자)가 있군요.

　제단의 왼쪽(제단을 바라보고 선 입장에서)은 성 카테리나 제단Altar of Saint Catherine이라고 하고, 오른쪽은 성 알렉산드르 넵스키 제단Altar of Saint Alexander Nevsky이라고 합니다. 알렉산드르 넵스키는 넵스키 수도원 편(338쪽)에서 다시 설명할 사람으로, 러시아 사람들에게는 나라를 구한 영웅으로 숭배의 대상입니다. 왼쪽 제단의 이름에 등장하는 성 카테리나는 신앙을 지키다가 순교하였는데, 수레바퀴에 매달려 온몸이 찢기는 상황에서도 믿음을 버리지 않았다고 합니다. 그래서 그녀는 대개 수레바퀴와 함께 그려지며, 수레제작자의 수호성인으로 여겨집니다. 종려나무 가지, 서책, 수레바퀴, 검 등이 상징물입니다.

　제단 주변에 그녀가 등장하는 두 점의 그림이 있는데, 아래쪽 그림은

살바토르 문디   성녀 카테리나   마리아 막달레나와 알렉산드리아의 카테리나

종려나무 가지와 수레바퀴가, 위쪽 그림은 검과 종려나무 가지가 보입니다.

중앙 제단이든 양쪽의 소제단이든, 제단 내부의 사진 촬영은 금지되어 있습니다. 아쉽지만, 성 카테리나 제단과 성 알렉산드르 넵스키 제단의 입구밖에 보여드릴 수 없는 이유입니다.

성 카테리나 제단   성 알렉산드르 넵스키 제단

중앙 돔과 그 주변 모자이크 7

이제 중앙 돔 안쪽 부분을 살펴봅시다.

돔 중앙에 비둘기가 보이는데, 이는 기독교의 삼위일체三位一體(성부인 하느님, 성자인 예수, 그리고 성령이 동일한 신격을 갖는다고 생각하는 기독교의 교리) 중 성령을 의미합니다. 비둘기 주변으로는 천사의 일종인 케루

비둘기와 케루빔

성모 마리아

성 이삭 성당의 중앙 돔 안쪽 장식

빔Cherubim(단수일 때는 케룹)이 보입니다.

돔 안쪽에는 성모 마리아를 중심으로 모인 성인 성녀들이 그려져 있습니다. 성모 마리아가 있는 곳이 그림의 중심인데, 그녀의 오른쪽(보는 이의 입장에서는 왼쪽)에는 세례자 요한John the Baptist이 있고, 왼쪽에는 사도 요한John the Apostle이 있습니다. 예수에게 세례를 준 세례자 요한은 짐승 가죽옷과 '세상의 죄를 지고 가는 하느님의 어린 양'이란 글귀가 쓰인 리본이 감긴 십자가가 상징물이며, 예수의 열두 제자 중 한 사람인 사도 요한은 독수리와 자신이 집필한 〈요한복음〉이 상징물입니다.

돔 그림 아래쪽으로는 열두 개의 천사 조각상과 그 사이에 그려진 열두 제자가 있습니다. 열두 제자들은 대개 신분을 짐작할 수 있는 상징물이 같이 그려지기 마련인데 이곳에서는 열쇠의 베드로(예수로부터 하늘나라의 열쇠를 받았다고 하여), X자형 십자가의 안드레아(X자형 십자가에서 죽었으므로), 긴 칼의 큰 야고보(참수당할 때 사용된 긴 칼이 상징물), 작은 칼의 바르톨로메오(작은 칼로 살가죽이 벗겨져 순교), 목공용 직각자의 도마

돔 중앙의 비둘기와 주위를 둘러싸고 있는 케루빔

성모 마리아와 사도 요한, 세례자 요한

천사상과 열두 제자 그림

베드로(열쇠)

안드레아(X자형 십자가)

(목수로 일하면서 선교 활동을 하다가 순교), 커다란 톱의 시몬(톱으로 목이 잘
려 순교) 등을 확인할 수 있습니다.

그리고 돔과 벽을 연결하는 펜던티브에는 4대 복음서 저자인 마태,
마가, 누가, 요한이 그려져 있고, 그 아래(펜던티브와 기둥 사이)에는 예수
의 삶과 관련된 그림이 있습니다. 함께 살펴보겠습니다.

예수에게 일어난 일을 기준으로 삼아 순서를 정하면 다음과 같이 될
것입니다.

겟세마네 동산에서 기
도를 하고 있던 예수에게
로마 병사들이 몰려옵니
다. 예수의 제자였던 유
다는 은화 30냥을 받기로
하고 로마 병사들과 미
리 약속을 해두었습니다.
즉, 자신이 입을 맞추는
사람이 예수이니 그를 체
포하라고 말이지요.

펜던티브의 그림

펜던티브와 기둥
사이 그림

펜던티브와 기둥 위에 그려진 그림들

큰 야고보(긴 칼)　바르톨로메오(작은 칼)　　도마(직각자)　　　　시몬(톱)

　예수에게 입을 맞추는 유다가 그려진 그림 위에 〈마가복음〉의 저자 마가가 있습니다.

　로마 병사들에게 체포된 예수는 당시의 유대 총독이었던 빌라도의 법정으로 끌려갑니다. 빌라도는 예수의 행적에서 벌을 줄 만한 점을 찾지 못해 풀어주고자 했지만, 군중들이 벌떼처럼 몰려와 그를 십자가형에 처하라고 요구하자 굴복하고 맙니다. 빌라도는 그때 "나는 이 사람이 흘리는 피에 대해서는 책임이 없다."고 선언하고, 손을 씻었다고 합니다. 끌려가는 예수 뒤로 손을 씻는 빌라도가 보이는 그림 위에 〈마태복음〉의 저자 마태가 그려져 있습니다.

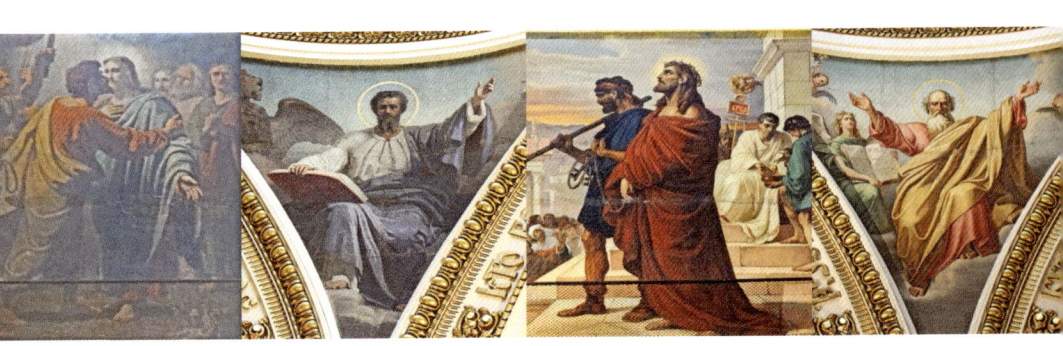

예수에게 입을 맞추는　　마가　　　　　　　　빌라도와 예수　　　　　　마태
유다

태형을 당하는 예수　　요한　　　　　　십자가를 메고 가는 예수　　　　누가

　빌라도의 법정에서 최고형인 십자가형을 선고받은 예수는 형이 집행되기 전에 숱한 모욕과 육체적 학대를 당합니다. 옷 벗김과 조롱, 그리고 태형을 당하는 예수를 그린 그림 위에 〈요한복음〉의 저자 요한의 모습이 보입니다.

　십자가형을 선고받은 예수는 형이 집행되는 장소인 골고다 언덕까지 자신이 매달릴 십자가를 메고 올라갑니다. 십자가의 무게를 견디지 못하고 쓰러진 예수를 보며 슬픔에 겨워 실신 지경에 이른 여인은 성모 마리아이며, 그 옆의 젊은 여인은 마리아 막달레나로 보입니다.

　십자가를 메고 가는 예수를 그린 그림 위에는 〈누가복음〉의 저자인 누가가 그려져 있습니다.

데카브리스트의 반란과 밀로라도비치의 죽음

성 이삭 성당에서 가까운 거리에 표트르 대제의 청동 기마상이 있습니다. 표트르 대제가 타고 있는 말을 보면 뒷다리로는 악의 상징인 큰 뱀을 밟고 앞다리는 높이 들고 있는데, 이는 표트르 대제가 스웨덴을 상대로 거둔 승리를 뜻하는 것입니다. 이 기마상은 예카테리나 2세가 표트르 대제를 위해 만든 것으로, 그녀는 위대한 황제였던 표트르 대제의 후계자임을 의도적으로 강조 했습니다. 기단부에 새겨진 문장은 '표트르 대제에게 바친다. 예카테리나 2세, 1782년'이란 뜻입 니다.

그런데 표트르 대제의 청동 기마상 앞에서 어떤 남자가 저격당하는 장면을 그린 그림이 있습니 다. 이것은 미하일 안드레예비치 밀로라도비치Mikhail Andreyevich Miloradovich, Михаил Андреевич Милорадович 가 데카브리스트의 반란 때 암살당하는 장면입니다. 여기서는 데카브리스트의 반란 과 그 와중에 암살당한 밀로라도비치에 대해 알아보겠습니다.

먼저, 데카브리스트의 반란Decembrist revolt에 대해 알아봅시다.

알렉산드르 1세 치세 당시, 프랑스와 잦은 전쟁을 치르며 유럽 문물을 접한 젊은 장교들은 자유 와 새로운 사상에 눈을 뜬 상태였습니다. 그들은 농노제로 인한 러시아 농민들의 비참한 삶에 대해 알게 되었고, 무능하고 부패한 지배 계층에 의한 정치적 난맥상도 비판적인 시각으로 볼

표트르 대제의 기마상

작자 미상, '밀로라도비치의 죽음'

Vasily Timm, '데카브리스트의 난'

수 있게 되었지요. 그래서 농노제 폐지와 입헌정치 제도 도입을 요구하며 비밀 결사 단체를 조직했습니다.

알렉산드르 1세가 사망한 직후, 러시아 제국은 후계자 문제로 혼란스러워집니다. 아들을 두지 못한 상태에서 급작스럽게 사망한 알렉산드르 1세의 뒤를 누가 이어야 하나 하는 문제가 대두된 것입니다. 죽은 황제의 동생에게 황위를 물려주는 것에는 이의가 없었는데, 과연 어느 동생에게 물려줄 것인가 하는 문제가 남았습니다. 파벨 1세의 장남이 알렉산드르 1세이고, 차남은 콘스탄틴 파블로비치이며, 삼남은 니콜라이 파블로비치였습니다.

알렉산드르 1세는 생전에 니콜라이를 후계자로 생각했고, 콘스탄틴의 동의도 받았던 것으로 알려졌습니다. 그러나 명확하게 후계자 결정이 안 된 상태에서 알렉산드르 1세가 사망하자 문제가 된 것입니다. 그 와중에 황제가 남긴 비밀문서가 발견되었는데 거기에 니콜라이를 후계자로 삼는다는 내용이 있었으므로 콘스탄틴의 동의를 받고 니콜라이가 황제로 등극합니다. 그가 바로 니콜라이 1세입니다.

젊은 장교들은 니콜라이가 황제로 등극하기 전 혼란을 틈타 거사를 일으켰습니다. 이들이 집단으로 반발하며 봉기한 것이 1825년 12월 14일의 일로, 러시아어로 12월을 '데카브리Dekabri, декабрь'라고 하므로 그들을 '데카브리스트Dekabrist'라고 하고 그들이 일으킨 반란은 '데카브리스트의 난'이라고 합니다.

새 황제인 니콜라이 1세로서는 처음부터 시위대를 강경 진압할 수 없었습니다. 즉위하자마자 피를 흘리는 사태가 벌어지면 민심이 멀어질 것이기 때문이었습니다. 그래서 미하일 밀로라도비치 장군을 보내 시위대를 설득하려고 했는데, 그만 그가 시위대의 총을 맞고 사망한 것입니다. 앞에서 본 그림은 그 순간을 그린 것입니다.

결국 니콜라이 1세는 발포 명령을 내리고 강경 진압을 지시합니다. 그로 인해 600여 명의 관련자가 체포되어 주모자인 파벨 페스텔, 콘드라티 릴레예프, 세르게이 무라비요프, 페스트체프 류민, 페테르 카홉스키가 1826년 7월 25일에 처형당했으며, 120여 명이 시베리아 유배형에 처해졌습니다.

데카브리스트의 난은 비록 실패로 돌아갔지만, 그들이 주장한 농노제 폐지와 입헌군주제 채택 등은 이후 러시아의 사회 변혁에 영향을 미쳤습니다.

데카브리스트의 난으로 처형당한 사람 5명

파벨 페스텔
(Pavel Pestel)

페테르 카홉스키
(Peter Kakhovsky)

콘드라티 릴레예프
(Kondraty Ryleyev)

세르게이 무라비요프
(Sergei Muraviev)

미하일 류민
(Mikhail Ryumin)

George Dawe, '밀로라도비치의 초상'

그러면 데카브리스트의 난 때 암살당한 미하일 밀로라도비치는 누구일까요. 그는 1812년 프랑스를 상대로 벌인 조국 전쟁에서 활약한 영웅으로, 11월 초 비아즈마에서 프랑스군의 진군을 저지하는 성과를 거두었습니다. 그는 전쟁 중에 한 번도 심각한 부상을 입지 않아 '운 좋은 밀로라도비치'라는 별명을 얻었지만, 불행히도 데카브리스트를 설득하기 위해 나섰다가 동족의 손에 목숨을 잃은 것입니다.

참고로 그는 자신의 영지 내에서 농노제를 폐지하여 사람들로부터 인기가 많았다고 하니, 데카브리스트가 적대시할 이유가 없는 사람이었습니다. 반란이란 극단적인 상황 속에서 벌어진 우발적인 사건이었던 것으로 보입니다.

5장

카잔 대성당

Kazan Cathedral
Казанский кафедральный собор
Kazanskiy kafedral'nyy sobor

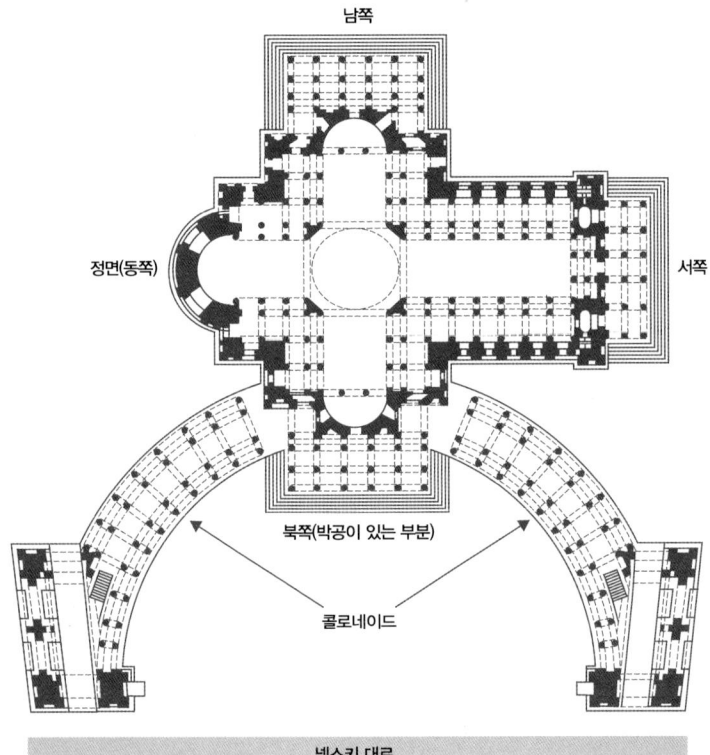

남쪽

정면(동쪽)

서쪽

북쪽(박공이 있는 부분)

콜로네이드

넵스키 대로

카잔 대성당 평면도

러시아인들의 자부심의 근원, 카잔 대성당 ①

상트페테르부르크의 카잔 대성당Kazan Cathedral, Каза́нский кафедра́льный собо́р은 건축가 바로니킨A.Varonikhin에 의해 1801년부터 10년에 걸쳐 지어졌습니다. 이곳은 러시아 정교회의 사원이자 러시아군의 영광을 상징하는 장소입니다. 이 성당이 완공된 직후에 프랑스와 벌인 조국 전쟁에서 러시아가 승리하기 때문입니다. 그래서 성당 앞에는 그때의 승리에 큰 역할을 한 두 명의 지휘관 동상(이 두 인물에 대해서는 뒤에서 설명)이 서 있고, 그중의 한 명인 쿠투조프는 성당 안에 잠들어 있습니다. 그리고 조국 전쟁 당시 프랑스군으로부터 빼앗은 107개의 군기가 보관되어 있어 러시아 사람들에게는 자부심의 근원이 되고 있답니다.

그리스도 부활 성당이 양파 모양의 독특한 지붕들로 시선을 끌고, 성이삭 성당이 황금빛 찬란한 돔으로 존재감을 과시한다면, 카잔 대성당은 콜로네이드colonnade가 단연 돋보입니다. 마치 큰 날개를 활짝 펼쳐서 사람들을 포근히 감싸 안으려는 듯한 건물 형태는 신의 너그러운 사랑을 상징하는 것만 같습니다.

콜로네이드란 우리말로는 '회랑回廊'이라고 할 수 있는데, 서양 건축에서 일정한 간격을 두고 늘어선 기둥列柱, 혹은 그 기둥들이 만드는 복도列柱廊를 의미합니다.

그런데 카잔 대성당을 이런 형태로 짓게 된 데에는 피치 못할 사정이

카잔 대성당의 콜로네이드

있었다고 합니다. 러시아 정교회의 제단은 동쪽에 배치해야 하는데, 그러자면 건물의 측면이 넵스키 대로_{Nevsky prospekt}를 향하게 되는 문제가 있었습니다. '상트페테르부르크의 중앙로'라고 할 수 있는 넵스키 대로에서 대성당의 측면을 보게 되는 것은 아쉬운 일이었지요. 그래서 그 문제를 해결하기 위해 대성당 건물의 측면(넵스키 대로 쪽에서 보이는 북쪽 면)에 반원형의 콜로네이드를 설치하였다고 합니다. 사람들의 시선이 밋밋한 측면 벽이 아닌, 웅장한 콜로네이드로 가도록 말입니다.

그런데 콜로네이드가 장관인 경우를 우리는 바티칸의 성 베드로 대성당에서 볼 수 있습니다. 카잔 대성당의 우람한 콜로네이드를 본 순간 성 베드로 광장을 둘러싼 수많은 기둥들을 연상했는데, 그럴 만한 이유가 있었습니다. 카잔 대성당이 성 베드로 대성당을 모방한 것입니다. 그리고 보니 돔 지붕의 모양도 성 베드로 대성당을 닮았습니다. 물론 규모는 크게 차이가 나지만 말입니다.

바티칸 성 베드로 대성당의 콜로네이드

　　비록 러시아 정교회와 로마 가톨릭은 대립적인 부분이 있지만, 멋진
성당을 짓기 위해서라면 로마 가톨릭의 요소도 기꺼이 수용했던 러시
아 사람들의 열린 자세를 카잔 대성당에서 볼 수 있습니다.

카잔의 성모

'카잔 대성당'이란 이름을 갖는 성당이 상트페테르부르크에만 있는 것은 아닙니다. 다른 도시들에도 있지요. 이 성당들이 같은 이름을 갖는 이유는 '카잔의 성모Our lady of Kazan, Казанская Богоматерь'에게 봉헌된 곳이기 때문입니다.

카잔 대성당 안에 들어서면 이색적인 장면이 눈 앞에 펼쳐집니다. 제단을 향해 길게 줄을 선 사람들의 모습이 그것입니다. 그들이 향하는 곳을 따라가 보면, 하나의 작은 이콘이 보입니다. 바로 이 성당을 봉헌 받은 주인공인 '카잔의 성모'입니다.

'카잔의 성모'는 볼가 강 유역의 도시인 카잔에서 1579년에 발견된 것으로 알려진 성모자 이콘을 말합니다. 전설에 의하면 카잔에 사는 어느 소녀가 꿈에 성모를 만났는데, 성모는 소녀에게

'카잔의 성모'를 경배하기 위해 줄을 선 사람들

특정한 장소를 일러주며 그곳을 파보라고 하였다는 것입니다. 여러 차례 같은 꿈을 꾼 소녀는 이상하게 생각하여 어머니에게 말했고, 소녀의 어머니는 소녀가 알려준 곳을 찾아가 이 이콘을 발견했다고 합니다.

'카잔의 성모'가 발견된 후 잇달아 기적적인 일들이 일어났고, 영험함이 소문난 후 카잔의 수호성인으로 여겨졌습니다.

1612년 폴란드와의 전쟁에서 승리한 후 모스크바 카잔 대성당으로 옮겨졌고, 카잔의 성모는 러시아의 수호성인으로 위상이 높아졌습니다. 그러다가 상트페테르부르크의 카잔 대성당이 완공된 직후인 1811년에 이곳으로 다시 옮겨졌는데, 당시 러시아의 수도가 상트페테르부르크였다는 점이 고려된 것으로 보입니다.

'카잔의 성모' 원본은 1904년에 도난당했고, 아마도 훼손되었을 것으로 추정됩니다. 현재 카잔 대성당에 있는 '카잔의 성모'는 원본을 바탕으로 좀 더 화려하게 주변을 장식한 작품입니다. 이 성모상은 '길의 인도자 성모(호디기트리아)'의 변형으로 보이는데, 원본에 가까운 카잔의 성모상은 16세기에 모사된 작품을 통해 짐작할 수 있습니다.

'카잔의 성모' 이콘   카잔의 성모상(16세기 모사품)

박공 위 '세상을 보는 눈' ②

카잔 대성당 입구(콜로네이드가 있는 쪽)의 박공 위에는 '세상을 보는 눈all seeing eye', 혹은 '섭리의 눈Eye of Providence'이라고 불리는 조형물이 조각되어 있습니다. 삼각형 안에 눈이 그려져 있는데 이것을 '세상 모든 것을 다 보는 눈', 즉 '신의 섭리를 나타내는 눈'이라고 합니다. 눈을 삼각형 안에 그려 넣은 것은, 성부와 성자와 성령이 하나라는 기독교의 삼위일체 사상에 기인한 것으로 봅니다. 광채처럼 사방으로 뻗어 나가는 선은 있을 때도 있고 없을 때도 있는데, 태양이 온 세상을 환히 비추듯이 신의 혜안이 세상 모든 것을 다 굽어보는 것을 의미하지요.

기독교 관련 그림이나 건축물에서 '세상을 보는 눈'을 종종 볼 수 있는데, 특히 상트페테르부르크에서는 흔하게 볼 수 있기 때문에 설명했습니다.

'세상을 보는 눈'과 관련하여 재미있는 것이 하나 있습니다. 베트남에는 카오다이교Cao dai敎, 高台敎라고 하는 독특한 종교가 있습니다. 20세기 초에 나타난 신흥종교인데, 불교·기독교·도교·유교·민간 신앙 등을 결합한 것이라고 합니다. 카오다이교의 상징은 '천안天眼'이라고 하는 눈입니다. 세상을 꿰뚫어 보는 눈이라고 하니, 이것은 기독교의 '세상을 보는 눈'을 모방한 것이 분명해 보입니다. 그런데 그것을 불교를 상

징하는 연꽃으로 감싸서 기독교와 불교를 교묘하게 융합시켰으니, 세
상에 다시없는 복합적인 종교 상징입니다.

카잔 대성당 박공 위의 '세상을 보는 눈'

성 이삭 성당 제단의 '세상을 보는 눈'

베트남의 신흥 종교인 카오다이교의 상징에 사용된 '세상을 보는 눈'

성서 이야기를 담은 외부 부조들 ③

　카잔 대성당 건물 외벽에는 성서 속의 이야기를 담은 부조들이 여러 점 있습니다. 그것들이 무슨 내용을 담고 있는지 알아봅시다.

　정면에서 콜로네이드를 보았을 때 가장 바깥쪽에 해당하는 곳의 위쪽에 모세와 관련된 부조들이 있습니다. 왼쪽에는 하느님이 모세 앞에 나타난 상황으로, 불타는 떨기나무 가운데 하느님이 있는 걸 보고 모세가 놀라는 장면입니다. 그리고 오른쪽은 모세가 시나이Sinai 산에서 십계명을 받는 장면입니다.

　그리고 북쪽문 주변에는 예수 탄생 무렵의 일들인 수태고지(대천사 가브리엘이 마리아를 찾아와 성령으로 잉태하게 될 것임을 알려줌. 블라디미르 동상 위), 목동들의 경배(예수가 탄생한 직후 근처에 있던 목동들이 찾아와 경배드림. 안드레아 동상 위), 동방박사의 경배(동방에 살던 세 명의 박사가 예수의 탄생을 알고 찾아와 황금과 유향과 몰약을 바치며 경배드림. 세례자 요한 동상 위), 이집트로의 도피(유대의 왕이 될 아기가 태어났다는 소문을 들은 헤롯왕이 그 무렵 태어난 아기들을 모두 죽이라고 하여 요셉이 마리아와 아기 예수를 데리고 이집트로 도피함. 넵스키 동상 위) 등이 차례대로 부조로 표현되어 있습니다.

모세 앞에 나타난
하느님

십계명을 받는
모세

문 주변의 동상과 부조

카잔 대성당 외관

불타는 떨기나무 사이로 하느님을 보고 놀라는 모세(왼쪽)

시나이 산에서 하느님으로부터 십계명을 받는 모세(오른쪽)

블라디미르 동상과
'수태고지(Annunciation)'
부조

안드레아 동상과 '목동들의 경배
(Adoration of the shepherds)'
부조

세례자 요한 동상과 '동방박사의
경배(Adoration of the Magi)'
부조

넵스키 동상과 '이집트로의
도피(Flight into Egypt)'
부조

산 조반니 세례당 청동문을 닮은 북쪽 문 4

카잔 대성당의 출입문은 두 군데 있습니다. 콜로네이드가 있는 쪽(북쪽)에 하나가 있고, 반대편(남쪽)에 또 하나가 있습니다. 콜로네이드 쪽의 원래 문은 현재 사용하지 않으며 그 옆에 작은 문을 따로 만들어놓았는데, 여행자들은 주로 그 문을 이용합니다.

그런데 피렌체에서 산 조반니 세례당San Giovanni Battista Firenze의 동쪽 문(일명 '천국의 문')을 본 적이 있는 사람이라면, 카잔 대성당의 북쪽 문

북쪽 문   남쪽 문

카잔 대성당 북쪽 문   산 조반니 세례당 동쪽 문

을 보면서 이상하다는 느낌을 받게 될 것입니다. 두 문의 부조가 닮은 꼴이기 때문입니다. 산 조반니 세례당의 문은 황금을 입혀 번쩍거리고 카잔 대성당의 문은 청동으로 된 민낯 그대로라는 점이 외형상의 차이점이고, 세부적으로 따져 보면 장면들의 배치가 다소 달라진 것이 또 다른 차이점입니다. 모두 열 개의 장면으로 이루어진 두 개의 문에는 성서 속의 이야기가 동일하게 담겨 있습니다. 장면의 배치를 바꾼 이유는 알 수 없지만 르네상스 시대의 찬란한 예술을 모방하고자 했던 러시아 사람들의 열망이 반영된 것은 분명해 보입니다.

참고로, 산 조반니 세례당 문의 부조를 보여드립니다. 비교하면서 보면 이해하기 쉬울 것 같아서입니다. 부조의 순서는 산 조반니 세례당 문을 기준으로 했습니다.

아담과 이브의 창조	카인과 아벨
노아와 대 홍수	아브라함과 이삭
솔로몬과 시바의 여왕 (에서와 야곱)	십계명을 받는 모세 (야곱의 아들 요셉)
야곱의 아들 요셉 (십계명을 받는 모세)	에서와 야곱 (여호수아)
여호수아 (다윗과 골리앗)	다윗과 골리앗 (솔로몬과 시바의 여왕)

카잔 대성당 문의 장면 배치. 괄호 안은 산 조반니 세례당 문의 장면 배치

아담과 이브의 창조 　　카인과 아벨

노아와 대홍수 　　아브라함과 이삭

에서와 야곱 　　야곱의 아들 요셉

십계명을 받는 모세 　　여호수아

다윗과 골리앗 　　솔로몬과 시바의 여왕

북쪽 문 좌우 전신 조각상들 5

  카잔 대성당의 북쪽 문 주변에는 네 명의 전신 조각상이 세워져 있습니다. 왼쪽부터 차례로 이야기하자면, 가장 왼쪽이 키예프 대공 블라디미르이고, 문의 왼쪽이 성 안드레아이며, 문 오른쪽은 세례자 요한, 그 오른쪽이 알렉산드르 넵스키입니다.

북쪽 문 주변의 인물상

블라디미르 대공   성 안드레아   세례자 요한   알렉산드르 넵스키

이들 가운데 예수에게 세례를 준 사람인 세례자 요한John the Baptist과 예수의 열두 제자 중 한 사람인 성 안드레아Saint Andrew는 성서 속의 인물이고, 블라디미르 대공과 알렉산드르 넵스키는 러시아 정교회에서 성인으로 추앙하는 실존 인물입니다. 블라디미르 대공에 관한 이야기는 '국립 러시아 박물관' 편(130, 136쪽)에서 했고, 알렉산드르 넵스키에 관한 이야기는 '넵스키 수도원' 편(338쪽)에서 할 예정이므로 여기서는 생략합니다.

세례자 요한과 성 안드레아는 스승과 제자 사이였습니다. 성 안드레아가 세례자 요한의 제자였지요. 전하는 이야기에 따르면, 세례자 요한은 세례를 받기 위해 자신을 찾아온 예수를 가리키며 사람들에게 "저 분은 이 세상의 죄를 없애기 위해 이 땅에 오신 하느님의 어린 양이십니다."라고 했다 합니다. 성 안드레아는 스승으로부터 그 말을 듣고 예수에 대해 관심을 갖게 되었고, 나중에 제자가 되었다고 하지요.

성 안드레아는 러시아와 각별한 인연이 있는 사람입니다. 그는 AD 1

세기경에 예루살렘을 떠나 흑해 연안에 도착하여 선교 활동을 시작했고, 후에 키예프와 노브고로드로 선교 지역을 확장했다고 합니다. 최초로 러시아 땅에 기독교 사상을 전파한 사람인 셈이지요. 그런 까닭에 그는 러시아의 수호성인으로 추앙받습니다. 카잔 대성당에 그의 조각상이 서 있는 이유는 그렇게 해석하면 될 것 같습니다.

베드로의 동생이었던 성 안드레아는 예수의 제자가 되기 전에 어부였기 때문에 그의 상징물은 그물과 물고기이고, X자형 십자가에서 순교했기 때문에 X자형 십자가Crux decussata(성 안드레아의 십자가) 역시 그의 상징물로 봅니다. 카잔 대성당 입구에 서 있는 성 안드레아가 X자형 십자가를 들고 있는 것은 그런 까닭에서입니다.

성 안드레아는 앞에서 말한 대로 어부 출신이었기 때문에 어부와 생선 장수의 수호성인으로 여겨지며, 의미가 확대되어 해군의 수호성인으로도 여겨집니다. 특히 러시아는 해군 깃발에 성 안드레아의 상징인 X자형 십자가를 사용합니다. 이 문양은 다양한 깃발에 응용되는데, 대개 해군과 관련된 것이라고 보면 됩니다.

러시아 해군의 날 거리 풍경. 보이는 깃발은 러시아 해군기

대성당 좌우의 러시아 영웅 동상 **6**

넵스키 대로 쪽에서 카잔 대성당 콜로네이드를 바라보고 섰을 때 양쪽에 동상 두 개가 보입니다. 왼쪽이 미하일 쿠투조프의 동상이고, 오른쪽이 바클라이 드 톨리의 동상입니다. 이들이 누구인지에 대해 알아봅시다.

미하일 쿠투조프Mikhail Kutuzov, князь Михаил Кутузов 는 한 마디로 '조국 전

미하일 쿠투조프와 바클라이 드 톨리 동상의 위치

쟁의 영웅'이라고 할 수 있는 인물입니다.

1745년 9월에 상트페테르부르크에서 태어난 미하일 쿠투조프는 군인이 된 뒤 폴란드와의 전쟁에 이어 오스만튀르크와의 전쟁에서도 눈부신 활약을 하며 명성을 얻었습니다. 그러나 영광에는 그늘이 따르기 마련인지라, 전쟁 중에 한쪽 눈을 잃고 맙니다.

그의 이름을 러시아 역사에 뚜렷하게 새기게 만든 사건은 바로 나폴레옹의 러시아 침공(1812년)이었습니다. 당시 유럽을 제패하며 승승장구하던 프랑스군에 맞서기에는 역부족이라고 생각한 당시 지휘관인 바클라이 드 톨리 장군은 청야淸野 전술(적이 사용할 만한 군수물자와 식량 등을 모두 없애 적을 지치게 만드는 것)을 택하고자 했습니다. 그러나 이를 비겁한 후퇴라고 오해한 사람들의 반발에 부딪혀 그는 퇴임하고, 후임으로 러시아 군대를 지휘하게 된 인물이 바로 미하일 쿠투조프였습니다.

미하일 쿠투조프의 동상

쿠투조프는 불명예 퇴진한 전임자의 전략을 따르기 어려운 상황 속에서 전면전(보르디노 전투)을 펼쳤지만 양측의 피해가 막심했습니다. 그렇게 되고 보니 승산 없는 전면전보다는 프랑스군에게 큰 타격을 줄 수 있는 전략이 필요하다는 것을 깨닫게 되었지요. 그래서 내린 결론이 바클라이 드 톨리가 시도하려고 했던 청야 전술이었습니다.

필리(Fili) 마을에서 청야 전술에 관해 논의하는 쿠투조프(왼쪽에 앉아 있는 사람)

러시아군의 저항을 받지 않고 모스크바까지 진군한 나폴레옹은 적의 심장부에 도착했기 때문에 자신이 승리했다고 생각했습니다. 그러나 한겨울의 혹한이 닥친 텅 빈 모스크바는 프랑스군에게 재앙일 뿐이었습니다. 먹을 것도, 쉴 곳도 없는 모스크바에서 죽음보다 무서운 공포를 느낀 프랑스군은 퇴각을 결정합니다. 그러자 쿠투조프는 퇴각하는 프랑스군을 추격하여 무찌르라는 명령을 내립니다. 결국 프랑스군은 69만여 명 중 겨우 9만여 명만이 고국 땅을 밟았고, 이후 나폴레옹은 몰락의 길을 걷게 됩니다. 반대로 쿠투조프는 육군 원수에 오르고 '스몰렌스크 공작 전하His Serene Highness Knyaz Smolensky, Светлейший князь Смоленский'라는 명예로운 작위를 받았으니, 그의 완벽한 승리였습니다.

에르미타주 미술관의 밀리터리 갤러리에 그의 전신 초상화가 걸려 있는 것은 그의 위대한 승리를 기리기 위함일 것입니다.

카잔 대성당에서 치러진 미하일   카잔 대성당에 있는 미하일 쿠투조프의 묘   바클라이 드 톨리의 동상
쿠투조프의 장례식

쿠투조프는 1813년 4월 28일에 사망했는데, 카잔 대성당에서 장례식
이 치러졌고 유해는 대성당 안에 안치되었습니다.

쿠투조프의 반대쪽, 즉 오른쪽에 서 있는 동상은 러시아 제국의 육군
원수였던 바클라이 드 톨리Barclay de Tolly, Барклай-де-Тóлли의 것입니다.

17세기에 러시아로 이주한 스코틀랜드 가문 출신인 바클라이 드 톨
리는 1786년 러시아군에 입대해 육군 원수까지 지낸 인물입니다. 핀란
드, 터키, 스웨덴, 폴란드 등, 러시아가 주변 국가들과 치른 전쟁마다
참전하여 공을 세웠습니다.

나폴레옹이 러시아를 침략한 조국 전쟁 때 청야 전술을 제안했다가
당시의 황제였던 알렉산드르 1세로부터 비난받았고, 스몰렌스크에서
패배(1812년)한 후 사령관직을 박탈당했습니다. 그의 뒤를 이어 사령관
이 된 사람이 바로 앞에서 이야기한 미하일 쿠투조프입니다.

에르미타주 미술관 밀리터리 갤러리에 있는 조지 다위(George Dawe)의 미하일 쿠투조프(왼쪽)와 바클라이 드 톨리(오른쪽)의 초상화

　청야 전술에 대한 오해 때문에 명예롭지 못하게 물러났지만 쿠투조프가 같은 전술을 택해 나폴레옹 군대를 패퇴시켰으므로, 결과적으로 바클라이 드 톨리의 생각이 옳았다는 것이 증명된 셈입니다.

　그는 1813년에 다시 사령관에 복귀하였으며, 1814년에 러시아가 파리를 침공할 때 공을 세워 파리에서 육군 원수에 임명되었고, 전쟁이 끝난 후 공작 작위를 받았습니다.

　에르미타주 미술관 밀리터리 갤러리에는 미하일 쿠투조프와 함께 바클라이 드 톨리의 전신 초상화가 걸려 있으니 비교하며 보면 좋을 것입니다.

성 베드로 대성당을 닮은 중앙 돔과 정교회 양식의 제단 7

카잔 대성당은 애초에 바티칸의 성 베드로 대성당을 모델로 하였기 때문에 외관이 유사합니다. 콜로네이드가 그렇고, 돔 지붕이 그러합니다.

내부도 마찬가지입니다. 성 베드로 대성당이 훨씬 웅장하고 화려하지만, 기본적인 디자인은 비슷합니다. 특히 돔 아래쪽의 펜던티브pendentive에 그려진 4대 복음서 저자는 같은 의미를 가지며, 많은 성

성 베드로 대성당 돔

카잔 대성당 돔

누가　　마가

요한　　누가

마태　　요한

마태　　마가

성 베드로 대성당 돔 내부와 4대 복음서 저자

카잔 대성당 돔 내부와 4대 복음서 저자

판테온의 돔 내부

당들의 같은 위치에서 볼 수 있는 주제입니다.

돔의 내부 형태만 놓고 본다면, 카잔 대성당은 성 베드로 대성당보다는 로마 판테온을 더 닮았다고 할 수 있습니다. 서양 건축에서 볼 때 로마 판테온은 이후에 등장하는 모든 돔 건축물의 원형이 됩니다. 카잔 대성당도 그중의 하나인 것이지요.

카잔 대성당 내부의 첫인상은 '다른 성당(예컨대 성 이삭 성당이나 그리스도 부활 성당)에 비해 수수하구나.' 하는 것입니다. 물론 카잔 대성당도 나름대로 정성을 다해 꾸몄지만, 비교적 소박하고 간결한 장식이 특징입니다.

제단의 천장 쪽 벽에는 '최후의 만찬'이 그려져 있고 중앙 제단은 문으로 가려져 있습니다. 러시아 정교회의 성당은 가톨릭 성당과는 달리, 중앙 제단이 문으로 가려져 있는 게 독특합니다. 성 이삭 성당이나 그리스도 부활 성당의 경우가 그렇고, 카잔 대성당도 마찬가지입니다. 성당에서 가장 중요한 곳은 물론 중앙 제단이겠지만, 그곳과 바깥을 구분해주는 역할을 하는 문도 온갖 정성을 다해 만든 것이라 보는 재미가 있습니다.

최후의 만찬

중앙 제단

카잔 대성당 내부

최후의 만찬

세상을 보는 눈

예수의 부활

예수의 변용

제단 문

흰 옷 입은 예수

마태

요한

카잔의 성모

대천사 가브리엘

동정녀 마리아

누가

마가

중앙 제단을 가려주는 역할을 하는 문이 있는 공간

1703년 당시의 페트로파블롭스크 요새 모습   페트로파블롭스크 요새 건설을 지휘하는 표트르 대제

전통적으로 러시아를 괴롭힌 외적 중에서 가장 강력한 위협은 몽골족(타타르)이었습니다. 그러나 표트르 대제가 제위에 있던 시절에는 몽골족이 내분에 휩싸이며 세력을 잃었기 때문에 러시아로서는 한 시름 덜 수 있었습니다. 그러나 서북쪽으로부터의 위협은 여전했지요.

러시아의 서북쪽에는 스웨덴이라고 하는 군사 강국이 있었습니다. 북유럽을 제패한 스웨덴은 발트 해 너머의 러시아로 세력을 확장하려고 호시탐탐 기회를 엿봤고, 더구나 젊고 패기만만한 칼 12세Karl XII는 군사적인 지략이 뛰어난 인물이었습니다. 러시아로서는 꽤나 괴로운 상황이었지요.

무슨 수를 쓰든지 유럽과 교류하면서 유럽의 선진 문물을 받아들이고 싶었던 표트르 대제에게 스웨덴은 걸림돌이자 위협이었습니다.

표트르 대제는 유럽과 가까우면서 바다를 통해 유럽과 쉽게 연결되는 곳에 새로운 도시를 건설하기로 결정했는데, 제일 큰 문제는 그곳이 스웨덴과 국경을 마주한 곳이라는 점이었습니다. 당시 사람들은 그런 이유로 상트페테르부르크 건설을 반대했다고 합니다.

신도시 건설을 발표한 다음, 제일 먼저 네바 강변의 자야치 섬에 요새부터 짓기 시작한 것은 스웨덴의 공격으로부터 새로운 도시를 지켜 내기 위함이었습니다. 그러나 표트르 대제의 걱정과는 달리 1703년에 요새 건설을 시작한 이후로 스웨덴으로부터의 공격은 없었고, 오히려 1709년의 폴타바 전투에서 러시아가 승리하고 스웨덴이 몰락하는 바람에 이 요새는 자신의 존재 이유를 과시할 기회를 얻지 못했습니다.

그렇더라도 상트페테르부르크의 발상지나 다름없는 이곳은 철옹성 같은 성벽을 통해 시민들에게 도시가 안전하게 지켜질 거라는 믿음을 주었으며, 요새 중앙에 위치한 페트로파블롭스크 교회는 종교적 구심점으로서 제 역할을 다했습니다.

요새의 이름은 예수의 수제자인 베드로와 예수의 복음을 세상에 전했던 사도 바오로에게서 나왔습니다. 그 둘은 그림이나 조각에 함께 등장하는 경우가 흔한데, 국립 러시아 박물관에 그들의 모습이 담긴 이콘이 있고, 에르미타주 미술관에도 엘 그레코El Greco의 작품이 있습니다.

'베드로와 바오로'(국립 러시아 박물관 1번 방)   엘 그레코, '베드로와 바오로'(에르미타주 미술관 240번 방)

위대한 황제, 표트르 대제

러시아 제국의 여러 황제들 중에서 '대제大帝'
란 이름이 부끄럽지 않은 걸출한 인물이 바로
표트르 1세입니다. 그는 러시아 내부의 행정 체
계를 확립하여 내정을 안정시켰고, 대외적으로
는 영토를 확장하고 유럽의 선진 문물을 받아
들여 국가의 문화 수준을 한 단계 끌어올리는
업적을 남겼습니다.

위대한 황제 표트르 1세는 1672년 5월 30일에
알렉세이 1세라고 불리는 차르 알렉세이 미하
일로비치Alexis Mikhailovich, Алексей Михайлович와
그의 두 번째 부인인 나탈리아 나리시키나 사
이에서 태어났습니다.

차르에 등극할 무렵의 어린 표트르 1세

아버지의 뒤를 이어 차르에 등극한 이복형 표도르 3세가 6년이란 짧은 기간 동안 재위하고 사
망하자, 또 다른 이복형인 이반 5세와 함께 공동 차르에 올랐습니다. 그때 그의 나이는 겨우 10
살이었습니다.

아버지 알렉세이 1세가 사망하고 이복형인 표도르 3세가 재위한 기간에 표트르 1세는 왕궁에서
나와 모스크바 근교의 외인촌外人村에서 살았습니다. 이때 그는 유럽에서 온 과학자·기술자들과
접촉하였고, 그들을 통해 유럽의 실용적이면서 합리적인 과학 기술을 배울 수 있었습니다. 그는
차르로서는 특이하게도 목수 일과 석수장이 일, 말발굽에 편자 박는 일, 대포 만드는 일 등에 능
숙한 사람이었는데, 이는 어린 시절의 경험에서 비롯된 일이었습니다. 당시 러시아의 지배 계층
은 고루한 전통에 사로잡혀 새로운 문물 습득을 완강하게 거부했는데, 최고 지배자 가족의 한
사람인 그가 천해 보이는 기술조차 적극적으로 수용하고 배우려 한 것은 예외적인 경우에 해당
한다고 할 수 있습니다.

10세에 공동 차르가 되었지만 이복누나인 소피아의 섭정을 받아들여야 했기 때문에 차르로서
그가 할 수 있는 일은 별로 없었습니다. 그래서 그는 문화사절단을 꾸려 유럽 순방을 떠나는데,
이것은 그의 일생과 러시아의 역사에서 중요한 의미를 갖는 사건입니다. 이때의 경험을 바탕으

로 표트르 1세는 유럽의 문물을 과감하게 받아들여 러시아를 대대적으로 개혁하는 작업에 착수하기 때문입니다. 유럽의 변방 국가로서 주변 국가들의 침략에 시달리던 약소국 러시아가 그의 치세에 강대국들을 물리치고 영토를 확장하였으며, 문화적으로도 크게 도약하여 유럽의 국가들과 어깨를 나란히 하게 된 것은 그가 이룬 탁월한 업적의 일부입니다.

네덜란드에서 배 짓는 기술을 배우는 표트르 1세(왼쪽 인물)

표트르 1세가 러시아 해군을 지휘하는 모습을 담은 모자이크화
(상트페테르부르크 지하철 아드미랄테이스카야 역 벽화)

그는 영국에서는 항해술과 해군의 운영 방법을 집중적으로 배웠고, 네덜란드의 암스테르담에서는 차르의 신분을 감추고 노동자로 가장하여 손수 배 짓는 기술을 배웠습니다. 이러한 경험들은 훗날 러시아가 강력한 해군을 보유하여 해전에서 승리를 거두는 바탕이 됩니다.

이복동생인 표트르 1세를 탐탁찮게 생각했던 소피아는 공동 차르인 이반 5세(소피아의 동복동생)가 사망하자 권좌를 노려 쿠데타를 일으킵니다. 그 소식을 들은 표트르 1세는 유럽에서의 생활을 급히 마무리 지은 다음 귀국하여 반란군을 제압하고 권력을 장악합니다.

이때부터 표트르 1세는 군대를 정비하고 무기를 확충하여 이웃 나라들과의 전쟁에 대비합니다. 폴타바 전투에서 당시의 강대국이던 스웨덴을 무찌를 수 있었던 것은 이러한 철저한 준비가 있었기에 가능한 일이었습니다. 표트르 1세의 재위 기간에 러시아는 더 이상 유럽의 변방에 위치한 약소국이 아니었습니다.

표트르 1세는 유럽의 선진 문물을 적극 받아들여 백성들의 삶을 바꾸려는 노력도 병행합니다. 러시아 전통 복장 대신 유럽의 신식 복장을 솔선하여 입는다든지, 귀족들의 수염을 강제로 자른다든지 하는 파격적 행보도 그런 노력의 일환이었습니다.

표트르 1세의 꿈과 야망이 함축적으로 담긴 것이 바로 상트페테르부르크라는 새로운 도시였습니다. 그가 러시아의 새로운 수도로 삼을 만큼 강한 애착을 보였던 상트페테르부르크는 '유럽을 향해 열린 창'이란 별칭에 걸맞게, 유럽으로 나아가고자 하는 열망과 유럽의 선진 문물을 받아들이고자 하는 열망이 역동적으로 결합된 상징물인 것입니다.

Nikolai Nevrev, '유럽식 복장을 소개하는 표트르 1세'

'귀족의 수염을 강제로 자르는 표트르 1세'

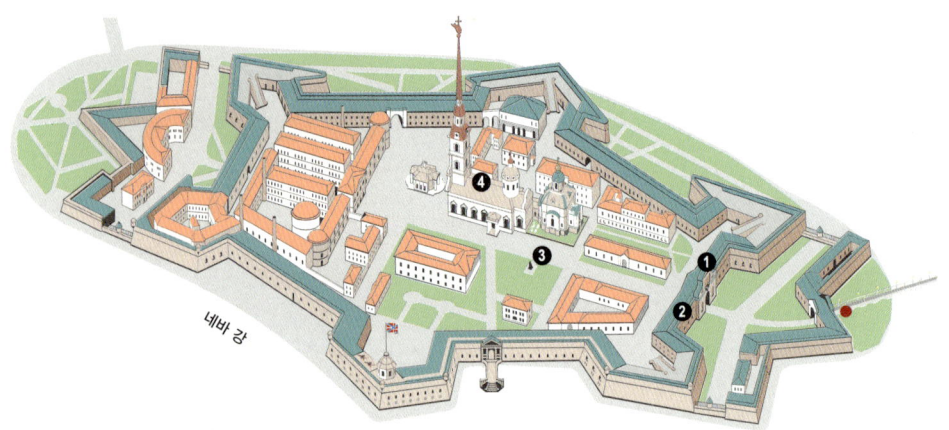

페트로파블롭스크 요새 조감도

네바 강

● Gorkovskaya역 방향 입구
❶ 페트롭스키 문
❷ 요새로 쓰인 커튼 월
❸ 표트르 대제의 청동 좌상
❹ 페트로파블롭스크 교회

요새로 들어서는 입구, 페트롭스키 문 ❷

흔히 '토끼 섬'이라고 불리는 자야치Zayachy 섬은 바실리 섬과 잇닿아 있습니다. 네바 강 하류의 삼각주에 있는 섬이다 보니 들어가는 입구가 한 곳이 아니지만, 이 요새 이름에 등장하는 성 베드로의 이름을 딴 페트롭스키 문Petrovsky Gate, Peter's Gate으로 들어가 봅시다. 실질적인 정문에 해당하는 이 문은 지하철역(2호선 Gorkovskaya역)에서 가깝기 때문에 지

페트롭스키 문

러시아 제국을 상징하는 쌍두 독수리　　　　'성 베드로가 시몬 마법사를 물리침'

하철을 타고 온 사람들은 자연스럽게 이 문을 통과하게 됩니다.

표트르 대제의 이름이 성 베드로와 연관이 있으니, 이 문 이름에 표트르 대제의 흔적이 있다고 말해도 틀린 것은 아닐 겁니다.

페트롭스키 문의 아치 위에는 러시아 제국이 사용한 쌍두 독수리 문장이 걸려있습니다. 쌍두 독수리는 러시아 제국뿐만 아니라 비잔틴 제국과 신성로마제국에서도 국장에 사용했지요. 러시아 제국의 경우는 문양의 가운데에 악룡의 무찌르는 성 조지가 그려진 것이 특징입니다. 겨울 궁전 '성 조지의 방'에서 설명한 바로 그 성 조지입니다.

쌍두 독수리 위로는 부조가 있습니다. 부조의 제목은 '성 베드로가 시몬 마법사(《사도행전》에 등장하는 마법사로, 베드로에게 돈을 주고 성령을 사려다가 크게 책망을 들음)를 물리침'인데, 하늘에서 떨어지는 시몬이 사탄Satan의 모습으로 표현되어 있습니다. 이것은 표트르 대제가 스웨덴의 칼 12세를 물리친 것을 우회적으로 찬양하는 것으로, 성 베드로는 표트르 대제와 동일시되고 사탄으로 표현된 시몬 마법사는 칼 12세와 동일시되고 있습니다. 당시 사람들이 독실한 기독교 신앙으로 사탄(스웨덴)을 물리치고 도시를 지킬 수 있다고 믿은 증거로 보입니다.

아치의 양옆으로는 여신들의 조각상이 서 있습니다. 왼쪽은 'Athena Polias(도시의 수호자 아테나)'인데, 오른손에 뱀을 들고 있군요. 뱀은 아테나의 여러 가지 상징물 중의 하나입니다. 나머지 상징물은 투구, 갑옷, 창, 메두사의 머리가 달린 방패(아이기스), 올빼미 등이지요. 아테나(로마 신화의 미네르바)가 자신들의 도시를 수호해 주기를 바라는 상트페테르부르크 시민들의 바람이 담겨 있습니다.

오른쪽의 조각상은 갑옷을 입고 머리에 투구를 썼으며, 왼손에는 창(현재는 부러진 상태)을 들고 있습니다. 가장 전형적인 전쟁 신의 모습인데, 로마 신화에 등장하는 전쟁의 여신 벨로나Bellona라고 합니다. 상트페테르부르크를 위협하는 모든 전쟁에서 그녀의 도움으로 승리하기를 바라는 마음을 담은 것입니다.

아테나 폴리아스　　　　　　　　전쟁의 여신 벨로나

이처럼 성문 위에는 기독교 신앙과 관련된 부조를 새겨두고 양쪽에는 그리스·로마 신화 속의 인물들을 세워둔 걸 보면, 당시 러시아 사람들이 기독교 신앙과 서양의 신화를 두루 친숙하게 여겼다는 걸 짐작할 수 있습니다.

페트롭스키 문 주변을 살펴보면 붉은색의 견고한 성벽이 위압적으로 다가옵니다. 이런 성벽이 요새 전체를 빙 둘러싸고 있는데, 이곳이 얼마나 단단한 철옹성이었는지 짐작할 수 있는 장면입니다.

그런데 앞에서도 말했듯이, 이곳은 요새로 지어진 애초의 목적과는 달리 외적의 침략에 노출된 일이 없습니다. 그러다 보니 이 튼튼한 건물은 정치범을 수용하는 감옥으로 주로 사용되었습니다. 도스토옙스키, 고리키, 바쿠닌, 트로츠키 등이 이곳을 거쳐 간 유명 인사들입니다. 특히 표트르 대제의 아들로 황태자였다가 이곳에서 사망한 알렉세

긴 건물처럼 보이는 성의 커튼 월(Curtain wall)

이는 최초의 수감자였다고 합니다. 정치 때문에 아버지가 아들을 죽인 비극적인 사건을 보면 영조와 사도세자의 비극이 연상됩니다.

요새 안에서 특색 있는 조형물이라면, 표트르 대제의 청동 좌상이 아닐까 합니다. 2m가 넘을 정도로 장신이었다는 그의 신체적 특징이 다소 과장되게 표현된 이 조각상은, '만지면 행운이 온다.'는 속설 때문에 여행자마다 한 번씩 만지고 가는 바람에 무릎과 손이 반들반들 윤이 나는 상태입니다.

요새 안의 감옥　　　　　　　　　　　　　表트르 대제의 청동 좌상

황실 가족이 묻힌 페트로파블롭스크 교회 ③

요새 안에서 가장 중요한 건물은 아마도 페트로파블롭스크 교회Saint Peter and Paul Cathedral, Петропавловский собор 일 것입니다. 러시아 사람들의 신앙심을 생각해도 그렇지만, 무엇보다도 그곳에 러시아 제국 황실 사람들이 묻혀 있기 때문입니다.

상트페테르부르크에서 가장 높다는 122.5m의 첨탑을 가진 교회는

페트로파블롭스크 교회 외부와 내부

나무로 지은 건물이 불타버린 후 1850년에 현재의 모습으로 다시 지어 졌습니다. 하늘을 찌를 듯 높이 솟은 첨탑 꼭대기에는 십자가를 안고 있는 천사상이 설치돼 있는데, 여기에 재미있는 이야기가 전하기에 소 개합니다.

첨탑 위에 천사상을 설치하기로 했지만, 너무 높은 곳이다 보니 그 일을 맡겠다고 나서는 이가 없었습니다. 그래서 황제는 "천사상을 무사 히 설치하는 사람이 있으면 어떤 소원이라도 들어주겠다."고 공표합니 다. 그 말을 들은 한 사람이 용감하게 나서서 천사상을 설치했는데, 그 의 소원은 '평생 술을 공짜로 먹는 것'이었습니다. 약속은 약속인지라 황제는 그에게 어느 술집에서든 공짜로 술을 먹을 수 있는 권한을 부여 한 증명서를 발급해 주었는데, 술에 취해 그 증서를 잃어버리곤 하는 게 문제였습니다. 생각다 못한 황제는 그의 목에다 증서를 새겨주었고, 그 뒤로 그는 술집에 가서 목에 새겨진 낙인을 손가락으로 가리키기만

하면 됐다고 하는군요. 그 뒤로 러시아에서는 손가락으로 목을 튕기는 행동이 술을 마시러 가자는 의미가 되었다고 합니다.

페트로파블롭스크 요새 안에 있는 교회는 러 시아 정교회의 사원으로서도 중요한 의미를 갖지만, 그보다 더 중요한 것은 황실 가족의 묘가 안치되어 있다는 점입니다. 러시아 제국 의 황제들과 그들의 가족이 거기서 영면永眠을 취하고 있는 것입니다.

여기서는 교회 안의 묘를 살펴보면서, 그들 이 누구인지에 대해 알아보겠습니다.

첨탑 위의 천사상

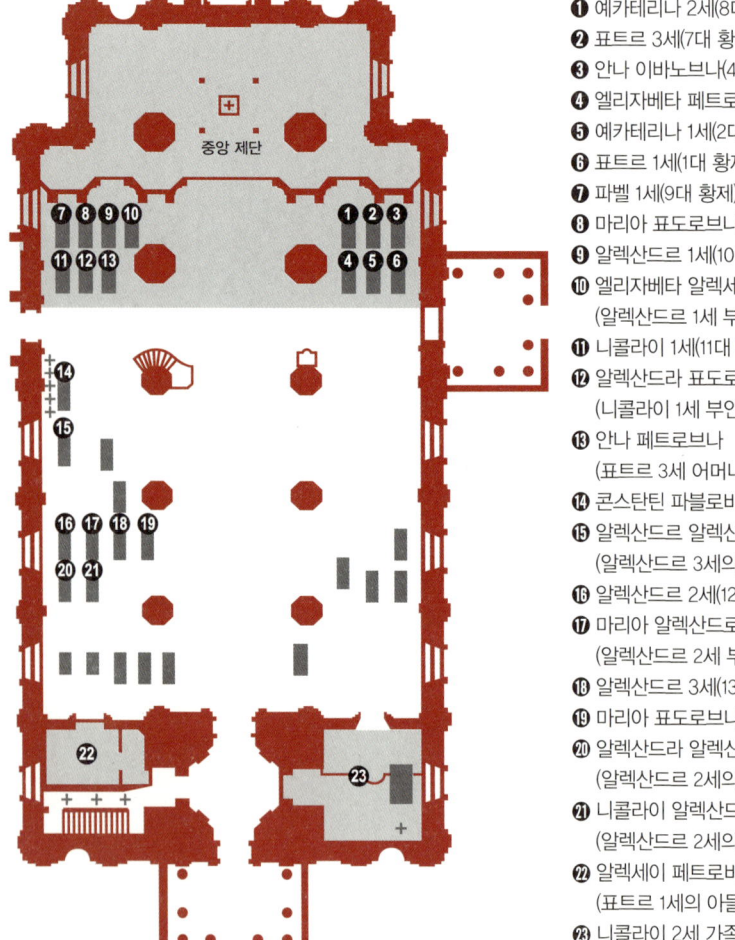

❶ 예카테리나 2세(8대 황제)

❷ 표트르 3세(7대 황제)

❸ 안나 이바노브나(4대 황제)

❹ 엘리자베타 페트로브나 (6대 황제)

❺ 예카테리나 1세(2대 황제)

❻ 표트르 1세(1대 황제)

❼ 파벨 1세(9대 황제)

❽ 마리아 표도로브나(파벨 1세 부인)

❾ 알렉산드르 1세(10대 황제)

❿ 엘리자베타 알렉세예브나
　 (알렉산드르 1세 부인)

⓫ 니콜라이 1세(11대 황제)

⓬ 알렉산드라 표도로브나
　 (니콜라이 1세 부인)

⓭ 안나 페트로브나
　 (표트르 3세 어머니)

⓮ 콘스탄틴 파블로비치(파벨 1세의 아들)

⓯ 알렉산드르 알렉산드로비치
　 (알렉산드르 3세의 아들)

⓰ 알렉산드르 2세(12대 황제)

⓱ 마리아 알렉산드로브나
　 (알렉산드르 2세 부인)

⓲ 알렉산드르 3세(13대 황제)

⓳ 마리아 표도로브나(알렉산드르 3세 부인)

⓴ 알렉산드라 알렉산드로브나
　 (알렉산드르 2세의 딸)

㉑ 니콜라이 알렉산드로비치
　 (알렉산드르 2세의 아들)

㉒ 알렉세이 페트로비치
　 (표트르 1세의 아들이자 페트로 2세의 아버지)

㉓ 니콜라이 2세 가족묘

교회 안 묘지 위치도

러시아 제국은 초대 황제인 표트르 1세부터 마지막 황제인 14대 니콜라이 2세까지, 모두 14명의 황제가 있었습니다. 그중에서 3대 황제인 표트르 2세는 모스크바 크렘린의 아르항겔스키 사원Archangel Cathedral, Архангельский собор에 안장되었고, 5대 황제 이반 6세는 2살 때 폐위된 후 실리셀리부르크 요새에 감금되어 있다가 그곳에서 살해당했는데, 아마도 그곳에 묻혔을 거라고 추정할 뿐 정확한 매장지는 알려지지 않았습니다. 따라서 페트로파블롭스크 교회에는 그 둘을 제외한 12명의 황제가 묻혀 있는데, 이들에 대한 이야기는 '러시아 제국의 황제들' 편에서 했으므로 설명을 생략합니다.

교회 안 중앙 제단을 기준으로 오른쪽부터 살펴봅시다. 거기에는 여섯 기의 석관(❶~❻)이 놓여 있는데, 모두 황제들의 것입니다.

제단 오른쪽의 묘

제단 왼쪽의 묘

　제단 왼쪽에는 일곱 기의 묘(❼~❽)가 있는데, 황제와 황후, 황제의
어머니의 것입니다. 황제를 제외한 나머지 사람들에 대해 알아봅시다.

　파벨 1세의 부인인 마리아 표도로브나 Maria Fedorovna, Мария
Фёдоровна(1759~1828년)는 독일 출신으로 황태자 신분이었던 파벨과 결혼하
였습니다. 남편인 파벨과 시어머니인 예카테리나 2세의 사이가 나빴으
므로, 중간에서 그녀 역시 고통을 겪었을 것입니다.

　남편이 암살된 뒤 아들인 알렉산드르 1세가 황위에 올라 그녀는 황
태후가 되었지만, 아들과의 사이는 원만하지 못했다고 합니다.

　엘리자베타 알렉세예브나 Elisaveta Alexeievna, Елизавета Алексеевна
(1779~1826년)는 알렉산드르 1세의 부인입니다. 앞에서 설명한 마리아 표
도로브나와는 고부간始婦間이지요. '바덴의 루이제'라고도 불리는데, 독
일 바덴의 대공인 카를 루트비히의 딸로 태어나 결혼 전 이름이 루이제

마리아 표도로브나　　　　　엘리자베타 알렉세예브나　　　　　알렉산드라 표도로브나

였기 때문입니다. 엘리자베타 알렉세예브나란 이름은 러시아식으로 개명한 것입니다.

　아들인 파벨 1세와 사이가 나빴던 예카테리나 2세는 손자인 알렉산드르를 각별히 아꼈으므로, 손자며느리인 엘리자베타에게도 처음에는 우호적이었다고 합니다. 그러나 내성적인 성격의 그녀는 궁정 생활에 적응하기 어려워했고, 남편과도 점차 소원해졌습니다. 특히 딸 둘을 낳았지만 둘 다 일찍 죽고 황위를 계승할 아들을 낳지 못했기 때문에 궁정 안에서의 지위도 불안정한 상태였습니다.

　알렉산드라 표도로브나Alexandra Fedorovna, Александра Фьодоровна (1798~1860년)는 니콜라이 1세의 부인이었습니다. 프로이센의 국왕 프리드리히 빌헬름 3세의 차녀로 태어났고, 결혼 전 이름이 샤를로테였으므로 '프로이센의 샤를로테Charlotte von Preußen'라고 불리기도 합니다.

　알렉산드르 1세가 후사 없이 죽었으므로 동생인 니콜라이 1세가 황위를 계승했고, 알렉산드라 표도로브나는 황후가 되었습니다. 그녀는 여러 명의 자녀를 낳았지만 대개 어려서 죽었고, 장남 알렉산드르 2세가 아버지의 뒤를 이어 12대 황제로 등극합니다.

안나 페트로브나

안나 페트로브나 Anna Petrovna, Анна Петровна는 표트르 3세의 어머니입니다. 표트르 1세와 예카테리나 1세 사이에서 태어나 성인이 된 두 명의 딸 중, 동생인 엘리자베타 페트로브나는 6대 황제가 되었는데 결혼하지 않았으므로 후사를 남기지 못했습니다. 엘리자베타는 죽음을 앞두고 후계자로 언니의 아들인 표트르를 지명했으므로, 안나는 황제의 어머니가 될 수 있었습니다. 황제도 황후도 아닌 그녀가 황실 가족묘에 안장될 수 있었던 것은 그런 이유에서랍니다.

제단 왼쪽의 묘 아래쪽에 있는 묘(⑭, ⑮)의 주인은 콘스탄틴 파블로비치 Constantine Pavlovich, Константин Павлович (1779~1831년)(파벨 1세의

알렉산드르 알렉산드로비치(오른쪽)의 묘

아들)와 알렉산드르 알렉산드로비치 Aleksandr Aleksandrovich, Александр Александрович(1869~1870년)(알렉산드르 3세의 아들, 어려서 사망함)입니다.

교회 안 중간 부분의 왼쪽에는 주로 알렉산드르 2세와 알렉산드르 3세의 가족이 묻혀 있습니다(⑯~㉑). 마리아 알렉산드로브나 Maria Alexandrovna, Мария Александровна(1824~1880년)는 알렉산드르 2세의 부인이며, 마리아 표도로브나 Maria Fedorovna, Мария Фёдоровна(1847~1928년)는 알렉산드르 3세의 부인이지요.

마리아 알렉산드로브나는 헤센의 대공 루트비히 2세의 딸로 소개되기는 하지만, 그녀의 어머니가 바람을 피워 낳은 딸이었기 때문에 결혼 당시 러시아 황실에서 반대했다고 합니다. 내성적이고 병약한 체질의 마리아는 남편의 외도와 어린 자식들의 죽음으로 고통을 당했던 것으로 알려져 있습니다.

붉은색 묘가 마리아 알렉산드로브나의 묘

마리아 알렉산드로브나   마리아 표도로브나

덴마크의 다우마 공주는 1864년에 러시아의 황태자인 니콜라이와 약혼하였으나 남편감이 1년 뒤 갑작스럽게 사망하자 새로 황태자가 된 니콜라이의 동생 알렉산드르와 결혼합니다. 정략결혼의 면모를 엿볼 수 있는 사례이지요. 마리아 표도로브나란 이름은 러시아식으로 개명한 것입니다. 시아버지인 알렉산드르 2세가 폭탄 테러로 암살당한 후 황제가 된 남편을 따라 황후가 되었습니다. 그녀의 아들인 니콜라이 2세가 러시아 제국의 마지막 황제가 됨으로써, 그녀 역시 마지막 황태후로 남게 되었습니다.

이상에서 살펴본 황제와 황후의 무덤을 제외한 그 밖의 무덤들은 황제의 자녀들 것으로 보입니다. 당시에는 어린 나이에 죽는 경우가 많았으므로, 그들에 관해서는 대부분 이렇다 할 기록이 없습니다. 교회 입구 왼쪽에 있는 알렉세이 페트로비치Alexei Petrovich, Алексей

Петрович(1690~1718년)(표트르 1세의 아들이면서 페트로 2세의 아버지)의 경우 ㉒ 가 그나마 설명할 내용이 있는 정도입니다. 황태자였던 알렉세이는 역모 사건에 연루되어 사형 선고를 받은 후, 감옥에서 사망했지요.

러시아 제국 황제들의 묘지에 관한 이야기를 마치기 전에, 마지막 황제인 니콜라이 2세에 대해 설명하겠습니다. 어느 왕조든 망국의 군주는 불행하기 마련이지만, 니콜라이 2세와 그 가족들의 비극적 최후는 특히 참혹합니다.

1894년에 알렉산드르 3세의 뒤를 이어 러시아 제국의 열네 번째 황제로 즉위한 니콜라이 2세는 따뜻한 성품을 가졌지만 황제로서의 정치적 역량은 부족했던 것으로 보입니다. 그가 즉위한 때는 변화를 요구하는 국민들의 목소리가 거셌고 그동안 누적된 문제들로 인해 제국은 붕괴 직전이었지만, 그는 개혁할 의사도 능력도 없었습니다.

니콜라이 2세의 치세를 혼란으로 몰고 간 결정적 인물은 라스푸틴이라는 파계 수도승이었습니다. 혈우병을 앓고 있던 황태자 알렉세이를 치료하기 위해 황후는 라스푸틴이라는 승려를 궁궐로 불러들였는데, 그가 황제를 능가하는 권력을 쥐고 국정을 농단하는 바람에 황제와 황실에 대한 원성이 높아졌습니다.

피의 일요일 사건은 제국을 파멸로 이끈 도화선이 되었습니다. 1905년 1월 22일, 굶주림에 지친 15만 명의 노동자들이 황제에게 청원하기 위해 황궁으로 몰려갔는데, 황제의 군대가 군중을 향해 발포한 것입니다. 이날 1,000여 명의 노동자가 쓰러졌는데, 이는 파업과 시위가 마른 풀에 불 번지듯 전국적으로 번지는 계기가 되었습니다. 니콜라이 2세는 이렇게 심각한 사태가 벌어졌는데도 적절히 수습하지 못하였지요.

1913년에 촬영된 니콜라이 2세의 가족사진.
왼쪽부터 장녀 올가(Olga), 3녀 마리아(Maria),
황제 니콜라이 2세, 황후 알렉산드라 표도로브나,
4녀 아나스타샤(Anastasia), 황태자 알렉세이(Alexei),
차녀 타티아나(Tatiana)

니콜라이 2세 일가의 가족묘

일요일에 발생한 사건이라 '피의 일요일 사건'이라고 하는 이 비극적인 사건은 훗날 러시아 혁명의 발단이 되었습니다.

그 뒤로도 상황은 점점 악화되었고, 결국 1917년 2월 혁명으로 니콜라이 2세는 폐위됩니다. 이로써 표트르 1세로부터 이어진 러시아 제국의 역사가 끊기게 된 것입니다. 그 뒤 가족들과 함께 우랄 지방으로 옮겨가 감시를 받으며 살던 중, 1918년 7월의 어느 날 적군赤軍들에 의해 일가족이 모두 총살당하고 맙니다. 황제에게 우호적인 백군 세력이 그를 구하려 한다는 소문을 듣고 미리 손을 쓴 것이라고 합니다.

비극적인 최후를 맞은 니콜라이 2세 일가는 시신조차 찾을 수 없었는데, 1991년 예카테린부르크의 숲에서 발견된 시신을 대상으로 DNA 검사를 한 결과, 니콜라이 2세와 그의 가족들이 확실하다고 발표되었습니다.

러시아 당국에 의해 공식적인 인정을 받은 시신들은 페트로파블롭스크 교회 안에 안치되었는데, 교회 입구의 오른쪽(들어갈 때를 기준으로 하여) 방이 바로 니콜라이 2세와 그의 가족들이 잠들어 있는 가족묘❷❸입니다. 니콜라이 2세와 그 가족들은 러시아 혁명 당시에 순교한 다른 사람들과 함께 2000년 8월에 러시아 정교회의 성인으로 시성되었습니다.

표트르 대제의 오두막

페트로파블롭스크 요새에서 멀지 않은 거리(도보 5분 거리)에 있는 표트르 대제의 오두막 Cottage of Pyotr I, Домик пётра I 은 건물의 규모나 외양 때문이 아니라, 거기에 담겨 있는 표트르 대제의 정신이 고귀하기 때문에 소개합니다.

표트르 대제의 오두막을 찾아간 사람이 맨 처음 갖게 되는 느낌은 아마도 '오두막이라고 하기에는 다소 크지 않은가?'일 것 같습니다. 표트르 대제가 집 지을 터에 있던 나무들을 잘라서 통나무집을 지었다는 이야기를 미리 들은 사람이라면 더욱 의아할지 모르겠습니다. 아무리 봐도 300년 전의 통나무집으로는 안 보이니까요. 비밀은 집 안에 있습니다.

안으로 들어가 보면 집 안에 작은 규모의 통나무집이 있는데, 그것이 바로 표트르 대제가 지었다는 통나무집입니다. 그는 1703년 5월 24일부터 26일까지, 단 사흘 동안 이 집을 지었다고 합니다. 물론 집 짓는 모든 공정을 표트르 대제가 혼자서 하지는 않았겠지요. 그가 목수들을 부려 감독하였다는 이야기일 겁니다. 어쩌면 어린 시절부터 배 짓고 집 짓는 일에 흥미가 있었다는 그가 팔을 걷어붙이고 일을 거들었을 수는 있을 것입니다.

어쨌든 원본 통나무집을 보면 러시아 제국의 황제가 머물렀던 집이라고 생각하기 어려울 정도로 협소합니다. 러시아 역사상 최초로 황제를 칭할 정도로 막강한 권력을 손에 쥐었던 그가 이렇게 작은 오두막을 짓고 거기에서 기거한 까닭은 무엇일까요.

표트르 대제의 오두막(자료 그림)

표트르 대제의 오두막(현재의 외관)

현재 오두막이 서 있는 자리도 표트르 대제 자신이 선정했다고 합니다. 그가 하필 이 자리를 선택한 까닭은, 페트로파블롭스크 요새와 가까운 곳이기 때문이었습니다. 그는 유럽과 가장 가까운 곳에다 '유럽을 향해 열린 창'을 내고자 했고, 그곳이 바로 현재의 상트페테르부르크라는 이야기를 앞에서 여러 차례 했습니다.

그 당시 관점에서 보자면, 새로 들어서는 도시에서 가장 중요한 시설은 바로 도시를 방어할 수 있는 요새였습니다. 페트로파블롭스크 요새가 가장 먼저 조성된 이유가 그것입니다. 표트르 대제로서는 자신의 필생의 역작이 될 신도시 건설에 심혈을 기울일 수밖에 없었고, 자신이 직접 건설 현장을 감독하기 위해 이 오두막을 지었던 것입니다.

적어도 즉위 초기의 그는 군림하는 리더, 말로 지시만 하는 리더가 아니었습니다. 솔선수범하는 리더, 검소한 생활 태도를 지닌 리더였지요. 훗날 전제군주로서 가혹한 행적을 보이기는 하지만, 그가 러시아 역사에서 가장 위대한 황제로 일컬어지는 것은 초기에 보인 그러한 품성 때문일 것이며, 그것을 단적으로 보여주는 증거가 바로 옹색하고 초라한 그의 오두막인 것입니다.

순양함 오로라

표트르 대제의 오두막 근처에 낡은 느낌을 주는 군함 한 척이 정박하여 있습니다. 현재 박물관으로 쓰이는 이 배의 이름은 순양함 오로라The Cruiser Aurora로, 한 세기 전에 역사적으로 중요한 사건을 목격한 증인이랍니다. 1917년 10월 25일, 이 배에서 쏘아 올린 대포 한 발이 러시아의 역사를 바꾼 10월 혁명(볼셰비키 혁명)의 신호탄이 되었던 것입니다. 자료 사진을 보면 배의 외관은 예나 이제나 그대로인 걸 알 수 있습니다. 내부만 10월 혁명을 주제로 한 박물관으로 개조되었을 뿐이지요.

니콜라이 2세를 폐위시킨 2월 혁명 후에도, 러시아 정세는 혼란스럽기만 했습니다. 임시정부가 들어섰지만, 산적한 문제를 해결하기에는 역부족이었지요. 레닌이 주도하는 볼셰비키는 '빵과 평화'를 원하는 민중의 요구를 반정부 시위로 이끌어내며 정부를 압박했습니다.

그해 10월, 케렌스키Aleksandr Fyodorovich Kerenskii가 이끄는 임시정부의 각료들은 겨울 궁전에 모여 대책회의를 열곤 했지만, 상황은 점점 나빠지고 있었습니다.

10월 25일 오후 9시 45분, 네바 강에 정박되어 있던 순양함 오로라에서 포성이 울렸습니다. 당시 오로라호에 타고 있던 수병 중 일부는 혁명의 선봉대 역할을 자임했고, 그들이 쏘아 올린 함포를 신호탄 삼아 겨울 궁전 앞에 몰려있던 시위대가 궁전 안으로 난입하기 시작하였습니다. 잠

1917년 당시의 오로라호

2016년의 오로라호

시 후 별다른 저항도 없이 겨울 궁전은 시위대에게 접수되었고, 안에 있던 각료들은 체포되었습니다. 임시정부의 수반이었던 케렌스키만 가까스로 탈출했지요.

이렇게 하여 2월 혁명의 결과로 탄생한 임시정부는 무너지고 볼셰비키에 의한 혁명이 성공한 것입니다. 겨울 궁전을 지키던 수비대가 거의 저항하지 않았으므로, 10월 혁명은 비교적 큰 희생 없이 성공

겨울 궁전으로 돌입하는 시위대(혁명 3주년 기념행사의 일환으로 1920년에 재현된 모습)

한 혁명으로 기록되었습니다. 이를 계기로 소비에트가 권력을 쥐는 최초의 사회주의 정권이 수립되었으니, 순양함 오로라는 러시아 역사상 가장 드라마틱한 장면을 목격한 배라고 할 수 있습니다.

로스트랄 등대

겨울 궁전 앞에 놓인 다리를 건너면 바실리 섬Vasilevsky Island, Васи́льевский о́стров 으로 들어서게 됩니다. 네바 강 삼각주에 만들어진 섬 중에서 가장 넓은 면적을 차지하는 이곳은 예전부터 상선들이 모여드는 상업의 중심지였습니다. 그 증거를 지금도 찾아볼 수 있는데, 비르줴바야 광장에 서 있는 그리스 신전을 닮은 옛 증권거래소 건물(현재는 중앙 해군박물관)이 하나이고, 그 앞에 세워진 한 쌍의 등대가 다른 하나입니다. 이곳은 50루블짜리 지폐에도 등장할 정도로 상트페테르부르크의 명소랍니다.

이곳에 증권거래소가 있었다는 것은 무역 등의 상거래를 통해 돈이 모여드는 곳이었다는 의미입니다. 건물의 페디먼트pediment(박공) 앞에는 삼지창을 들고 있는 포세이돈 조각상이 설치되어 있

이반 바실리예비치 체스키(Ivan Vasilyevich Chesky), 로스트랄 등대와 옛 증권거래소 건물이 그려진 그림

옛 증권거래소 건물에 설치된 포세이돈 조각상

는데, 이를 통해 우리는 그의 가호를 받아야만 무사히 항해할 수 있다고 믿었던 옛 사람들의 의식과 당시의 무역이 주로 바다를 통해 이루어졌음을 짐작할 수 있습니다. 광장에 세워진 쌍둥이 등대 또한 이곳이 많은 배가 드나들던 곳이란 점을 증언합니다. 그런데 '로스트랄 등대'라고 불리는 이 등대의 모양새가 특이합니다. '로스트랄rostral'이란 단어는 '뱃머리(배의 앞부분) 장식이 있는'이란 뜻을 갖는 단어로, 이 등대의 기둥에 뱃머리가 붙어 있어 그런 이름을 얻었습니다.

고대 로마 시절에는 해전에서 승리한 쪽이 패전한 쪽의 뱃머리를 가져다 원기둥에 붙여 승리를 기념하는 풍습이 있었다고 합니다. 지금도 유럽의 다른 도시에서 뱃머리를 붙인 기념비Rostral column를 종종 볼 수 있습니다. 물론 바실리 섬의 이것은 해양

로스트랄 등대.

하단부에 설치된 강을 의인화한 조각상들. 순서대로 볼호프 강(남쪽), 네바 강(남쪽), 드네프르 강(북쪽), 볼가 강(북쪽)

강국을 지향한 러시아가 승리한 해전들을 기념하기 위해 세웠는데, 드나드는 배들의 안전을 지킬 등대가 필요하자 등대를 겸하게 된 것이지요. 화로에 장작불을 피워 어둠을 밝힌 최초의 등대라고 하며, 높이 32m의 등대 꼭대기에는 불을 밝히던 화로가 지금도 남아 있습니다. 기둥에는 각각 8개씩의 청동 뱃머리가 붙어 있고, 화강암으로 된 기단부에는 러시아에서 가장 중요한 네 개의 강(볼가 강·드네프르 강·네바 강·볼호프 강)을 의인화한 조각상이 설치되어 있습니다.

7장

네브스키 수도원과 티흐빈 묘지
Alexander Nevsky Monastery & Tikhvin Cemetery
Александро-Невская лавра *Aleksandro-Nevskaya lavra*,
Тихвинское кладбище *Tikhvinskoye kladbishche*

알렉산드르 넵스키를 기리다 ⓵

상트페테르부르크에서 가장 중요한 도로인 넵스키 대로Nevskii prospekt, Невский проспект는 궁전 광장에서 시작하여 넵스키 수도원 부근에서 끝납니다. 상트페테르부르크의 핵심적인 관광 명소는 대부분 넵스키 대로 주변에 모여 있으므로, 여행자에게는 그 도로가 여행의 중심이 됩니다.

넵스키 대로의 종착 지점에는 러시아의 영웅인 알렉산드르 넵스키 기마상이 서 있어 도로 이름이 그로부터 비롯되었음을 알게 합니다.

1710년에 표트르 대제는 노브고로드 대공 알렉산드르 넵스키를 기리는 수도원을 건립하도록 명령합니다. 수도원의 위치는 1240년에 알렉산드르 넵스키가 스웨덴을 상대로 벌인 전투에서 큰 승리를 거둔 네바 강 부근이었습니다. 현재 넵스키 수도원이 선 자리이지요.

알렉산드르 넵스키가 승리를

알렉산드르 넵스키 동상

알렉산드르 넵스키 수도원

거둠으로써 러시아 역사에 중요한 전환점이 된 러시아−스웨덴 전투에 대해서는 뒤에서 다시 설명하겠습니다.

11개의 예배당과 4개의 묘지를 가진, 러시아에서 세 번째로 큰 정교회 수도원이었던 이곳은 현재 트로이츠키 사원이 예배 공간으로 활용되고 있습니다.

러시아의 국민 영웅, 알렉산드르 넵스키

알렉산드르 넵스키

넵스키 수도원은 러시아의 국민 영웅인 알렉산드르 야로슬라비치 넵스키 Aleksandr Yaroslavich Nevsky (1220?~1263년)에서 이름을 따왔습니다. 그러면 수도원에 이름을 빌려준 그는 누구일까요. 무슨 업적으로 러시아의 국민 영웅 대접을 받는지 궁금합니다.

그의 본명은 알렉산드르 야로슬라비치이며, 1240년 7월 15일에 있었던 네바 강 전투에서 강적 스웨덴군을 물리쳤습니다. 알렉산드르 넵스키(넵스키는 '네바 강의 아들'이란 의미)란 별칭에는 네바 강에서 거둔 승리를 기리는 의미가 담겨 있지요. 그만큼 러시아 입장에서는 그 전투에서의 승리가 중요한 의미를 갖는 것입니다. 그럼, 네바 강 전투가 있던 무렵의 러시아는 어떤 상황이었는지를 알아볼까요.

'지혜로운 왕' 야로슬라프가 사망한 후, 키예프 러시아는 혼란과 분열의 길을 걷게 됩니다. 강력한 통치권을 행사할 만한 지배자가 나오지 않은 상태에서 안으로는 권력 투쟁이 벌어지고, 밖으로는 외적의 침략이 거듭되었기 때문입니다. 그중에서도 가장 심각한 위협은 몽골군의 침략이었습니다.

그 당시 몽골 제국의 군사력을 당할 만한 나라는 없었습니다. 몽골군이 휩쓸고 지나간 곳에는 철저한 파괴와 살육만이 있을 뿐이었습니다. 러시아 또한 예외가 아니었지요.

몽골군의 사령관이던 바투 Batu(1207~1255년)는 유럽 정벌에 나서 러시아의 주요 도시를 폐허로 만듭니다. 이때(1240년) 키예프도 정복되어 몽골의 간섭을 받는 상황이 되고 맙니다.

몽골과의 전쟁으로 국력이 쇠약해진 키예프 러시아를 스웨덴이 침략합니다. 발트 해 연안의 땅을 차지하려는 생각에서였지요. 러시아 입장에서는 발트 해 연안을 잃으면 바다를 통해 유럽으로 나갈 수 있는 길이 사라지기 때문에 절대 물러설 수 없는 상황이었습니다.

몽골에 시달리며 큰 피해를 입은 러시아에 비하면, 독일과 동맹을 맺고 로마 교황청의 지원을 받는 스웨덴(로마 교황청이 스웨덴을 지원한 것은, 로마 가톨릭이 아닌 동방 정교회를 받아들인 러시아에 대한 감정 때문으로 보임)은 잘 훈련된 군대를 가진 군사 강국이었습니다. 절대적으로 러시아가 불리했지요.

이때 노브고로드 공국Novgorod(키예프 러시아에 속한 도시국가)은 알렉산드르 야로슬라비치가 나라를 다스리고 있었습니다. 뛰어난 통솔력과 군사적 안목을 지녔던 그는 국제 정세를 정확히 내다보고 있었습니다. 그는 틀림없이 스웨덴이 쳐들어오리란 점을 간파하고 있었지요. 그래서 해안가를 따라 경계를 철저히 하며 스웨덴의 침입에 대비하고 있었습니다.

1240년 7월 15일, 드디어 스웨덴의 공격이 시작되었습니다. 전투의 현장은 네바 강변으로, 현재 넵스키 수도원이 있는 곳으로부터 멀지 않은 곳이었다고 합니다.

객관적인 전력은 스웨덴이 분명 우세했지만, 알렉산드르 넵스키의 절묘한 전략과 과감한 기습 공격으로 스웨덴은 예상 밖의 패배를 당합니다. 이것이 바로 네바 강 전투로, 이 사건은 러시아 역사에서 중요한 의미를 갖습니다. 이때의 승리로 인해 러시아는 네바 강 주변을 평정하고 발트 해를 자유롭게 이용할 수 있게 되었기 때문입니다. 전략적 측면에서의 성과도 물론 크지만, 당시 몽골족의 침략으로 심각한 피해를 입은 러시아가 강적 스웨덴을 상대로 승리를 거둠으로써 민족적 자부심을 회복하는 계기가 되었으니 심리적 측면의 성과도 무시할 수 없습니다.

러시아 사람들은 이 전투의 승리를 그들이 성인으로 여기는 성 보리스와 글렙이 도왔다고 믿으며, 자신들이 거둔 승리를 더욱 뿌듯하게 여겼습니다. 성 보리스와 글렙은 국립 러시아 박물관 편에서 설명한 바로 그 인물들입니다.

알렉산드르 넵스키는 네바 강 전투의 승리에 자만하지 않고 군사력을 더욱 키워 독일 기사단이 공격해왔을 때 이를 막아냅니다. 1242년 4월 5일에 노브고로드의 페이푸스Peipus 호에서 벌어진 '페이푸스 호 전투'에서 승리하여 서쪽의 영토를 지

네바 강 전투에서 러시아군을 돕는 성 보리스와 성 글렙

켜냈는데, 그가 두 차례에 걸쳐 이룬 승리는 러시아 역사상 가장 위대한 승리라고 할 만합니다. 이러한 군사적 업적으로 인해 그는 러시아의 영웅이 되었고, '기적을 행한 자'라는 별칭과 함께 러시아 정교회의 성인으로 대접(1547년 시성)받는 것입니다.

두 차례에 걸쳐 위대한 승리를 거둔 알렉산드르 넵스키였지만, 몽골군에 맞서 싸울 수는 없었습니다. 그는 무모한 전투를 벌여

네바 강 전투에서 적장 비르게르를 무찌르는 알렉산드르 넵스키

백성들을 희생시키는 대신, 조공을 바치는 굴욕을 감수하면서라도 평화를 유지하고자 했습니다. 그의 현명한 결정으로 한동안 러시아는 안정을 찾을 수 있었지요.

러시아의 위대한 영웅이었던 그는 1263년 11월 14일에 사망하여 블라디미르의 로제스트벤스키 수도원에 안장되었다가 표트르 대제의 칙령에 따라 1724년 상트페테르부르크의 알렉산드르 넵스키 수도원으로 이장되었습니다. 자신의 이름을 딴 곳에서 영원한 안식을 취할 수 있게 되었으니, 그로서도 만족스러울 것입니다.

러시아 위인들이 묻힌 티흐빈 묘지와 라자레프 묘지 ❷

넵스키 수도원 주변에는 네 개의 묘지가 있는데, 그중에서 가장 유명한 곳은 티흐빈 묘지Tikhvin Cemetery, Тихвинское кладбище 입니다. 수도원을 향해 가다 보면 오른쪽으로 묘지 입구가 보이는데, 이곳에는 주로 러시아의 예술가들이 묻혀 있어 '예술가 묘지'라는 별칭을 얻었습니다. 도스

티흐빈 묘지 입구

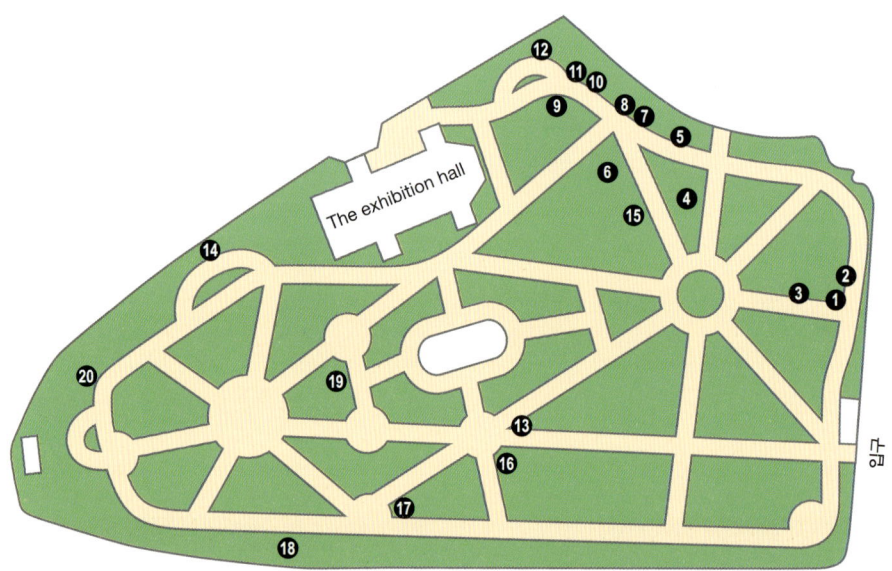

티흐빈 묘지 무덤 위치

❶ 표도르 도스토옙스키의 묘
❷ 바실리 안드레비치 주콥스키의 묘
❸ 니콜라이 미하일로비치 카람진의 묘
❹ 글린카의 묘
❺ 발라키레프의 묘
❻ 알렉산드르 니콜라예비치 세로프의 묘
❼ 니콜라이 안드레예비치 림스키 코르사코프의 묘
❽ 모데스트 무소르그스키의 묘
❾ 안톤 루빈시테인의 묘
❿ 알렉산드르 보로딘의 묘

⓫ 체자르 안토노비치 큐이의 묘
⓬ 차이콥스키의 묘
⓭ 마리우스 프티파의 묘
⓮ 이반 쉬쉬킨의 묘
⓯ 알렉산드르 다르고미시스키의 묘
⓰ 안나 에시포바의 묘
⓱ 게오르기 토프스토노고프의 묘
⓲ 블라디미르 스타소프의 묘
⓳ 베라 코미샤르제프스카야의 묘
⓴ 아르히프 이바노비치 쿠인지의 묘

토옙스키, 차이콥스키, 림스키 코르사코프, 무소르그스키를 비롯한 많은 예술가들의 무덤이 있어 관람객의 발길이 끊이지 않는 곳입니다.

이 책 지도상의 1번 묘는 표도르 도스토옙스키Fyodor Mikhailovich Dostoevskii, Фёдор Михайлович Достоёвский(1821~1881년)의 것으로, 차이콥스키의 묘와 함께 티흐빈 묘지를 찾는 사람들이 가장 많은 관심을 갖는 곳입니다.

도스토옙스키는 『카라마조프가의 형제들』, 『죄와 벌』, 『가난한 사람들』, 『백치』 등의 작품으로 우리에게도 널리 알려진, 러시아의 대표적 문호입니다.

그는 1849년 봄에 페트라셉스키Petrashevsky 사건(사회주의적 사상을 가진 젊은이들의 모임을 불온하게 생각하여 니콜라이 1세가 주모자를 처형한 사건)에 연루되어 사형선고를 받았다가 총살 직전에 감형되어 시베리아로 보내

도스토옙스키의 묘   도스토옙스키

주콥스키의 묘　　　　주콥스키　　　　카람진의 묘

졌습니다. 이때의 경험이 그의 문학에도 영향을 미쳐 불후의 명작들을 낳게 된 것으로 보입니다.

2번 묘는 바실리 안드레비치 주콥스키Vasilii Andreevich Zhukovskii, Васи́лий Андре́евич Жуко́вский(1783~1852년)의 것입니다.

주콥스키는 19세기에 활동한 러시아 시인이며 번역가입니다. 러시아 최초의 서정 시인이며 러시아 낭만주의 문학의 대표자로 일컬어지지만, 시인으로서보다는 번역가로서 더 열렬한 찬사를 받았습니다. 그는 유럽 문학을 러시아어로 번역하여 보급하였는데,『오디세이』번역은 원저보다도 번역본이 더 뛰어나다는 평을 들을 정도였습니다.

그의 제자 중에는 러시아 제국의 황제인 알렉산드르 2세도 있어 그의 유명세를 짐작하게 해줍니다.

3번 묘는 니콜라이 미하일로비치 카람진Nikolai Mikhailovich Karamzin, Николай Михайлович Карамзин(1766~1826년)의 것입니다.

카람진은 러시아의 역사가이자 소설가로, 귀족적 감상주의 색채가

| 카람진 | 글린카의 묘 | 글린카 |

짙은 작품을 다수 발표했습니다. 1792년에 발표한 『가련한 리자 Bednaya Liza』는 가난한 농부의 딸을 주인공으로 삼은 작품으로, 러시아 문학의 새로운 지평을 열었다는 평가를 받습니다.

1789년부터 약 2년간 독일·스위스·프랑스·영국 등을 여행한 다음 『러시아인 여행자의 편지』를 출판했는데, 이는 러시아에 서유럽 문물을 알리는 역할을 하였고 기행문학이 유행하는 계기를 만들었습니다.

12권으로 이루어진 러시아 역사서인 『러시아 국가사』도 역작으로 손꼽힙니다.

4번 묘는 글린카 Mikhail Ivanovich Glinka, Михаил Иванович Глинка(1804~1857년)의 것입니다.

글린카는 러시아 근대 음악의 원조라고 해도 지나친 말이 아닐 정도로 큰 업적을 남긴 작곡가입니다. 오페라 〈이반 수사닌 Ivan Sussanin〉을 발표해 러시아 최초로 '국민 작곡가'란 명성을 얻었습니다. 1844년에는 파리에서 작곡가 베를리오즈를 만나 교류하였고, 러시아 국민음악을 처음으로 서유럽에 소개하였습니다.

그의 음악은 '러시아 5인조'와 차이콥스키에게 영향을 끼쳤으며, 러시아 음악을 세계적인 수준으로 끌어올렸다는 평가를 받습니다.

발라키레프의 묘　　　　발라키레프　　　　　알렉산드르 니콜라예비치　　알렉산드르 니콜라예비치
　　　　　　　　　　　　　　　　　　　　세로프의 묘　　　　　　세로프

　5번 묘는 발라키레프Milii Alekseevich Balakirev, Милий Алексеевич Балакирев (1836~1910년)의 것입니다.

　발라키레프는 러시아의 작곡가이자 피아니스트이며 지휘자이기도 합니다. 림스키 코르사코프, 무소르그스키, 큐이, 보로딘과 함께 '러시아 5인조'를 결성하여 그 지도자로 활약하였지요. 글린카를 존경하여 그의 뒤를 이어 러시아 국민음악 수립에 열정을 바쳤습니다.

　6번 묘는 작곡자이자 평론가인 알렉산드르 니콜라예비치 세로프Aleksandr Nikolayevich Serov, Алекса́ндр Никола́евич Серо́в(1820~1871년)의 것입니다. 그는 상트페테르부르크에서 태어나 성장하고 활동했으며, 1871년 상트페테르부르크에서 사망하여 티흐빈 묘지에 묻혔습니다.

　1863년에 오페라 〈유디트〉를 발표하였고, 〈로그네다〉(1865), 〈적의 힘〉(1867~1868) 등을 연달아 발표했습니다. 작곡가 바그너와도 교분이 있었다고 합니다.

　평론가로서도 활발한 활동을 하여 러시아 국민음악의 원리를 이론화

림스키
코르사코프의 묘　　림스키 코르사코프　　　　무소르그스키의 묘　　　　무소르그스키

했다는 평을 듣습니다.

7번 묘는 니콜라이 안드레예비치 림스키 코르사코프Nikolay Andreyevich Rimsky-Korsakov, Николай Андреевич Римский-Корсаков(1844~1908년)의 것입니다.

림스키 코르사코프는 러시아의 작곡가이며 '러시아 5인조' 중의 한 사람입니다. 발라키레프에게 교향곡을 배워 1865년에 작품을 발표했는데, 러시아 음악 사상 최고의 교향곡이란 극찬을 받았습니다.

〈왕벌의 비행〉이란 곡이 대중적인 인기를 얻어 널리 알려졌습니다.

8번 묘는 모데스트 무소르그스키 Modest Petrovich Mussorgsky, Модест Петрович Мусоргский(1839~1881년)의 것입니다.

무소르그스키는 〈전람회의 그림〉이란 곡으로 이름이 널리 알려진 러시아의 작곡가입니다. 발라키레프에게 작곡을 배웠으며, '러시아 5인조'의 한 사람으로 활동하며 작곡에 전념하였습니다.

루빈시테인의 묘 루빈시테인 보로딘의 묘 보로딘

9번 묘는 안톤 루빈시테인Anton Grigorievich Rubinshtein, Антóн Григóрьевич Рубинштéйн(1829~1894년)의 것입니다.

안톤 루빈시테인은 러시아의 피아니스트이자 작곡가입니다. 어려서 부터 '피아노의 신동'이라는 소리를 들었으며, 헝가리의 유명한 작곡가·피아니스트인 프란츠 리스트Franz Liszt의 라이벌이었다고 합니다.

1862년에 상트페테르부르크에 음악 학교를 세워 많은 작곡가를 배출했는데, 차이콥스키도 그중의 하나였습니다.

10번 묘는 알렉산드르 보로딘Aleksandr Borodin, Александр Бородин(1833~1887년)의 것입니다.

보로딘은 '러시아 5인조'의 한 사람으로, 러시아 국민음악 운동의 선구자로 활동하였습니다.

화학자로서 연구 활동을 하는 틈틈이 작곡을 했다고 알려져 있으며, 대표작으로 교향곡 2번, 현악 4중주곡, 미완성 오페라 〈이고리〉 등이 있습니다.

의 묘   큐이   차이콥스키의 묘   차이콥스키

11번 묘는 체자르 안토노비치 큐이Cesar Antonovich Cui, Цезарь Антонович Кюи(1835~1918년)의 것입니다.

큐이는 소년 시절에 쇼팽의 음악을 접하고 흥미를 느껴 폴란드의 작곡가인 모뉴슈코로부터 작곡을 배웠다고 합니다.

러시아의 국민음악파 작곡가이며, '러시아 5인조'의 일원으로 활동했습니다. 작곡뿐만 아니라 날카로운 평론으로 국민음악파의 활동을 옹호한 인물입니다.

12번 묘는 차이콥스키Pyotr Ilyich Chaikovsky, Пётр Ильи́ч Чайко́вский(1840~1893년)의 것입니다.

차이콥스키는 러시아의 작곡가입니다. 안톤 루빈시테인에게 음악을 배웠고, 발라키레프가 중심이 된 '러시아 5인조'와도 교류했습니다. 그는 러시아 민족적인 것을 고집하지 않고 서유럽적인 것과의 조화를 중시하여 '서유럽파'란 평을 들었습니다. 발레곡 〈호두까기 인형〉이 유명합니다.

프티파의 묘　프티파　　　시슈킨의 묘　　　　　　　시슈킨(국립 러시아
　　　　　　　　　　　　　　　　　　　　　　　　박물관 19번 방)

13번 묘는 마리우스 프티파Marius Petipa, Мариус Петипа(1818~1910년)의 것입
니다.

　프티파는 러시아의 무용가이자 안무가로, 1847년에 상트페테르부르
크의 마린스키 극장에서 〈파키타Paquita〉로 데뷔하였습니다. 약 60편의
고전 발레 작품을 발표했는데, 그의 활약 시기가 곧 러시아 발레의 황
금기라는 평을 듣습니다.

　14번 묘는 이반 시슈킨Ivan Shishkin, Иван Шишкин(1832~1898년)의 것입니다.
　시슈킨은 러시아의 유명한 풍경화가인데, 숲과 나무가 있는 풍경을
주로 그렸습니다. 국립 러시아 박물관에 그의 작품이 소장되어 있어 작
품 세계를 이해할 수 있게 해줍니다.

　지금까지 티흐빈 묘지에 묻힌 러시아 예술가들의 무덤을 살펴보았습
니다. 티흐빈 묘지에는 앞에서 소개한 유명 예술가들의 묘 말고도 디자
인이 독특하여 흡사 설치예술 작품을 보는 듯한 묘들도 많으니, 시간이
허락한다면 찬찬히 둘러보기를 권합니다.

일렉산드르 다르고미시스키(Aleksandr Dargomyzhsky, 작곡가)의 묘(15번)

안나 에시포바(Anna Esipova, 피아니스트)의 묘 (16번)

게오르기 토프스토노고프(Georgy Tovstonogov, 볼쇼이극장 연출장)의 묘(17번)

블라디미르 스타소프(Vladimir Stasov, 음악비평가)의 묘(18번)

베라 코미사르제프스카야(Vera Komissarzhevskaya, 배우)의 묘(19번)

아르히프 이바노비치 쿠인지(Archip Iwanowitsch Kuindshi)의 묘(20번)

티흐빈 묘지의 맞은편에 있는 묘지는 '라자레프 묘지Lazarev Cemetery', 혹은 '18세기 묘지'라고 불립니다. 유명한 예술가들이 잠들어 있는 티흐빈 묘지가 공원처럼 잘 관리되는 데 비해 라자레프 묘지는 납골묘 느낌이 들 정도로 스산합니다. 그래서 찾는 이가 많지 않지만, 그 가운데도 관심을 가질 만한 묘지가 있기에 소개합니다.

먼저 로모노소프Mikhail Vasil'Ebich Lomonosov, Михаил Васильевич Ломоносов (1711~1765년)의 묘입니다. 그는 러시아의 과학자·시인·언어학자·철학자·사상가·역사학자 등으로 분류되는 인물입니다. 다양한 분야에서 활동했는데, 특히 '러시아 과학의 아버지'라는 평가를 받을 정도로 과학 분야에서 큰 업적을 남겼습니다. 모스크바 대학을 창설했으며, 질량 보존의 법칙을 주장한 인물입니다.

이반 표도로프Ivan Feodorov는 '로모노소프의 연구실을 방문한 예카테리나 2세Catherine II of Russia visits Mikhail Lomonosov in 1764'란 그림을 그렸는데, 황제가 직접 연구실을 방문할 정도로 그의 명성이 높았음을 짐작할 수 있습니다.

로모노소프의 묘 로모노소프 이반 표도로프, '로모노소프의 연구실을 방문한 예카테리나 2세'

'오일러의 공식'으로 유명한 오일러Leonhard Euler(1707~1783년)의 묘도 라자레프 묘지에 있습니다.

스위스 출생의 오일러는 수학·천문학·물리학·의학·식물학·화학 등의 다양한 분야를 연구했으며, 특히 수학 분야에서 두각을 나타냈습니다. 상트페테르부르크에 정착한 오일러는 표트르 대제가 설립한 러시아 과학 아카데미에서 연구를 하며 지냈습니다. 잠시 상트페테르부르크를 떠나기도 했지만, 말년에 다시 돌아와 생활하다 생을 마쳤고 라자레프 묘지에 묻혔습니다.

오일러의 묘

오일러

푸시킨의 부인인 나탈리아 니콜라예브나 곤차로바Наталия Николаевна Гончарова에 대해서도 이야기하지 않을 수 없군요. 빼어난 미모를 지닌 곤차로바에 반했던 푸시킨은 어머니의 반대를 무릅쓰고 그녀와 결혼합니다. 그러나 사교계에 등장하여 숱한 염문을 뿌리던 그녀는 급기야 황제의 눈에 띄어 스캔들을 일으키기에 이릅니다. 푸시킨은 황제를 상대로는 어떤 행동도 할 수 없었지만, 그녀가 프랑스 장교 출신의 조르주 단테스와 불륜 관계라는 소문을 듣고는 참지 못하고 결투 신청을 합니다. 그것이 자신의 명예를 지키는 길이라고 생각했기 때문이지만, 목숨은 지키지 못했습니다.

나탈리아 곤차로바   푸시킨의 아내 나탈리아 곤차로바의 묘

　결투 중에 총상을 입은 푸시킨은 며칠 뒤 세상을 떠납니다. 대문호 푸시킨이 37세의 젊은 나이에 세상을 떠나게 되는 원인의 제공자가 나탈리아이기에 그녀의 무덤 앞에서 허망한 푸시킨의 죽음에 대해 생각해 보게 됩니다.

8장

포트로 대제의 여름 궁전
Peterhof
Петродворец Petrodvorets

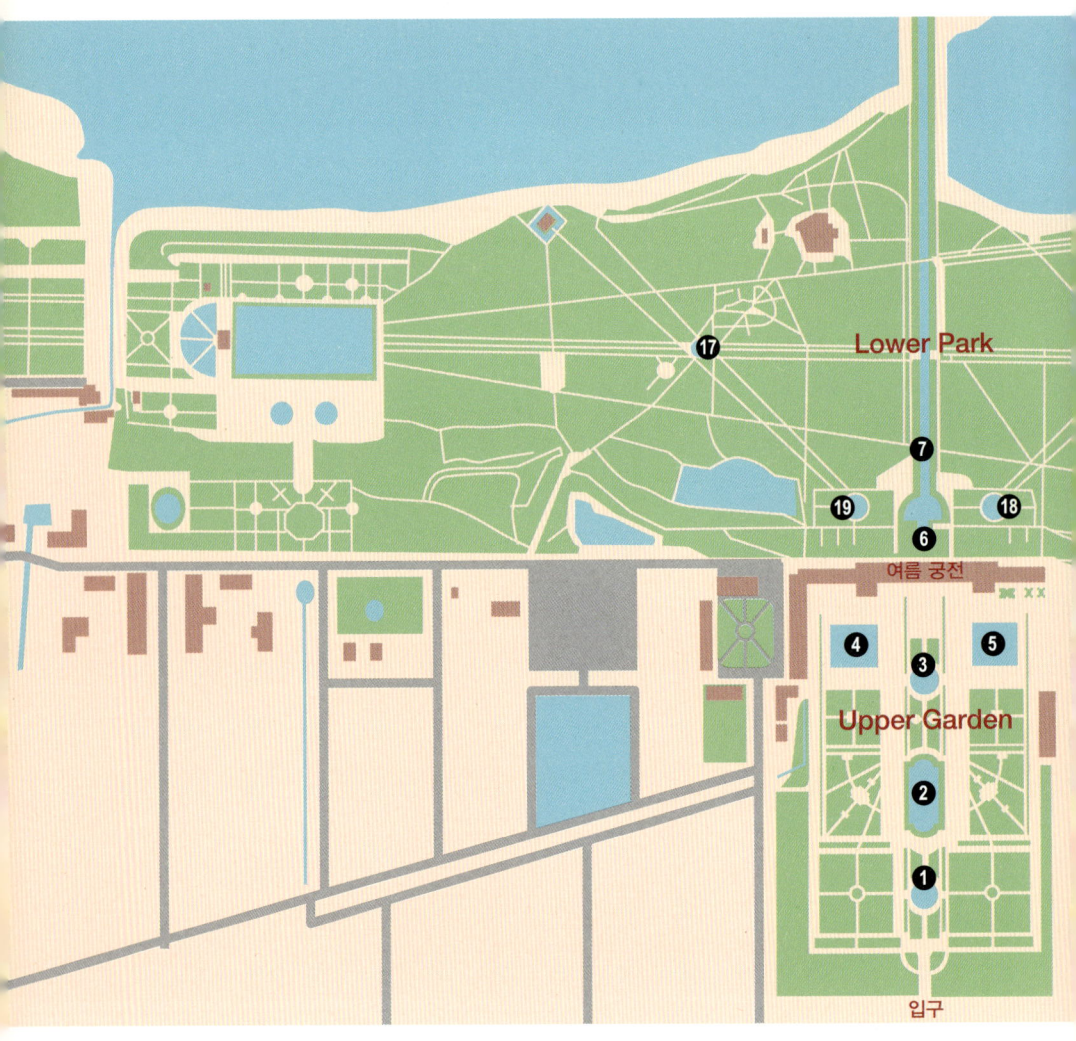

Lower Park

여름 궁전

Upper Garden

입구

여름 궁전과 정원 지도

UPPER GARDEN

❶ Indeterminate Fountain
❷ 넵튠 분수
❸ 참나무 분수
❹ 동쪽 사각 연못
❺ 서쪽 사각 연못

LOWER PARK

❻ 대 분수대
❼ 삼손 분수
❽ 체스 판 분수
❾ 로마식 분수
❿ 피라미드 분수
⓫ 표트르 대제 동상
⓬ 태양의 분수
⓭ 참나무 분수
⓮ 전나무 분수
⓯ 트리톤 분수
⓰ 아담 분수
⓱ 이브 분수
⓲ 다나이드 분수
⓳ 님프 분수

검소한 황제의 화려한 여름 별궁 ①

　러시아 제국의 황실 가족들이 여름철에 생활했던 곳이므로 '여름 궁전Summer Palace'이라고 불리는 곳에 대해 알아봅시다. 이곳은 표트르 대제의 명령에 의해 건설되었으므로 '표트르 대제의 궁전Peterhof, Petrodvorets'이라고도 하며, 다양한 분수들이 특히 인상적인 곳이라서 '분수 궁전'이라는 별칭으로 부르기도 합니다.

　상트페테르부르크의 지정학적 이점 때문에 그곳을 새로운 수도로 정했지만, 습지 위에 세워진 도시이다 보니 여름철에는 무덥고 습해 생활에 어려운 점이 많았습니다. 그리하여 핀란드 만으로부터 시원한 바람이 불어오는 현재의 위치에 여름에 거주할 궁전을 세운 것으로 보입니다. 겨울철에는 물론 상트페테르부르크의 겨울 궁전에서 생활했지요.

　한편으로는 핀란드 만과 접한 네바 강 하류에 세워진 이 궁전을 보면 표트르 대제의 야망과 열망을 짐작할 수 있습니다. 유럽과의 교류를 원활하게 할 수 있는 위치 선정을 보면 유럽의 선진 문화를 왕성하게 받아들여 러시아를 개혁하고자 했던 그의 야망이 엿보이고, 유럽풍이 물씬한 여름 궁전 구석구석을 보면 유럽을 고스란히 모방하고자 했던 그의 열망이 엿보입니다. 황제답지 않게 합리적이고 실용적인 것을 중시했던 검소한 표트르 대제가 이토록 화려하고 웅장한 궁전 건설을 명령했다는 것이 다소 의외일 정도입니다.

1714년에 착공하여 1723년에 완공된 이 건물은 러시아와 유럽의 최고 장인들이 총동원되어 솜씨를 발휘했으므로, 20여 개의 궁전 건물들과 140개의 화려한 분수, 7개의 아름다운 정원이 한결같이 최고 수준을 자랑합니다.

여름 궁전은 비록 러시아 땅에 세워진 러시아 황실의 궁전이지만, 유럽의 궁전을 그대로 옮겨 놓은 것 같습니다. 실제로 표트르 대제가 베르사유 궁전을 방문한 뒤 그것을 능가하는 건물을 지으라는 명령을 내렸다는 설이 있으며, 그래서인지 여름 궁전을 '러시아의 베르사유 궁전'이라고 평가하는 사람들도 있답니다.

참고로, 여름 궁전과 관련하여 재미있는 기록 하나를 소개하겠습니다.

구한말 민영환은 1896년 4월에 니콜라이 2세의 대관식에 참석하기 위해 상트페테르부르크를 방문합니다. 그곳에 갔다가 돌아오기까지의

표트르 대제의 여름 궁전

전 과정을 자세히 기록하여 『해천추범海天秋帆』이라는 책으로 남겼는데, 이것은 우리나라 사람이 쓴 최초의 세계일주 견문록이라고 할 수 있습니다. 거기에 여름 궁전을 방문한 후에 민영환이 느낀 점이 다음과 같이 남아 있습니다.

"이곳의 분수는 세계 으뜸이라고 할 수 있는데, 각종의 분수가 수 백 기에 달한다. 평지에서는 구슬 기둥 같이 우뚝하게 솟아오르고, 바람에 날리는 물줄기는 바람이 대숲을 흔드는 듯하다. 시렁 위에 분수를 드리워 마치 수정 발을 걸어 놓은 것 같으니, 참으로 기이한 볼거리요 장관이다."

민영환이 방문했을 때도 현재 우리가 보는 것과 같은 분수 쇼가 장엄하게 펼쳐진 듯하니, 19세기의 조선 사람으로서 그가 얼마나 놀라고 감탄했을지 능히 짐작할 수 있습니다.

여름 궁전의 대 분수대

여름 궁전 위쪽에 조성된
Upper Garden ②

표트르 대제의 여름 궁전은 상트페테르부르크에서 배를 타고 갈 수도 있고, 육로로 갈 수도 있습니다. 바다를 통해 갈 경우에는 에르미타주 미술관 뒤편에 있는 페리 터미널에서 출발하는데, Lower Park 쪽에 닿습니다. 그리고 대중교통을 이용하여 육로로 이동하자면, 지하철 1호선(빨간선) 압토보Abtobo 역에서 내려 페테르고프Peterhof 행 미니버스로 갈아타면 됩니다. 이 경우 Upper Garden의 정문 쪽에서 내리게 되므로 편리하며, 배를 이용하는 것보다 비용이 저렴하므로 권할 만합니다. 여기서는 육로로 이동하여 Upper Garden 앞에서 내린 것으로 가정하고, Upper Garden부터 설명하겠습니다.

에르미타주 미술관 뒤편의 페리 터미널

압토보 역 맞은편에서 출발하는 페테르고프 행 미니버스

동쪽 사각 연못

아폴론 조각상

Upper Garden 정문

Indeterminate Fountain

아폴론 조각상

넵튠 조각상

넵튠 분수

Upper Garden

안토니오 보나차의 조각상들

참나무 분수

이르메스 조각상

아테나 조각상

아프로디테 조각상

서쪽 사각 연못

여름 궁전

대 분수대

삼손 연못

Lower Park

여름 궁전과 정원의 모습

Upper Garden 전경

Upper Garden 정문을 통해 들어서는 관광객들

Upper Garden이란, 여름 궁전 위쪽에 조성된 정원을 말합니다. Lower Park보다 높은 곳에 조성되었으므로 'Upper Garden(위에 있는 정원)'이라고 합니다.

Upper Garden에는 넵튠 분수를 비롯한 몇 개의 분수(연못 포함)가 있고, 조각상들이 설치된 정원이 잘 가꾸어져 있습니다. 베르사유 궁전의 조경 방식을 빌린 것으로 보이는 이곳을 거닐며 분수와 조각상들을 감상해 봅시다. 참고로, 이곳은 입장료를 받지 않습니다.

Upper Garden는 입구 정문부터 꽤 웅장한 편입니다.

Upper Garden에 들어서자마자 만나는 원형의 연못에는 물고기 조각상이 여러 개 설치되어 있습니다. 딱히 알맞은 이름을 붙이지 못했는지, 안내도에는 'Indeterminate Fountain(뚜렷한 이름이 없는 분수)'이라고 되어 있습니다.

그다음에는 Upper Garden에서 제일 큰 규모의 연못이 있는데, 아폴론 동상이 연못 입구에, 넵튠(그리스 신화의 포세이돈) 동상이 연못 중앙에 있습니다. 아폴론은 활을 쏘는 자세를 취하고 있는데, 바티칸 박물관의 '벨베데레의 아폴론'을 흉내 낸 것으로 보입니다.

삼지창을 든 넵튠이 연못 중앙에 서 있어서 넵튠 분수Neptune Fountain 라고 하는 이 분수가 Upper Garden의 핵심입니다. 넵튠은 세상의 모든 물을 다스리는 으뜸 신이기 때문에 유럽의 분수에 단골로 등장합니다. 유럽을 닮고자 했던 표트르 대제의 궁전에 넵튠 분수가 있는 것은 전혀 이상한 일이 아니지요.

Indeterminate Fountain

넵튠 분수 전경

넵튠 분수 입구의 아폴론 상

벨베데레의 아폴론

참나무 분수   동쪽 사각 연못의 아폴론   서쪽 사각 연못의 아프로디테

그리고 개구쟁이 사내아이가 장난스런 자세로 앉아 있는 둥근 연못의 분수에는 참나무 분수Oak Fountain라는 이름이 붙어 있습니다.

참나무 분수 양쪽으로 똑같은 크기의 네모난 연못 두 개가 있는데, 여름 궁전 전체가 대칭형으로 디자인된 것과 마찬가지로 Upper Garden도 대칭형인 것을 알 수 있습니다. 궁전 건물 쪽에서 보았을 때

안토니오 보나차의 조각상이 있는 정원   베르툼누스   제피로스

왼쪽Eastern Square Pond에 있는 조각상은 아폴론이고, 오른쪽Western Square Pond은 아프로디테입니다. 아프로디테는 '정숙한 아프로디테'의 포즈를 취하고 있군요.

참나무 분수 뒤쪽(궁전 건물 쪽에서 보았을 때)에는 로코코 양식의 조각을 선보인 이탈리아 출신 조각가 안토니오 보나차Antonio Bonazza(1698~1762년)가 1757년에 제작한 조각상들이 있습니다. 여름 궁전 쪽에서 보았을 때 왼쪽부터 말하자면, 계절을 관장하며 정원과 과수원을 보살피는 신 베르툼누스Vertumnus, 서풍의 신 제피로스Zephyrus, 정원을 가꾸고 과일 재배를 담당한 요정 포모나Pomona, 꽃의 여신 플로라Flora 입니다.

궁전 건물 쪽에서 보았을 때 정원의 시작 지점 왼쪽에는 날개 달린 모자와 샌들을 착용하고 케리케이온(카두세우스)을 들고 있는 헤르메스(로마 신화의 머큐리)가, 오른쪽에는 올빼미와 함께 있는 아테나(로마 신화의 미네르바)가 있는데 그리스 신화를 알면 쉽게 알아볼 수 있는 인물들입니다.

포모나   플로라   헤르메스(머큐리)   아테나(미네르바)

판도라

트리톤

판

칼리퓌고스의 비너스

플로라

검투사

네바 강의 신

대 분수대의 왼쪽 부분

유럽을 닮고자 했던 열망이 담긴 대 분수대 ③

유럽을 닮고자 했던 표트르 대제의 열망이 대 분수대Great Cascade의 조 각상에 고스란히 반영되어 있습니다. 분수대를 장식하고 있는 조각상 들을 보면 황금빛으로 찬란하게 빛나는 것이 시선을 사로잡지만, 형태

대 분수대 전경. 삼손의 분수에서 뿜어져 올라온 물줄기에 가려진 위치에 트리톤 조각상이 있다.

를 보면 유럽의 어느 박물관에 있는 것을 베낀 것이 대부분이기 때문입니다. 독창적이지는 않지만 나름대로 많은 이야기를 담고 있는 조각상들을 차례대로 살펴봅시다.

● 트리톤

분수대의 맨 윗부분에 놓여 있는 것은 소라 나팔을 불고 있는 트리톤Triton입니다. 바다의 신 포세이돈과 바다의 요정 암피트리테 사이에서 태어난 트리톤은 상반신은 인간이고 하반신은 물고기인 인어人魚입니다. 물을 다스리는 신이다 보니 유럽의 분수에서 자주 발견되는 존재입니다. 대개 아버지인 포세이돈을 수행하는 형태인데, 그런 대표적인 예가 바로 로마 트레비 분수와 나보나 광장 무어인의 분수에 등장하는 트리톤입니다. 트리톤이 소라 나팔을 부는 것은 거친 바다를 잠재우기 위해서라고 합니다.

각각 여름 궁전(왼쪽), 로마 트레비 분수(오른쪽 위), 로마 나보나 광장 무어인의 분수(오른쪽 아래)의 '소라 나팔을 부는 트리톤'

각각 여름 궁전(왼쪽), 바티칸 박물관(가운데), 피렌체 로자 데이 란치(오른쪽)의 '메두사의 목을 벤 페르세우스'

● 메두사의 목을 벤 페르세우스

아테나 여신을 모욕한 죄로 저주를 받아 괴물로 변한 메두사Medusa. 보는 사람마다 심장이 멎어 죽게 될 정도로 끔찍한 형상을 한 메두사의 목을 페르세우스Perseus는 신들의 도움을 받아 베는 데 성공합니다. 목을 벤 직후의 상황을 표현한 것 중에서는 피렌체의 로자 데이 란치에 놓여 있는 벤베누토 첼리니의 청동 조각상이 가장 유명한데, 여름 궁전의 분수대에 있는 것은 바티칸 박물관에 있는 작품을 더 닮았습니다.

● 판도라

여름 궁전에서 판도라Pandora를 형상화했다고 알려진 조각상은 물 단지를 들고 있는 것처럼 보여서 모습이 약간 생소합니다. 판도라는 대개 조그만 상자를 들고 있는 모습으로 표현되기 때문입니다.

프로메테우스Prometheus가 자신의 지시를 듣지 않고 인간에게 불을 훔쳐다 주자, 화가 난 제우스는 인류에게 재앙을 내릴 목적으로 여자를 만들도록 합니다. 헤파이스토스가 만든 아리따운 여자 판도라는 '모든 선물을 다 받은 자'라는 이름에 걸맞게 여러 신들로부터 넘치는 축복을 받았지요.

그녀가 받은 선물 중에는 작은 상자가 있었습니다. "절대로 열어보아서는 안 된다."는 당부의 말과 함께 상자를 받은 판도라는 헤르메스의 안내를 받아 프로메테우스의 동생인 에피메테우스Epimetheus에게 갔고, 그녀의 아름다움에 반한 에피메테우스는 더 생각할 것도 없이 청혼합니다. 제우스가 바란 대로 된 것이지요.

판도라는 '절대로 열어보아서는 안 된다'는 상자 속에 무엇이 들어 있는지 궁금해서 참을 수 없었습니다. 결국 살짝 열어보는데, 그 순간 안에 있던 온갖 재앙이 다 쏟아져 나왔다고 합니다. 그녀가 깜짝 놀라 뚜

작자 미상, '판도라의 상자'   각각 여름 궁전(왼쪽)과 포츠담 상수시 궁전(오른쪽)의 '판도라'

껑을 닫았을 때는 이미 모든 재앙이 다 밖으로 나온 뒤였고, 오직 '희망'만이 못 나온 상태로 안에 남았다고 합니다.

신화 속의 이 이야기는 예술가들의 흥미를 끌어 많은 예술 작품이 탄생했습니다. 대부분 아름다운 여인 판도라가 작은 상자를 살짝 열어보는 모습인데 이 조각상은 특이하게도 작은 단지를 들고 있습니다. 그래서 이 여인은 판도라가 아닐지도 모른다는 생각이 들지만, 단지를 든 판도라가 아주 없는 것은 아니므로 일단 판도라일 것이라고 추정합니다.

● 데메테르

이 여신을 데메테르Demeter(로마 신화의 케레스)로 보는 까닭은 그녀의 손에 들린 곡식 다발 때문입니다. 데메테르는 대지의 여신이자 곡물과

각각 여름 궁전(왼쪽)과 에르미타주 미술관(오른쪽)의 '데메테르'

수확의 여신입니다. 곡식 다발을 들고 있거나 곡식의 이삭으로 만든 관을 쓰고 있으면 데메테르로 봅니다. 그녀는 제우스와의 사이에서 페르세포네란 사랑스러운 딸을 낳았는데, 눈에 넣어도 아프지 않을 딸이 저승의 신 하데스에게 납치되어가자 대지를 돌보지 않아 세상을 황폐하게 만든 적이 있습니다. 제우스의 조정으로 페르세포네는 일 년 중 몇 달은 어머니의 곁에서 지내고 또 몇 달은 남편인 하데스 곁에서 보내게 되었는데, 딸이 저승으로 돌아가는 기간에는 슬픔에 겨워 대지를 돌보지 않아 세상은 아무것도 살 수 없는 겨울이 된다고 합니다.

분수대의 조각상과 같은 자세의 작품이 에르미타주 미술관에 있습니다.

◉ 판

판Pan은 목신牧神(임야와 목축을 돌보는 신)으로 여겨집니다. 대개는 상반신은 인간이고 하반신은 염소의 모습으로 그려지는데, 항상 그런 것은 아닙니다.

판은 신화 속의 말썽꾸러기로 평소에는 춤과 음악을 즐기는 명랑한 성격이나, 때때로 인간에게 악몽을 꾸게 하거나 갑작스러운 공포를 느끼게 하므로 공황恐慌 상태를 가리키는 '패닉Panic'이란 단어가 '판'에서 나왔습니다.

판이 한번은 시링크스Syrinx란 요정을 좋아하여 쫓아다녔는데, 두려움을 느낀 그녀는 갈대로 몸을 바꿔 위기를 벗어났다고 합니다. 그러자 사랑하는 여인을 잃은 판은 슬퍼하며 시링크스가 변한 갈대를 이용해 피리를 만들었습니다. 그것이 바로 팬파이프란 악기인데, 분수대 조각

각각 여름 궁전(왼쪽)과 로마 카피톨리니 박물관(오른쪽)의 '판'

상을 잘 보면 나뭇등걸에 팬파이프가 걸려있는 것을 볼 수 있습니다.

판은 술의 신 디오니소스를 따라다녔기 때문에 종종 포도송이를 든 모습으로 표현되기도 합니다. 분수대의 조각상 역시 포도송이를 들고 있어 디오니소스로 오해할 수 있는데, 앞에서 살펴본 바와 같이 팬파이 프가 옆에 있어 판이란 걸 분명히 알 수 있습니다. 그의 손에 들린 지팡이는 가축을 돌볼 때 쓰는 도구로, 목신인 판의 상징물이기도 합니다.

분수대의 판 조각상은 로마 카피톨리니 박물관에 있는 작품을 그대로 베낀 것으로 보입니다.

● 춤추는 사티로스

'춤추는 사티로스'라고 불리는 조각상을 살펴봅시다. 사티로스Satyr는 조금 전 살펴본 판과 유사한 존재입니다. 그리스 신화의 판과 사티로스

각각 여름 궁전(왼쪽)과 루브르 박물관(오른쪽)의 '사티로스'

를 로마 신화에서는 파우누스Faunus란 동일한 존재로 받아들인 것을 보면 그런 사실을 알 수 있습니다.

판과 마찬가지로 사티로스는 상반신은 사람의 모습이지만 하반신은 염소의 모습을 하고 있고, 이마에는 작은 뿔이 나 있습니다. 지팡이나 술잔을 든 모습일 때가 있는데, 이는 사티로스가 디오니소스를 추종하는 시종이기 때문에 그런 것입니다.

장난이 심하고 음주가무를 즐기는 속성상 춤을 추거나 악기를 연주하는 모습으로 표현되기도 하는데, 분수대 조각상은 악기를 들고 춤추는 모습입니다.

요정들을 따라다니며 추근대기도 해서 '호색한好色漢(여색을 몹시 좋아하는 남자)'을 뜻하는 영어 단어 Satyric이 사티로스에서 나왔을 정도입니다. 고대 그리스에서 공연된 사티로스 극 역시 이들의 저급하고 익살스러운 성격을 반영해 그런 이름이 붙었지요.

● 칼리퓌고스의 비너스

'칼리퓌고스의 비너스Venus callipygis(여기에서의 비너스는 아프로디테의 영어식 표현임)'란 용어가 있습니다. 엉덩이의 아름다움을 자랑하는 여성 조각상을 그렇게 부르는데, 분수대 조각상 중에도 칼리퓌고스의 비너스가 있기에 그 내용을 알아볼까 합니다.

페플로스peplos(몸통을 감싸고 어깨 부분을 핀으로 고정시킨 고대의 직사각형 모직 옷감으로 그리스 여성들이 입은 옷)를 걷어 올리면서 자신의 엉덩이를 드러내어 아름다움을 감상하는 여인을 표현한 조각상은 헬레니즘 시대에 유행한 것입니다.

각각 여름 궁전(왼쪽)과 에르미타주 미술관(오른쪽)의 '칼리퓌고스의 비너스'

칼리퓌고스는 '아름다운 엉덩이'라는 뜻인데, 아름다운 여인이 엉덩이를 드러내고 자랑하기 때문에 미인의 대명사인 비너스를 끌어다가 이름에 붙였습니다.

옛날 어느 마을에 아리따운 자매가 있었습니다. 그녀들은 자신의 외모에 자신감이 넘쳤는데, 특히 아름다운 엉덩이는 더욱 자랑스러웠습니다. 어느 날 자매는 누구의 엉덩이가 더 아름다운지를 놓고 옥신각신하다가 저잣거리의 사람들에게 공정한 판결을 받아보기로 합니다. 그리하여 사람들 앞에서 엉덩이를 내보이며 판결을 요청했는데, '칼리퓌고스의 비너스'는 바로 그 장면을 포착한 것이지요.

그러면 그녀들은 어떻게 되었을까요. 자나가던 사람 중에서 어느 돈 많은 집 아들 형제가 자매의 아름다움에 반해 청혼했다고 합니다. 아름다운 엉덩이 덕분에 부잣집으로 시집가서 행복하게 살게 된 자매는 비너스 신전을 짓고, 거기에 엉덩이의 아름다움을 자랑하는 여인의 조각상을 봉헌했는데, 그 후 사람들은 그것을 '칼리퓌고스의 비너스'라고 했다는 것입니다.

'칼리퓌고스의 비너스'는 유사한 형태의 작품이 많이 남아 있는데, 에르미타주 미술관에도 있으니 비교하면서 감상하면 좋을 것입니다.

✤ 제우스

제우스는 너무 유명하기 때문에 따로 설명이 필요하지 않을 정도입니다. 올림포스 산의 주신主神으로 많은 신의 아버지이기도 하지요. 그의 상징 새는 독수리이고 상징물은 번개(벼락)이므로, 이 두 가지를 보면 제우스임을 알아볼 수 있습니다. 분수대 조각상의 오른손에 번개가

각각 여름 궁전(왼쪽)과 바티칸 박물관(오른쪽)의 '제우스'

들려 있으니 제우스인 것이지요.

자세는 약간 다르지만, 바티칸 박물관의 제우스 상도 오른손에 번개를 들고 있으니 비교해 보세요. 바티칸 박물관의 제우스 곁에는 독수리가 있어 더욱 확실하게 신분을 알려주고 있습니다.

● 플로라

플로라Flora는 꽃과 봄과 번영의 여신입니다. 그리스 신화 속의 꽃의 요정 클로리스Chloris가 변신한 것이라는 설도 있지만, 로마에서는 독립된 신으로 인정되었습니다.

분수대의 조각상은 카피톨리니 박물관의 조각상을 베낀 것이며, 꽃의 여신답게 왼손에 꽃을 들고 있습니다.

각각 여름 궁전(왼쪽)과 카피톨리니 박물관(오른쪽)의 '플로라'

● 멜레아그로스

그리스 신화에는 멧돼지 사냥과 관련된 두 가지 흥미로운 기록이 있습니다. 하나는 에리만토스의 괴물 멧돼지를 퇴치한 헤라클레스에 관한 이야기이고, 다른 하나는 칼리돈의 괴물 멧돼지를 퇴치한 젊은 영웅들에 관한 이야기입니다. 멜레아그로스Meleagros는 그 중 후자에 나오는 인물입니다.

멜레아그로스는 칼리돈의 왕자였습니다. 칼리돈 왕 오이네우스와 그의 아내 알타이아에게서 태어났지요. 그런데 그가 태어날 때 운명의 여신이 나타나 알타이아에게 "이 아이는 저 난로 속의 장작이 다 타면 죽게 될 것이다."란 예언을 하고 사라졌습니다. 깜짝 놀란 알타이아는 불타고 있던 장작을 꺼내 불을 끈 다음, 깊숙한 곳에 숨겨두었습니다.

멜레아그로스는 흠잡을 데 없는 청년으로 자라났습니다. 그런데 그 무렵 칼리돈에는 괴물 멧돼지가 나타나 사람을 해치고 곡식을 못 쓰게 만드는 재앙이 일어났습니다. 오이네우스 왕이 아르테미스에게 제물을 바치지 않자 화가 난 아르테미스가 사납고 거대한 멧돼지를 보낸 것입니다.

멜레아그로스는 젊은 영웅들을 불러 모아 멧돼지를 퇴치하기로 합니다. 그는 몰려든 사람들에게 "멧돼지를 잡는 사람에게는 멧돼지의 가죽

각각 여름 궁전(왼쪽)과 바티칸 박물관(오른쪽)의 '멜레아그로스'

을 주겠다."고 약속했는데, 아탈란테란 여인이 쏜 화살이 멧돼지의 가
죽을 뚫었습니다. 그 뒤로 여러 영웅들이 힘을 합쳐 멧돼지의 목숨을
빼앗았지요.

멜레아그로스는 아탈란테의 아름다운 모습에 끌렸기 때문에, 멧돼지
사냥의 제일 큰 공은 그녀에게 있다고 선언한 다음 약속한 멧돼지의 가
죽을 주었습니다.

그러자 멜레아그로스의 외삼촌들이 거세게 반발했고, 화가 난 멜레
아그로스는 외삼촌들을 베어버렸습니다.

나중에 그 사실을 알게 된 알타이아는 동생들의 죽음이 너무 슬픈 나
머지 아들의 목숨을 빼앗기로 합니다. 숨겨두었던 운명의 장작을 난로
에다 던져버린 것입니다.

장작이 다 타버리자 그의 목숨도 한 줌 재로 사라졌습니다. 그의 어

머니는 아들이 죽자 자신의 어리석은 선택을 후회하며 아들의 뒤를 따라갔다고 합니다.

그런 비극적인 운명을 지녔기 때문인지, 분수대 조각상의 멜레아그로스는 슬프고 지친 표정입니다. 똑같지는 않지만 바티칸 박물관에 비슷한 자세의 멜레아그로스 조각상이 있으니 비교해 보기 바랍니다. 바티칸의 조각상은 멧돼지의 머리가 함께 조각되어 있어 멜레아그로스가 칼리돈의 멧돼지 사냥과 관련이 있음을 알려줍니다.

● 사티로스와 함께 있는 바쿠스

사티로스에 대해서는 앞에서 살펴보았습니다. 판과 마찬가지로 술의 신 디오니소스를 따라다녔다고 했지요. '사티로스와 함께 있는 바쿠스('바쿠스'는 그리스 신화의 디오니소스를 말함)'는 피렌체 바르젤로 미술관

각각 여름 궁전(왼쪽), 피렌체 바르젤로 미술관(오른쪽)의 '사티로스와 함께 있는 바쿠스'

에 있는 미켈란젤로의 작품을 그대로 모각한 것입니다. 술잔을 들고 있는 이가 바쿠스이며, 그 뒤의 어린아이가 사티로스입니다. 사티로스는 상반신은 사람이고 하반신은 염소인데, 매우 짓궂은 표정인 것을 알 수 있습니다.

● 아마조네스

아마조네스Amazones는 그리스 신화에 나오는 전설적인 '여성 무사족'인 아마존Amazon의 복수형입니다. 전쟁의 신인 아레스Ares의 후손으로 소아시아 지역에서 산 것으로 알려져 있습니다. 사내아이를 낳으면 버리고, 여자아이를 낳으면 전사로 길렀다는 용맹하고 사나운 여인들이었지요. 과연 아레스의 딸들답습니다.

각각 여름 궁전(왼쪽)과 카피톨리니 박물관(오른쪽)의 '아마조네스'

분수대의 조각상은 카피톨리니 박물관에 소장된 아마조네스 상을 베낀 것으로 보입니다.

● 검투사

글래디에이터gladiator는 로마 시대의 검투사를 말합니다. 검투사라면 피비린내 나는 살육의 현장을 생각하기 쉽지만, 능력 있는 검투사들은 로마 제국 당시 많은 인기를 얻기도 했다고 합니다. 그래서인지 검투사를 주인공으로 한 조각상들이 다수 남아 있는데, 분수대의 조각상은 루브르 박물관에 소장된 작품을 베낀 것으로 보입니다. 비슷한 작품이 아테네 고고학박물관에도 있으니 비교해 보시기 바랍니다.

각각 여름 궁전(왼쪽)과 루브르 박물관(오른쪽)의 '검투사'   검투사(아테네 고고학박물관)

아폴론

판

헤라

갈라테아

정숙한 비너스

헤르메스

가니메데스

삼손

검투사

악타이온

원반 든 남자

게르마니쿠스

안티누스

볼호프 강의 신

대 분수대의 오른쪽 부분

● 아폴론

아폴론은 유럽 예술에서 가장 사랑받는 주인공이 아닐까 싶습니다. 제우스의 아들로 태양신이자 예술의 신이니 올림포스 산의 여러 신 중에서도 특히 예술가들이 사랑할 수밖에 없는 신이었습니다. 분수대에 설치된 이 아폴론 조각상은 영국 옥스퍼드 대학교 부설 애슈몰린 박물관Ashmolean Museum에 소장된 아폴론과 자세가 매우 비슷합니다.

● 헤라

헤라는 제우스의 아내이자 여신 중의 으뜸 신입니다. 신들이 모인 자리에 빠질 수 없는 주요 인물이지요. 헤라는 공작새를 거느리거나 제우

각각 여름 궁전(왼쪽)과 애슈몰린 박물관(오른쪽)의 '아폴론'

각각 여름 궁전(왼쪽)과 루브르 박물관 (오른쪽)의 '헤라'

스 옆에 있을 때가 아니면 신분을 짐작하기 어려운데, 루브르 박물관에 있는 조각상과 자세가 비슷하므로 헤라로 추정합니다.

⦿ 판

포도송이를 높이 들고 있는 이 조각상도 목신 판을 표현한 것으로, 앞에서 본 것과 대체로 비슷합니다. 나폴리 고고학박물관에 있는 판 조각상과 자세가 똑같지는 않지만 전체적인 분위기는 비슷합니다.

각각 여름 궁전(왼쪽)과 나폴리 고고학박물관(오른쪽)의 '판'

● 갈라테아

그리스 신화에서 갈라테아Galatea란 이름은 두 군데에 등장합니다. 하나는 피그말리온이란 천재 조각가가 만든 여인상으로, 그가 지극한 마음으로 사랑하자 인간이 되었다고 하지요. '피그말리온 효과Pygmalion effect(타인의 기대나 관심으로 인하여 능률이 오르거나 결과가 좋아지는 현상)'라는 용어가 거기에서 나왔는데, 그 이야기 속의 여인 조각상이 갈라테아입니다.

다른 하나는, 바다의 요정 네레이드의 한 명입니다. 아름다운 갈라테아에게 반한 애꾸눈 거인 폴리페무스Polyphēmos가 사랑을 고백했지만, 그녀는 이미 아키스Akis란 청년을 사랑하고 있었기 때문에 구애를 거부했다고 합니다. 그러자 질투심에 눈이 먼 폴리페무스가 아키스에게 바위를 던져 죽였는데, 그때 아키스가 흘린 피가 강으로 변해 아키스 강

각각 여름 궁전(왼쪽)과 상트페테르부르크 공원(오른쪽)의 '갈라테아'　　　　여름 궁전의 '정숙한 비너스'

이 되었다고 하는군요.

분수대의 조각상을 자세히 보면 허벅지 쪽에 물고기의 꼬리가 있으니, 바다의 요정 갈라테아가 분명합니다.

● 정숙한 비너스

엉덩이의 아름다움을 자랑하는 비너스가 있다면, '정숙한 비너스Venus Pudica'도 있습니다. 아름다운 비너스가 나체를 다 드러내지 않고 가릴 곳은 살짝 가린 모습이 정숙함을 나타낸다고 하여 그렇게 부르는 것입니다. 그림 중에서는 산드로 보티첼리의 '비너스의 탄생'이 대표적이고, 조각상은 비슷한 유형이 많이 남아 있습니다. 분수대 조각상과 비교해 보시기 바랍니다.

에르미타주 미술관의 '정숙한 아프로디테'

아테네 고고학박물관의 '정숙한 비너스'

산드로 보티첼리, '비너스의 탄생'(부분)

● 헤르메스

헤르메스Hermes는 제우스의 아들로, 굉장히 다양한 역할을 수행한 신입니다. 제우스의 전령신이자 상업의 수호신, 여행자의 수호신, 도둑과 사기꾼의 수호신, 웅변의 신 등, 연관성이 없어 보이는 여러 분야에서 활동했습니다.

그의 상징물은 페타소스Petasos(날개가 달린 넓은 차양의 모자)와 탈라리아Talaria(날개가 달린 샌들), 그리고 케리케이온kerykeion, caduceus(두 마리의 뱀이 감싸고 있는 지팡이)이며, 상업의 수호신일 때는 돈주머니를 들고 있기도 합니다.

분수대의 조각상은 날개 달린 모자를 쓰고 있어 그의 신분을 알 수 있으며, 미국 국립 미술관National Gallery of Art에 있는 헤르메스 조각상을

각각 여름 궁전(왼쪽)과 미국 국립 미술관(오른쪽)의 '헤르메스'

베낀 것이 확실합니다. 물론 미국 국립 미술관의 헤르메스 상도 그리스 시대의 원본을 베낀 것으로 보이며, 비슷한 유형의 헤르메스 상은 다른 곳에서도 발견할 수 있습니다.

● 가니메데스

가니메데Ganymede, 혹은 가니메데스Ganymedes는 트로이 왕 트로스의 아들로, 매우 빼어난 용모를 지닌 젊은이였습니다. 제우스에게 납치되어 올림포스 산으로 가, 신들의 잔치에서 음료수를 접대하는 역할을 맡았다고 합니다. 그 전까지는 제우스의 딸인 청춘의 여신 헤베가 그 일을 맡았었는데, 그녀가 헤라클레스와 결혼하여 유부녀가 되자 미소년 가니메데스를 데려다 그 일을 맡겼다는 것입니다.

각각 여름 궁전(왼쪽)과 에르미타주 미술관(오른쪽)의 '가니메데스'

Correggio, '가니메데스의 납치(The Abduction of Ganymede)'
(빈 미술사 박물관 소장)

그러나 제우스에 의한 가니메데스의 납치를 동성애 코드로 해석하는 이도 있습니다. 제우스가 가니메데스를 사랑하여 납치했다는 것이지요. 그리스 신화에는 히아킨토스를 사랑한 아폴론, 힐라스를 사랑한 헤라클레스 등, 동성애로 해석할 만한 사례가 더러 나오므로 전혀 근거 없는 주장은 아닙니다.

가니메데스는 주로 독수리에 의해 납치되는 것으로 표현되는데, 그 경우 독수리는 제우스를 상징합니다. 신마다 자신을 상징하는 새가 있는데, 헤라의 공작새, 아테나의 올빼미, 아프로디테의 비둘기처럼, 제우스를 상징하는 새는 독수리이기 때문입니다.

분수대의 조각상 역시 독수리와 함께 있는 가니메데스를 표현하고 있는데, 같은 자세의 작품이 에르미타주 미술관에도 있답니다.

회화의 경우는 독수리로 변한 제우스가 가니메데스를 납치하여 날아가는 장면을 묘사한 것도 많으니 비교하며 보면 좋을 것입니다.

● 악타이온

분수대의 조각상과 똑같은 작품이 모스크바 트레티야코프 미술관Tretiakov gallery에 있습니다. 젊은 남자가 등에 맨 화살통에서 화살을 뽑으려 하는 모습으로 보입니다. 그런데 이 남자는 누구일까요? 힌트는 남자의 이마 부분에 있습니다. 지금 막 뿔이 돋아나고 있는 중이거든요.

각각 여름 궁전(왼쪽)과 트레티야코프 미술관(오른쪽)의 '악타이온'

주세페 케사리, '다이애나와 악타이온'

이마에 뿔이 돋아나고 있는 남자를 그린 그림을 보면 이해하기가 더 쉽겠군요. 주세페 케사리Giuseppe Cesari의 '다이애나와 악타이온Diana and Actaeon'이란 그림 속에 그 남자가 있습니다. 그림 속의 여인들 중 이마에 초승달을 달고 있는 이가 달의 여신 다이애나(그리스 신화의 아르테미스)입니다. 그리고 목욕하는 여신을 보고 당황하여 깜짝 놀라고 있는 남자가 악타이온이지요.

영웅적인 사냥꾼이던 악타이온은 어느 날 실수로 다이애나가 목욕하는 것을 보게 되는데, 순결한 처녀신인 다이애나가 화가 나 그를 사슴으로 변하게 만듭니다. 결국 그는 자신이 데리고 다니던 사냥개들에게 물려 죽게 되지요.

분수대의 조각상은 그가 사냥꾼이라는 사실을 알려주기 위해 화살통을 맨 모습으로 표현했고, 이마에 뿔이 돋아나고 있는 모습을 통해 그가 악타이온임을 알려주고 있는 것입니다.

● 원반을 든 남자

분수대의 '원반을 든 남자'는 바티칸 박물관에 소장된 조각품을 그대로 베낀 것입니다. 들고 있는 원반의 모양이 다소 다르기는 하지만, 비슷한 작품이 영국 박물관에도 소장돼 있습니다. 인체의 아름다움을 중시했던 헬레니즘 시대에 즐겨 다루어진 주제이지요.

각각 여름 궁전(왼쪽)과 바티칸 박물관(가운데), 영국 박물관(오른쪽)의 '원반을 든 남자'

● 게르마니쿠스 카이사르

로마 제국의 장군이었던 게르마니쿠스 카이사르Germanicus Caesar는 아버지로부터 자랑스러운 이름을 물려받았습니다. 그의 아버지 드루수스는 게르만족이 살고 있던 지역인 게르마니아를 정복하고 원로원으로부터 게르마니쿠스('게르마니아를 제압한 자'라는 뜻)란 이름을 받았던 것입니다.

그는 아우구스투스 황제의 후손이며, 티베리우스 황제의 조카이자 양자였습니다. 티베리우스에게 아들이 있었지만 자질이 훌륭한 게르마니쿠스를 차기 황제로 만들기 위해 티베리우스가 그를 양자로 삼았다고 합니다. 그 정도로 촉망받는 황제 재목이었지만 불행히도 갑자기 죽는 바람에 사람들의 아쉬움을 샀습니다. 부인인 대★ 아그리파와의 사

각각 여름 궁전(왼쪽)과 노드키르헨 성(오른쪽)의 '게르마니쿠스'

이에서 낳은 아들이 티베리우스의 뒤를 이어 황제가 되었다가 민심을 잃어 암살당하는 칼리굴라Caligula이고, 딸인 소小 아그리파는 네로 황제의 어머니가 되는 여인입니다.

분수대의 조각상은 독일 노드키르헨 성Schloss Nordkirchen에 있는 조각상과 자세가 매우 비슷합니다.

● 안티누스

다음에 볼 조각상은 안티누스Antinous입니다. 그는 미소년으로 하드리아누스 황제의 총애를 받았다고 합니다. 황제를 수행하여 이집트 지방에 갔다가 익사한 것으로 알려졌습니다. 그의 죽음을 슬퍼한 하드리아누스 황제는 안티누폴리스Antinupolis를 세우고, 그의 모습을 새긴 조각

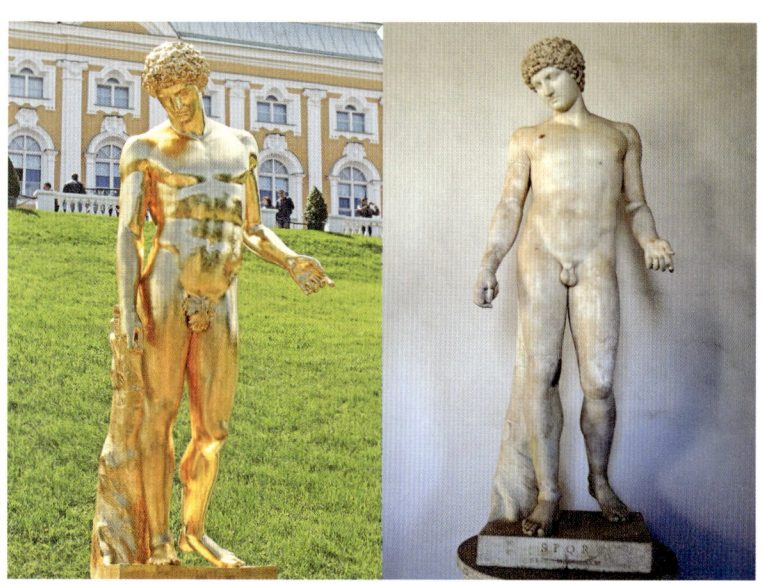

각각 여름 궁전(왼쪽)과 카피톨리니 박물관(오른쪽)의 '안티누스'

각각 여름 궁전(왼쪽)과 루브르 박물관(오른쪽. 로랑 델보 作)의 '사자의 입을 찢는 삼손'　　　　　　네바 강의 신

상을 많이 만들었다고 합니다. 그를 주인공으로 한 조각상은 대개 유형화된 자세를 보이는데, 카피톨리니 박물관에 있는 조각상을 베낀 이 분수대 조각상은 전형적인 모습입니다.

● **사자의 입을 찢는 삼손**

자, 이제 분수대의 하이라이트인 '사자의 입을 찢는 삼손Samson tears open the Lion's Jaw'입니다. 일단 이 조각상은 특정한 작품을 그대로 베꼈다기보다는, 폴타바 전투에서 승리를 거둔 표트르 대제를 칭송하기 위해 좀 더 박진감 넘치는 모습으로 조각한 것 같습니다. 그러나 사자의 입을 찢는 삼손을 표현한 그림이나 조각품은 많이 있는 편입니다.

이 작품에서 사자는 러시아를 괴롭히던 스웨덴을 상징하고, 사자의 입을 찢는 삼손은 표트르 대제를 상징하는 것으로 봅니다. 강대국인 스웨덴을 무찌른 표트르 대제의 영웅적인 면모를 『구약성서』에 나오는 괴력의 소유자인 삼손에 빗대어 표현한 것이지요.

볼호프 강의 신   각각 여름 궁전(왼쪽)과 로마 나보나 광장 분수(오른쪽)의 '네레이드'

● 강의 신

분수대의 하이라이트에 해당하는 '사자의 입을 찢는 삼손' 상 뒤쪽으로 두 명의 강의 신이 보입니다. 앞에서 보았을 때 오른쪽에 앉아 있는 남자 신은 볼호프 강Volkhov river(러시아 서부에 있는 도시인 볼호프를 흐르는 강)의 신이고, 왼쪽의 여자 신은 네바 강Neva river(상트페테르부르크를 흐르는 강)의 신이라고 합니다.

● 네레이드와 트리톤

삼손 분수 주변에는 네레이드와 트리톤들이 보입니다. 트리톤은 앞에서 설명한 대로 포세이돈의 아들이고, 네레이드는 갈라테아 편에서 설명한 바다의 요정입니다. 트리톤과 마찬가지로 바다의 요정인 네레이드도 분수에서 종종 볼 수 있는데, 로마 나보나 광장의 넵튠 분수에서 볼 수 있는 것과 이 분수대의 조각상은 비슷한 이미지입니다.

여름 궁전의 아름다움을 극대화시켜주는
Lower Park ④

대 분수대 아래쪽에는 잘 가꾸어진 정원과 다양한 분수들이 있어 여름 궁전의 아름다움을 극대화시켜 보여줍니다. 궁전 건물 아래쪽에 위치하고 있어 Lower Park라고 하는 이 공간은 유럽 궁전에 딸린 드넓은 정원을 연상시킵니다. Upper Garden에 비해 규모가 커서인지, Garden이란 표현 대신 Park란 말을 쓰는 점이 특이합니다.

체스 판 분수

대 분수대를 등지고 오른쪽으로 가면 체스 판 분수Chessboard Hill Cascade가 있습니다. 이름 그대로 체스 판 모양을 하고 있어 붙은 이름인데, 분수대 주변에 서 있는 조각상들이 눈길을 끕니다.

머리가 셋 달린 저승의 개 케르베로스Kerberos를 데리고 있는 저승의 신 하데스Hades, 곡식 다발로 만든 관을 쓰고 곡식 다발을 들고 있는 대지의 여신이자 농경과 수확의 여신인 데메테르Demeter 등이 보입니다.

체스 판 분수 앞으로는 한 쌍의 로마식 분수Roman Fountain가 있고, 그 주변에 피라미드 분수Pyramid Fountain가 개성을 자랑합니다.

하데스

데메테르

로마식 분수

피라미드 분수

피라미드 분수에서 조금 걸어 나와 말린스카야Marlinskaya 길을 따라 왼쪽 방향으로 걷다 보면 여름 궁전의 건설을 명령했던, 여름 궁전의 주인이라고 할 수 있는 표트르 대제의 동상이 보입니다. 위풍당당한 모습이 그의 자신감을 드러내는 것 같습니다.

표트르 대제의 동상에서 약간 위쪽에

아담 분수

는 태양의 분수Sun Fountain가 있고, 참나무 분수Little Oak Fountain, 전나무 분수Little Firs Fountain, 트리톤 분수Triton Fountain 등 생김새가 제각각인 개성 있는 분수들

표트르 대제의 동상

태양의 분수

참나무 분수

전나무 분수

이브 분수

이 흩어져 있습니다.

아담과 이브의 분수는 특별한 이야기를 담고 있지는 않지만, 조각이 수려하여 보는 이의 눈길을 사로잡습니다. 특히 아담과 이브는 손에 사과를 들고 있어, 『구약성서』속의 이야기를 떠올리게 하지요. 뱀의 유혹을 못 이기고 그들이 따 먹었다는 선악과로 보입니다.

트리톤 분수

각각 여름 궁전(왼쪽)과 에르미타주 미술관(오른쪽)의 '다나이드'

다나이드와 님프를 형상화한 분수도 있는데, 다나이드 분수Danaid Fountain를 본 김에 그녀(혹은 그녀들)에 대해 알아봅시다. 다나이드는 그리스 신화에 나오는 다나우스Danaus 왕의 딸들을 일컫는 단어이지요.

다나우스에게는 50명의 딸이 있었는데, 왕은 딸들을 시집보내면서 "첫날밤을 보낸 후 남편을 죽이라."는 명령을 내렸다고 합니다. 그가 이런 끔찍한 명령을 내린 까닭에 대해서는 두 가지 다른 설이 전하는데, 하나는 다나우스 왕이 자신의 운명을 신에게 물어보았을 때 '사위의 손에 죽게 될 것'이라는 신탁이 내려졌기 때문에 그랬다는 것입니다.

다른 하나는, 50명의 사윗감은 다나우스 왕의 쌍둥이 형제인 아이깁토스의 아들들이었는데, 아이깁토스가 이 결혼을 통해 자신의 왕국을 빼앗으려 한다고 생각한 다나우스가 사위들을 죽여 왕국을 보존하려 했다는 것입니다.

오귀스트 로댕, '다나이드'

존 윌리엄 워터하우스, '다나이드'

어쨌든 다나우스의 딸들은 아버지의 명을 거역하지 못하고 남편을 죽였는데, 린케우스Lynceus와 결혼한 히페름네스트라Hypermnestra만이 차마 남편을 죽이지 못하고 도망치게 해주었다고 하는군요.

다나이드들은 죽어서 지옥에 간 다음 밑 빠진 항아리에 물을 채워야 하는 벌을 받게 되었습니다. 다나이드 분수는 그 내용을 표현한 것이지요. 존 윌리엄 워터하우스John William Waterhouse의 그림과 함께 보면 이해가 더 쉬울 듯합니다.

그럼, 사위에게 죽을 운명이라는 신탁을 받은 다나우스 왕은 어떻게 되었을까요. 간신히 목숨을 구해 달아난 린케우스가 형제들의 죽음에 대해 복수하기 위해 돌아와 다나우스를 죽였다고 합니다. 사위에게 죽을 운명이라는 신탁이 맞았던 것입니다.

참고로, 다나이드를 주제로 한 조각상 중에서 가장 유명한 것은 아마도 로댕의 작품이 아닐까 합니다. 영원히 끝나지 않을 의미 없는 노역에 절망한 모습을 표현한 것이라고 합니다.

Lower Park의 아름답게 손질된 정원

　Lower Park에서는 다양한 형태의 분수를 보는 즐거움이 있지만, 정원 자체의 아름다움도 빼놓을 수 없는 볼거리입니다. 베르사유 궁전의 정원을 모방한 것으로 보이는 아름다운 정원은 표트르 대제가 부러워했던 것이 무엇인지를 알려주고, 그가 원하던 것을 얻었다는 것도 알려줍니다.

일러두기

이 책에 등장하는 인명, 지명 등 외래어 표기는 해당 국가(지역)의 발음을 기준으로 하되, 〈표준국어대사전〉에 따랐습니다. 단, 이미 널리 사용되고 있는 표기가 있는 경우 더 일반적인 것을 따랐습니다.

Index